시장으로 간
성폭력

성범죄 가해자는 어떻게 감형을 구매하는가

시장으로 간 성폭력

김보화 지음

Humanist

"피고 ○○○을 징역 2년에 처한다."

2017년 1월 17일, 서초동 법원에서 상담소로 돌아오는 전철 안에서 느꼈던 분노와 흥분, 무력감과 참담함이 아직도 생생하다.

2016년을 전후하여 한국사회에서는 유명인이나 남성 연예인에 의한 성폭력이 연이어 대서특필되었고, 가해자로 지목된 일부 남성들은 "무고는 큰 죄"라며 앞다투어 피해자를 무고로 역고소했다.[1] 그날은 유명 연예인 박○○에게 성폭력 피해를 입고도 무고로 고소된 다수의 피해자 중 첫 번째 피해자에 대한 1심 선고 공판 날이었다. 그날의 메모와 재판 기록을 참고하면 당시 판사는 피해자에게 "피고인들(피해자와 조력자 A, B)의 죄질이 극히 나쁘다 … 박○○은 무고로 인해 성폭행범으로 몰려 엄청난 고통을 입었고 씻을 수 없는 치명상을 입었다. 아무 죄가 없는 박○○은 이로 인해 회복하기 어려운 피해를 입었으며, 가족들도 정신적 고통에 시달리고 있다. 피고인(피해 여성)의 이야기는 납득하기 어려운 변명이며, 엄벌에 처해 마땅하다"라며 실형을 선고했다.

이날 동일법정 선고 공판에서 전과가 있고, 홧김에 회칼로 옆사람의 허벅지를 찌른 한 피고인은 실형 6개월, 집행유예 2년을 받았다. 반면에 이미 구속 수사 중이었던 연예인 박○○ 성폭력 사건의 피해자는 징역 2년, 그녀를 도왔던 A는 징역 1년 6개월, B는 2년 6개월의 형을 받아 그 자리에서 법정구속되었다.

나는 2006년부터 한국성폭력상담소에서 성폭력 피해자 상담과 지원, 가해자 교육 등을 진행해왔고, 2010년에는 〈성폭력 가해자의 가해행위 구성과정에 관한 연구〉로 여성학 석사학위를 받았다. 대학의 성폭력 상담센터를 거쳐 박사과정 수료 후 2016년부터는 한국성폭력상담소 부설연구소 울림에서 책임연구원으로 활동했고 적지 않은 시간 동안 반(反)성폭력 연구활동가로 지냈지만, 그날의 서늘함은 특별하게 다가왔다. 가해자들의 역고소는 늘상 있어왔고, 법은 이미 뼛속 깊이 남성중심적이었으며, 피해자에 대한 언론과 사회적 인식은 새로울 것도 없이 가해자들을 대변해왔다. 그러나 근래 들어 피해자에 대한 무고나 명예훼손과 같은 가해자의 역고소가 빈번하게 드러나는 것은 단지 기분 탓일까? 실제로 늘어나고 있을까? 적어도 늘어나고 있는 것처럼 보이는 이유는 무엇일까? 지난 30여 년 동안 한국의 여성운동은 사회적 안전망으로서 성폭력 피해자의 권리보장을 위한 법적·제도적 변화를 요구했고, 많은 부분 진일보했다고 믿었다. 그러나 돌아보니 법과 정의의 이름으로 성폭력 피해자들이 무고의 가해자가 되어 감옥에 가거나, 심지어 피해자가 가해자에게 금전적인 보상을 하게 되는 일들이 계속되고 있었다. 무엇이 어떻게, 왜 변해가고 있는 것일까?

그러던 어느 날, 나는 지하철 교대역에 게시되었다는 한 법무법인의 광고를 보고 아연질색했다. '아동성추행, 강간 범죄, 기타 성범죄' 등에 대한 '부당한 처벌을 무죄, 불기소, 집행유예로 이끕니다'라는 내용의 광고였다.[2] 성폭력이 법적 해결 과정을 거칠 때 그간 법원과 사회는 성폭력 피해자가 스스로 피해를 유발했을 것이라고 강하게 의심했으며, 가해자에 대한 낮은 처벌과 온정적인 인식이 존재했다. 그 광고는 가해자들을 대변하면서 성폭력에 대한 처벌은 과중할 뿐만 아니라 억울한 가해자가 많다는 것을 공공연하게 선포하는 것처럼 보였다.

해당 광고판은 당시 여러 시민의 문제제기로 철거되었지만, '가해자 전담변호사 시장', 이른바 가해자 중심의 '성범죄 전담법인'이 형성되고 있음을 알리는 신호탄이었다. 그즈음 인터넷에 성폭력을 검색하면 법인들은 '성범죄 전담/전문변호사', '무혐의, 무죄 받아드립니다', 심지어 '무고 전문' 등의 문구를 온/오프라인에 홍보했고, 패키지 상품과 같은 형태로 가해자 방어와 (역)고소 건수를 늘려가고 있었다. 스스로를 성범죄 전담법인이라 자처하는 법인들의 홈페이지에는 해당 법인의 변호사를 선임하여 성폭력 가해자가 무죄를 받거나 낮은 형량을 받았다는 후기가 '성공 사례'라는 이름으로 게시되어 있고, 일부 법인은 자신들을 '성폭력 상담소'라고 소개하기까지 했다. 성폭력 가해자의 법적 대응 과정은 수임료가 높더라도 승소율이 높고 성공 후기가 풍부한 업체를 선택하면 이길 수 있는 것으로 시장화되고 있었고, 법조 시장에서 성폭력 가해자 변호는 그 어느 범죄보다 돈이 되는 분야로 선호되고 있었다.

긴장감 속에서 2017년 한국성폭력상담소 부설연구소는 한국여성의전화와 함께 《성폭력 역고소 피해자 지원을 위한 안내서》를 발간했다. 그리고 현장에서 역고소 피해자들과 변호사들을 인터뷰하면서 이러한 전담법인의 활동이 결코 예외적인 상황이 아님을 알게 되었다. 몇몇 피해자들은 6~7건 이상의 역고소 피해를 입었다. 역고소는 본인뿐 아니라 가족, 주변인과 지지자 들에게까지 이루어졌으며, 그 수는 수십에서 수백 건에 이르기도 했다. 가해자를 고소했다는 이유로, 피해사실을 공론화했다는 이유로 행해지는 역고소들은 무고, 명예훼손, 협박, 모욕, 공갈, 강요, 위증, 손해배상 등 민형사를 넘나들고, 대상을 가리지 않고 무차별적으로 자행되었다. 피해자의 학교, 직장, 가족, 친구 관계를 비롯하여 삶을 송두리째 뒤흔드는 '보복성 역고소'가 범람하고 있었던 것이다.[3] 이제 성폭력 피해자들은 고소나 문제제기를 고민할 때 가해자의 역고소도 고려해야 했고, 성폭력 고소와 역고소, 또 이에 대한 대응들로 성폭력 사건의 해결 과정은 사법질서에 종속되는 것처럼 보였다. 이쯤되면 법은 성폭력 피해자들에게 정의를 구현하고 가해자에 대한 처벌을 기대할 수 있는 것이라기보다 오히려 가해자의 편에 선 보호막처럼 느껴지기까지 했다.

이러한 분위기에서 최근 여성운동단체들은 가해자들의 감형 전략과 홍역을 치르고 있다. 반성의 일환으로 재판부에 내기 위한 후원금 납부와 회원가입이 증가했고, 가해자임을 숨긴 채 자원활동을 신청하거나, 자원활동가로 활동하는 남성이 재판 중인 가해자라는 사실이 뒤늦게 밝혀지기도 했다. 이처럼 피해자의 의사와 무관하게 그리고 피해자들은 전혀 인지하지 못한 채 이러한 방식들이 가해자의 감경요소로 적용되는 관례로 인해 단체들은 후원회원 가입이나 기부 시 어떠한 이유와 경로로 이루어진 것인지 더욱 꼼꼼하게 살펴보게 되었다. 후원회원이나 기부자에게 환영과 감사가 아닌 의심과 검열의 잣대를 들이대야 하는 상황이 된 것이다. 활동가들은 피해자들이 어떻게 성범죄 전담법인에 현혹되지 않을 수 있을지, 어떻게 가해자의 '억지 기부'를 찾아낼 수 있을지 출처를 알 수 없는 기부가 어떠한 사건의 가해자일 수도 있다는 우려 속에서 다양한 대응 활동을 하는 동시에 반성폭력운동의 내용과 방향에 대해 고민해왔다.

과연 가해자에게 제대로 된 법적 처벌이 가능할까 반문하던 것도 잠시 2015년경부터 특정 공동체를 중심으로 발화된 이른바 '성폭력 피해 경험 말하기 운동'이 헐리우드를 경유하여 2018

시장으로 간 성폭력

년 1월 29일에 서지현 검사의 말하기와 함께 '미투운동'이라는 이름으로 실천되기 시작했다. 한국성폭력상담소의 상담통계 분석에 따르면, 2018년 총 1,189건의 상담 중 미투와 관련된 상담은 181건(15.2%)으로 성인기의 피해는 59.1%, 청소년기(14~19세)는 13.8%, 어린이(8~13세)의 경우 20.5%, 유아기(7세 이하)의 피해도 3.6%로 나타났다. 주로 미투를 언급하며 상담을 했거나 그동안 피해를 말하지 못하다가 최근 미투운동을 보며 용기를 내거나, 그 이전에는 피해로 인식하지 못하다가 최근에 피해를 인식하게 된 경우들이었다.[4] 이러한 상담들은 특히 2018년 1월 30일부터 5월 말까지 집중적으로 이루어졌는데, 내담자들은 상담원에게 말하는 것에서부터 공론화하거나 법적 신고를 고려하는 것, 개인적으로 항의하는 것에 이르기까지 다양한 방식의 문제제기를 미투로 인식하고 있었다.

당시 지난 30년 동안 이런 전국민적인 반응은 처음이라는 한 활동가의 말처럼, 상담실에 상담 전화가 빗발쳤으며, 미투운동에 참여하는 피해자들의 증가와 관련된 언론 보도가 이어질수록 학교에서, 회사에서, 거리에서, 크고 작은 공동체에서, 온라인에서 피해자들은 무엇이라도 할 기세로 몰려들었다. 내가 속해 있던 연구소에서는 급히 여성가족부의 연구용역을 받아《성폭력피해상담 분석 및 피해자 지원방안 연구》를 진행했다. 이 연구는 전국 4개 상담소의 1년간 상담일지 1만 5,000여 장을 일일이 살펴보고 미투운동의 배경, 동기, 실제 피해자들의 호소 내용, 처리 과정에 대한 의미를 분석한 것이다. 일지에 드러난 사례들은 주로 아동·청소년기에 친족관계나 선생님 등에 의한 피해들과 직장, 학교 등 뚜렷한 권력관계하에서 발생한 성폭력, 그리고 오래전의 피해가 많았는데, 53년 전의 피해를 처음 말한다는 상담도 있었다. 상담일지는 세상 밖으로 드러나지 않은 많은 미투가 존재하고 있으며, 법적 구성요건이나 공소시효, 친족관계 등의 이유로 법적으로 해결될 수 없거나, 하지 못했던 성폭력 피해들이 얼마나 많이 누적되어 있는지, 왜 미투운동이 일어날 수밖에 없었는지를 생생하게 보여주고 있었다. 더불어 성폭력은 특별한 개인의 불운이 아니라 구조적으로 발생하는 '보통의 경험'[5]이라는 것, 여성들과 피해자들이 말을 하기 시작하면 사회에 큰 균열을 낼 수도 있다는 것도 경험하게 했다.

미투운동으로 어렵게 다시, 혹은 이제야 법적 해결을 시도한 사건들도 적지 않았다. 그중 일부는 가해자의 역고소로 보복을 당하거나 허무한 무죄판결을 받기도 했다. 대표적으로 2018년 8월 14일, 안희정 전 충남지사에 의한 성폭력에 무죄판결을 내렸던 1심 재판부는 성적 자기결정권을 설명하면서 "여성이 상대방 남성과 성관계를 가질 것인가의 여부를 자유의사의 제압이 없는 상태에서 결정하였음에도 자신의 결정을 사후적으로 번복하면서 상대방의 처벌을 요구하는 것은 성적 자기결정권을 스스로 부인하는 행위[헌법재판소 2009.11.26. 선고 2008헌바58, 2009헌바 191(병합) 결정 등 참조]"라며 피해자를 개인화하고 비난하는 논리를 구성해냈다. 해당 선고가 발표된 직후 나 역시 많은 여성과 함께 서울서부지방법원 앞에서 저항의 목소리를 외쳤다. '여성에게 국가는 없다'며 거리를 점거했던 여성과 시민 들의 시위와 강한 문제제기에 힘입어 2심과 3심에서는 다행히 유죄판결이 나오기는 했지만, 구태의연한 것 같으면서도 새로웠던 이 논리가 적잖이 충격이었던 나는 성폭력 판결문들을 찾아보기 시작했다. 그도 그럴 것이 최근 몇 년간의 성폭력 무죄 판결문들에서 피해자가 성적 자기결정권을 행사하지 않았다거나, 가해자는 피해자가 성적 자기결정권을 행사했을 것이라고 생각했기에 무죄라는 논리의 판결문들을 어렵지 않게 발견할 수 있었다. 성적 자기결정권이 있는 여성은 정확하게 자신의 의사를 표현할 수 있기 때문에 성폭력 피해자가 될 수 없다는 역설이 등장한 것이다. 도대체 어떻게 해야 피해자가 될 수 있는 것일까.

성폭력 고소율은 높아지고 있지만 기소율과 구속률은 높아지지 않는 상황에서 피해자들은 스스로를 끊임없이 더 강하게 피해자화해야만 피해자가 '될 수' 있다. 과거부터 한국사회에서는 성폭력 피해자에 대한 동정적·시혜적 시선이 강했다. 그것은 피해자에 대한 특정한 이미지가 존재한다는 것을 의미한다. 피해자는 엄청난 정신적 충격으로 언제나 우울하고 고통 속에 빠져 있을 것이라는 것, 직장생활, 학교생활, 연애 등은 하기 어려울 것이라는 등의 인식이 대표적이다. 이러한 편견은 성폭력이 무엇에 대한 침해인지에 대한 이해가 결여되어 있어 자칫하면 2차 피해로 이어지곤 한다. 피해자는 힘들고 슬프기도 하지만, 우울한 감정에서 벗어나기 위해 맛집을 찾아가거나 여행을 떠나기도 하고 우울한 기색을 보이고 싶지 않아 밝은 모습을 SNS에 올리기도 한다. 상처받은 마음을 새로운 연인과 이겨내려고 노력도 해보고, 학업과 직장생활이 힘든 날도 그럭저럭 견뎌지는 날도 있다. 100가지의 성폭력이 있으면 적어도 100명의 피해자가 있고, 각 피해자들이 회복해가는 방식은 수백, 수천 가지가 될 수도 있다. 피해자의 회복은 피해자와 가해자의 관계, 발생 공간, 피해 유형, 2차 피해 여부와 정도, 해결의 방법과 결과, 사건 관계자들의 자원과 역량, 피해자의 생애사적 맥락과 경험 등에 따라 각기 다른 방식으로 만들어지기 때문이다. 전형적인 성폭력이나 전형적인 성폭력 피해자와 가해자는 존재하지 않는다는 말이다. 그러나 성폭력 피해자에 대한 특정한 이미지는 피해자를 역동하는 주체가 아닌, 반드시 아파야만 하는, 더 나아가 아프지 않으면 피해자가 아닌 것으로 바라본다.

이러한 치료 담론은 우울증, 공황장애, 불안장애, PTSD(외상후스트레스장애, Post Traumatic Stress Disorder) 같은 정신장애와 깊은 친화성을 가진다. "한국은 자살률 1위지만, 우울증 약 복용은

OECD 꼴찌"라며 정신과 치료를 권유하는 기사[6]가 끊임없이 등장하고, 특히 성폭력 피해는 각종 정신적 문제를 동반하기 때문에 상담이나 약물복용 등을 통해 치료되어야 하며, "성폭력 피해자의 80%가 정신적 고통을 겪고 있다"는 등의 보도[7]가 늘어나기 시작했다. 이와 같은 담론의 문제는 법적 공간에서 피해자가 '진짜' 피해자임을 인정받기 위해서는 정신적 고통을 입증해야만 한다는 것에 있다. 치료가 필요없다는 것이 아니다. 치료가 필요할 수도 있고, 필요하지 않을 수도 있다. 그러나 정신과적 고통을 증명해야만 피해자로 믿어주는 법과 사회는 남성중심적 사회구조에 문제제기해온 여성주의 상담운동과 이론, 피해자의 치유를 사회적 변화와 연대의 언어로 의미화해온 정치학들을 삭제하고 성폭력 사건은 개인적인 치료로 해결될 수 있는 것으로 축소하고 있다. 이쯤되면 피해자는 존재하는 것이 아니라 특정한 입증 시스템을 거쳐 만들어진다. 이 사회가 피해자라고 믿고 싶은 피해자만이 피해자가 될 수 있는 것이다. 이러한 현상에 가장 큰 책임 지분이 있는 국가의 지원체계는 어떠한가? 국가는 재정지원을 빌미로 여성운동단체의 활동을 '상담 실적'이라는 이름으로 보고하게 하고 관리함으로써 국가의 대리 서비스 기관으로 위치시키기 위해 부단히 노력 중이다.

그렇다면 성폭력 피해자가 국가의 도움을 받아 성폭력 사건을 법적으로 '해결'한다는 것은 가능한가? 성폭력과 더불어 강력범죄인 강도, 살인, 방화와 달리 유독 성폭력 범죄에서 가해자를 위한 변호업계가 빠르고 광범위하게 시장화될 수 있었던 조건은 무엇일까? 성폭력 가해자를 위한 상품을 사고 파는 법률시장은 어떻게 구성되어 있고 무엇을 의도하고 있는가? 의료서비스와 감정의 상품화는 피해자의 위치를 어떻게 재조정하고 있는가? 법은 어떠한 피해자와 가해자를 만들어내고 있는가? 법적으로 승소하면 사건은 해결된 것일까? '해결'이란 무엇인가? 성폭력 피해에 대한 치유와 회복은 가능한 것인가? 무엇보다 현재와 같은 신자유주의의 질서하에서 성폭력 사건 해결의 의미는 도대체 무엇인가?

이러한 질문들을 바탕으로 이 책은 성폭력 사건 해결의 사법화가 강화되고 법이 시장화되는 질서와 이 과정에서 신자유주의의 주체로서 피해자와 가해자가 다른 방식으로 개인화되고, 여성운동의 페미니즘 정치를 탈정치화하려는 국가의 통치 전략을 신자유주의 통치성 이론을 통해 분석한다. 그리고 이 과정에서 성폭력을 둘러싼 페미니즘 정치가 사건 해결의 장에서 어떻게 '탈구(disarticulation)'되면서, 성폭력을 둘러싼 담론들이 재구축되고 있는지 분석한다. 이를 위한 이 책의 연구방법은 심층 인터뷰와 담론분석이다. 먼저 성폭력 피해자 17명·여성운동단체 활동가 6명·변호사 8명의 연구참여자와 인터뷰를 진행했고, 성폭력의 의미를 만들어내는 판결문(2018~2020) 및 법적 자료, 그리고 그것에 영향을 미치는 온라인 등의 매체에 드러난 담론을 분석했다. 그리고 이것들이 어떻게 상호작용하면서 어떤 효과를 만들어내고 있는지도 살펴보았다. 본 연구는 연구자가 동료 활동가들과 함께 보고, 듣고, 느끼고, 연구하고, 싸워온 현장의 고민들을 바탕으로 반성폭력운동에서 법시장화가 얼마나 운동의 질서를 교란시키고 피해자들을 무력한 상태로 위치시키려고 하는지, 그럼에도 피해 자들은 어떤 방식으로 피해를 드러내면서 연대를 이어가고 있는지에 대한 고민 속에서 진행된 현장 기반 여성학 연구다.

차례

Chapter 2
힘드시죠? 감형 컨설팅 해드립니다

Chapter 3
성폭력 피해자, 법정에 서다

Chapter 4
성폭력 사건의 해결이란 무엇인가

Chapter 5
'성폭력 정치'의 재구성을 위한 제안

Chapter 1

법시장, 성범죄 가해자를 지원하다

지난 30여 년간 한국의 여성운동은 페미니즘 정치의 전략으로서 성폭력 관련 법의 구성 및 제도화 과정에 적극적으로 개입했고, 성폭력 사건의 해결을 위한 국가의 공적인 책임을 요구했다. 그러나 성폭력 사건의 해결 과정에서 사법적 처리에 대한 의존도가 높아지면서 성희롱·성폭력을 둘러싼 폭력적 구조와 치유·회복의 의미, 조직 내 성차별적 문화 등을 둘러싼 정치적 논쟁들이 축소되고 사건 해결의 절차와 내용이 사법화되어갔다. 그리고 가해자들은 피해자가 성폭력을 법적으로 고소하거나 사회적으로 공론화할 때 무고나 명예훼손 등의 역고소*로 사건 해결을 위한 피해자들의 의지를 꺾거나 오히려 자신을 피해자화하는 방식으로 법을 활용하는 현상이 늘어나고 있다. 이것의 배경에는 신자유주의화에 따른 법시장의 구조변화 및 성폭력 관련 법들의 변화를 발판삼아 성범죄를 '전담'한다고 자처하는 법인과 변호사 들이 있다. 이러한 상황에서 성폭력 사건 해결을 위한 여성운동의 국가에 대한 요구는 점차 법과 시장의 영역으로 이동하고 있다.

• 이 책에서 성폭력 역고소는 성폭력 피해자가 성폭력을 고소한 후 가해자 및 검사가 피해자를 무고·위증 등으로 고소·기소하거나, 성폭력 피해 사실을 알린 것에 대하여 가해자 및 가해자 주변인이 피해자 및 피해자 주변인 등을 명예훼손·모욕 등으로 고소하거나 민사상 손해배상청구소송을 제기하는 것을 말한다. 이는 보복성 역고소로 표현되기도 할 것이며, 특히 피해자에 대한 여러 건의 역고소와 주변인, 연대자, 제3자에 대한 고소가 진행되었을 경우에는 보복성 기획고소로 표현하기도 할 것이다. 김보화, 〈부추겨지는 성폭력 역고소와 가해자 연대〉,《여성학논집》, 2018:35(2):114쪽 참고.

#1

성범죄 전담법인의
등장

법률시장 개방과 경쟁의 심화

한국의 법률서비스 시장은 GATT(관세 및 무역에 관한 일반 협정), WTO(세계무역기구), 한미 FTA(자유무역협정) 등의 협상 과정에서 다른 부분과 함께 개방을 요구받았는데, 이들은 외환위기 때 기업의 도산, 정리해고, 인수합병, 법령 정비 등의 문제를 처리하는 한편 미국 및 글로벌 로펌과 경쟁하기 위해 내적 경쟁력을 키우면서 비약적으로 성장했다. 한미 FTA 협상 타결로 법조 시장이 세계화되면서 법률가들은 점차 기업 변호사화되고 신법률가들은 상인의 법으로 무장하고, 백화점식으로 나열되고 원스톱으로 진행되는 전문화된 서비스를 제공하며 내부 구성원들 사이의 무한경쟁을 조장하는 로펌 문화가 형성되었다. 이 과정에서 법조 분야는 신엘리트 집단으로서 세계화의 가장 큰 수혜자이자[1] 소위 'IMF 특수'[2]가 두드러진 영역으로서 위기관리에 능동적으로 대처하기 위해 법을 다루는 인적자원을 확대하고, 수익을 창출하기 위한 방법을 적극적으로 만들어갔다.

2000년 초 국내 로펌들은 세계화에 대응하기 위한 내적 전략들을 수립해나갔다. 소비자 접근성 확대, 차별화, 전문화, 대형화, 틈새시장 공략, 온·오프라인의 상호보완 등을 제안하거나[3] 법무 서비스 개방을 위해 법조인 양성시험 제도의 문턱을 낮추고, 법원도 국제경쟁력을 갖춰야 한다[4]는 주장을 내놓았다. 때마침 사이버 로펌과 같은 이름으로 온라인상에서 법률서비스를 제공하는 업체들이 등장했고, 비교적 엄격하던 인터넷 광고기준도 2007년을 기점으로 완화되면서 변호사가 운영하는 법률사이트의 온라인 광고와 다양한 홍보 방법이 확장되었다.[5] 이미 한국의 근대화 과정에서부터 논의되어온 법조인 양성제도 개혁을 골자로 한 사법개혁은 사법관료주의를 지양하고 법조인의 덕목과 자질을 높이기 위하여 진행되었는데[6] 이는 법률시장의 세계화에 대응하기 위한 시대적 요구와 맞물리면서 2008년에는 미국식 로스쿨 제도가 도입되었다. 이에 따라 변호사 수는 증가하고 있지만, 변호사 윤리에 대한 인식이나 변호사 업무의 질적 향상을 위한 교육 수준은 담보되지 못하는 상황에서 변호사들도 살아남기 위해 경쟁에 편승해야만 했다.[7]

은주(변호사)[*]　　　　　변호사도 광고할 수 있어야 하고, 변호사는 그냥 상인이라는 마인드가 강해졌어요. 본인의 비용과 시간과 자본을 엄청 투자해서 변호사가 됐지만 그렇다고 우리가 생활이 보장될 정도로 수입이 되지 않는데 우리한테만 왜 그렇게 과다한 윤리적 의무를 부과하냐, 사회적 공적 책무를 부과하냐는 반발도 커요. 원래 변호사는 공익 시간 같은 것도 있어서 1년에 몇 시간 이상 공익 활동도 해야 되는데 그게 굉장히 형식적으로 이뤄지고요. 그거에 반발하는 사람도 많고. 변호사가 무슨 공인이냐면서 너무 형식적으로 된다고 생각하는 경우도 많기 때문에 전문가로서의 윤리니 법률가로서의 윤리 같은 건 되게 우스워지는 거죠. 변호사법 제1조를 보면 기본적 인권을 옹호하고, 사회정의를 실현하고 이런 것들이 있지만 조금 냉소적인데, 각자도생의 시대라서 그런 거 같기도 해요. 지금 경쟁사회에서 어쩔 수 없이 편승해가는 부분인 것도 같아요.

14년 차 변호사 **은주**는 점차 생계가 보장되지 않는 상황에서 변호사들의 윤리는 중요하게 여겨지지 않는다고 말한다. "각자도생의 시대"에 변호사의 "상인" 마인드는 받아들여질 수밖에 없다는 것이다. 따라서 기존 변호사들에게 기대되었던 공익 활동이나 인권옹호, 사회정의 실현 등의 이상은 "냉소적"으로 인식되

• 이 책에서 직접 인용문은 가급적 연구참여자(인터뷰이)의 표현을 살렸으나, 일부 인용문의 경우 필요 시 괄호 안에 설명을 추가하거나, 앞뒤 맥락을 이해하는 데 도움을 주고자 약간의 윤문을 거쳤으며, 중략의 경우 '말줄임표(…)'로 표기했음을 밝힌다.

고 변호사들의 상인 마인드는 "어쩔 수 없"는 것으로 인식된다.

이러한 상황에서 경쟁시장에 진입하는 법인들의 가장 대표적인 방법은 온라인 광고로 특히 이혼과 성범죄 영역에 특화되어 있다.

유진(변호사)　　　　　저희가 보통 사건에 대해서 사람들이 변호사를 찾을 때 '아는 사람 있어?' 이렇게 해서 지인을 통해 오거나 회사 거래처에서 오는 경우가 있어요. 아니면 아예 모르는 사람한테 100% 가는 경우가 딱 두 가지거든요. 이혼이랑 성범죄예요. 사람의 심리가 내가 아는 사람한테 가기 창피한 거예요. … 아는 사람한테 말하기 창피하니까 온라인 검색을 하는데 온라인 시장이 활성화된 상황에서 온라인 홍보 마케팅을 초반에 시작한 곳들이 크게 흥하면서 따라 하는 곳들이 생기는 거죠.

성훈(변호사)　　　　　저희 입장에서는 이걸 인생에서 사건이 하나뿐인 사람들이라고 하죠. … 이 사람들(가해자들)은 대부분 아는 변호사가 없어요. 그러다 보니 결국 찾을 수 있는 길이 광고밖에 없어요. 광고가 먹히는 거예요. … 예를 들어 건설, 재건축, 재개발 광고 보신 적 없을 거예요. 그런 광고를 내봐야 그런 쪽에 사건을 맡길 사람들은 소개로 사람을 찾지 그런 데서 찾지 않아요. 반면에 성범죄나 이혼은 인생에서 사건이 하나인 분들이 대부분이니까 광고를 보고 찾을 수밖에 없어요.… 지금 법조 시스템은 1년 차, 2년 차, 3년 차, 초년생 변호사들을 굉장히 싼 가격에 쓸 수 있어요. 그러니까 300, 400만 원 정도의 월급을 주고 쓸 수 있는 환경이 조성되어 있어요. 갑자기 변호사들이 몇 년 전부터 쏟아져나왔기 때문에 … 즉 싼 변호사를 대량으로 고용해요.… 블로그 광고 등으로 고객을 유치한 다음에 저연차 변호사들로 운영할 수가 있는 거예요. 그래도 별 문제가 없어요.

8년 차 변호사 **유진**은 이혼과 성범죄 분야는 "아는 사람한테 말하기 창피"해서 전혀 모르는 변호사를 찾는 경향이 있으며, 특히 성범죄 분야의 온라인 홍보가 활성화된 것으로 파악한다. 로스쿨 출신의 **성훈**은 현재 변호사 시장의 구조를 잘 대변해주는데, 성폭력 가해자 대부분은 어쩌다가 처음으로 고소를 당하게 된 경우여서 건설 등 다른 분야처럼 입소문을 통해 이루어지는 의뢰가 아니고, 그 사건 이후로 더 의뢰할 사건도 없다고 말한다. 더군다나 아는 변호사도 없는 경우가 많기 때문에 광고가 유일한 접근 경로가 된다는 것이다. 더불어 몇 년 사이 로스쿨 출신 변호사들의 대거 등장으로 법인 입장에서는 변호사들을 "싼 가격"에 "쓸 수 있는 환경이 조성"되었기 때문에, 일부 법인은 거액의 광고로 고객을 유치하고, 그 광고비를 유지하기 위해 저임금으로 저연차 변호사들을 대량으로 고용한다는 것이다.

이러한 환경은 최근 로스쿨 출신 변호사들 내부의 차이에도 영향을 받고 있다.

선희(변호사)　　　　변호사 시장이 어려워지면 그런 것들이 다 피라미드식으로 제일 낮은 변호사한테 그 부담이 갈 거 아니에요? 그전에 연수원 출신 변호사들은 기득권을 충분히 누린 사람들이에요. 근데 지금 새로 등장한 사람들한테는 변호사가 더 이상 이제 그렇게 기득권도 아니고 천차만별이어서 서울 유수 대학을 나온 로스쿨 출신 변호사들은 괜찮을 수 있는데 사실 지방대로 가면 훨씬 더 시장이 어려우니까, 스펙트럼이 쫙 벌어지면서 그들은 소위 3D 업종인 성범죄자 변호를 하게 되는 거죠. 변호사들의 절박함이 있는 거 같고, 좋은 일자리도 없고, 대표들이 그런 일자리로 저연차 변호사들을 내모니까요.

로스쿨 출신의 2년 차 변호사 **선희**는 누차 변호사 개업의 어려움을 토로했는데 과거 연수원 출신 변호사들은 "기득권을 충분히 누린 사람들"로 표현한다. 현재 변호사 업계에서 연수원 출신 변호사보다 로스쿨 출신 변호사가 더 힘들고, 더군다나 지방대 로스쿨 출신이나 연차가 낮은 변호사들은 일자리를 찾기가 더 어렵기 때문에 "소위 3D 업종인 성범죄자 변호"를 할 수밖에 없다는 것이다. 이렇게 연차 및 출신 로스쿨에 따른 변호사들 내부

의 불균등한 위치 속에서 자신들을 '성범죄 전담', '성범죄 전문'
이라고 홍보하는 이른바 '성범죄 전담법인'이 등장하게 되었는데,
이들은 경쟁이 치열한 변호사 시장에서 오히려 변화에 잘 적응한
사례로 인식되기도 한다.

민수(변호사)　　　　변호사 업계 쪽에서 보면 굉장히 시장 개
척이 잘된 사례라고 볼 수 있어요. 변호사 업무 중에서 형사 업
무가 원래 돈이 되는데 사실 형사 분야는 검사 출신, 법원 출신
분들이 중요한 사건들을 많이 맡다 보니 나머지 변호사들은 접
근 기회가 많지 않거든요. 근데 형사는 사람이 구속되고 감옥
에 가는 일이니까 사실 돈을 많이 쓰는 사건이어서 변호사들이
형사 업무를 많이 하고 싶어하지만, 검찰과 법원 출신이 아니면
경쟁력이 없는 상황에서 성범죄의 경우 수요층인 가해자들의
니즈(needs)를 제대로 공략한 거죠. 뭐 검찰 출신이나 법원 출신
이 아니더라도 성범죄에 대해 잘 알고 있다, 전문가다, 적극적
인 전략들이 있다며 홍보하고, 사실 그게 굉장히 어려운 기술이
라거나 특수한 지식이 필요한 게 전혀 아니거든요.… 그래서 원
래 변호사 시장이 정보가 거의 제공되지 않는 데다 기업들은 법
률 수요가 계속 있기 때문에 변호사에 대한 평가가 쌓이고 어느
정도 규모가 있다 보니 선택의 여지가 있지만 형사사건은 예기
치 않게 닥치는 거잖아요. 갑작스럽게 개인에게 사건이 생겼을

때 지인에게 소개를 받는 경우가 아니라면 굉장히 비대칭적인
정보를 가지고 접근할 수밖에 없는데, 이 점에서 성범죄 전담법
인들이 홍보를 제대로 한 거죠. 원래 시장의 특성이나 형사사건
의 특성들이 결합해서 지금의 전담법인들이 엄청 활성화됐다고
생각합니다.

선영(활동가)　　　　　감형이라든가 승소를 하기 위한 피의자
들, 피고인들의 카페처럼 그런 내용으로 유튜브 방송을 하는 변
호사들이 있더라구요. 바야흐로 영상의 시대. 똑같은 얘기를 하
는데 마치 1타 강사처럼 영상을 잘 만들어서 말끔하게 생긴 변
호사들이 수트를 입고 승소할 수 있는 전략 같은 것들을 알려주
는데, 그런 지식들이 넘쳐나고 있는 것 같아요. 가해자들도 어
떤 방식으로 이거를 자기 선에서 끝내고 축소할 수 있는지 알고
있고 실제로 실행을 하고 오히려 피해자가 먼저 협박을 했다,
강요를 했다 이런 식으로 선빵을 치고. 사례들이 좀 더 지능적
으로 되었달까요? 그런 느낌이 들어요.

12년 차 변호사 **민수**는 성폭력 가해자를 변호하는 것이 "굉
장히 어려운 기술이라거나 특수한 지식"을 필요로 하지는 않지
만, 성범죄 전담법인들은 자신들이 성범죄의 "전문가"라는 전략
을 통해 홍보하고 있다고 말한다. 즉 형사사건의 피고인은 자칫

하면 감옥에 갈 수도 있어 돈을 많이 쓸 수밖에 없고, 변호사 업계는 변호사의 능력이나 노하우, 개별 변호사에 대한 정보 등을 거의 공개하지 않기 때문에 온라인으로 자신들의 전략 등을 홍보하는 방식은 성범죄 전담법인의 활성화에 기여하게 되었다는 것이다. 그렇기에 여성단체 활동가 **선영**의 언급처럼 변호사들이 유튜브를 통해 가해자의 감형과 승소 전략을 "마치 1타 강사처럼" 알려주면서 자신의 법인을 홍보하는 "지능적"인 방식이 늘어나고 있다.

　그리고 이들의 홍보는 아래와 같이 단순히 법인의 능력에 대한 강조를 넘어 허위광고로 이어지기까지 한다.

수진(변호사)　　　　　　제가 되게 놀란 게 가해자가 아동청소년인 사례예요. 가해자로 지목되는 사람이 아동청소년인 경우 웬만한 사건이면 기소 안 되고 소년부 송치로 끝나잖아요? 그러니까 형사재판에 회부되는 가능성은 거의 없어요. 사건 내용만 봐도 그게 실제로 가해 범행이 사실이라 하더라도 절대 형사법정에 설 일은 없고 소년부 송치로 끝낼 그런 정도의 사건인데도 이거 검찰에서 끝나게 해주겠다, 형사재판에 회부되지 않게 해주겠다고 뻥을 치더라구요.… 소년부 송치는 형사처벌이 아니잖아요. 근데 일반인들은 그걸 모르잖아요. 그러니까 형사재판에 회부되지 않게 해주겠다, 피고인 지위가 안 되게 해주겠다,

검찰 단계에서 끝나게 해주겠다고 홍보하면서 수임계약을 하는데 … 검찰 단계에서 끝내줄 수 있다느니 자신 있다느니 하는 말은 같은 변호사가 봐도 사기죠. 거의 확정된 사실이잖아요. 그건 변호인의 노력에 따라서 결론이 바뀌는 게 아니라 당연히 거기서 끝나는 게 맞는 사건인데도 그렇게 홍보를 하더라고요. … 그것도 새로운 돈벌이 수단이 된 거예요. 사실 성폭력 사건이요. 지금 미투운동도 그렇고 엄청나게 나름 핫한 분야잖아요. 근데 그거는 변호사 양심에 달린 문제인지라 일각에서는 결국 그것도 걔네가 영업 잘하고 능력 뛰어난 거 아니냐, 수입 능력이 뛰어난 걸 뭐 어떡해 그냥 부러워할 뿐인 거지. 이렇게 말하는 사람들도 있어요.

10년 차 변호사 **수진**은 일부 성범죄 전담법인은 의뢰인들이 법적 용어와 과정에 익숙하지 않다는 것을 이용하여 당연히 형사재판까지 가지 않을 사안임에도 재판에 회부되지 않게 해주겠다고 "뻥"을 치면서 홍보하는 경우를 소개한다. 특히 미투운동 등으로 "핫한 분야"가 된 성폭력은 이제 변호사들의 "새로운 돈벌이 수단"이 되었다는 것이다. 이러한 성범죄 전담법인의 시초격인 Y○는 '네트워크 로펌'이라고 불리면서 전국에 지부를 내는 방식으로 확장하고 있는데 "설립 5년 만에 연 매출 100억 원을 돌파"하고 "소속 변호사 수 77명의 준대형 로펌으로 성장"하고 있다.

이들은 광고경쟁을 부추긴다고 비판받는 한편, 새로운 경영전략이라는 평가를 받고 있기도 하다.[8]

이렇게 2000년 이후로 법률 시장의 개방과 변호사 수의 증가, 온라인 광고의 범위를 확장하고 광고의 내용을 완화하는 변호사협회 내규의 개정 및 성폭력 사건의 특수성이 합쳐져 주로 성폭력 가해자를 변호하는 성범죄 전담법인이 등장하게 되었고, 이들의 공격적인 마케팅과 영업 수단은 날로 확장되고 있다. 그리고 이런 상황에서 성폭력 가해자 변호는 공인과 상인, 윤리와 이윤추구, 양심과 능력의 사이에서 고객 유치를 위하여 끊임없이 새로운 방식으로 개발되고 있는데, 그 대표적인 양상이 바로 성폭력 역고소다.

법인에 의해 기획되는
성폭력 역고소

기존의 성폭력 역고소는 피해자가 가해자를 고소한 이후 가해자가 무고 등으로 피해자를 고소하거나, 조사 과정에서 검사가 피해자를 무고로 인지하여 기소하거나, 피해자의 공론화에 대하여 가해자가 명예훼손으로 고소하는 경우가 대부분이었다. 특히 무고의 경우 친고죄 폐지 이전에는 피해자가 고소를 취하하도록 압박하는 이른바 맞고소의 용도로 활용되기도 했다.

그러나 최근 가해자들의 역고소는 아래와 같이 법률상담을 하는 사무장이나 변호사의 상담에 의해 적지 않은 영향을 받는다.

수진(변호사)　　　　제가 생각하기에는 3년 전, 5년 전만 해도 이런 분위기가 아니었거든요. 피해자도 그렇게 적극적인 도움을 요청하는 경우가 흔치 않았고, 가해자도 조용히 변호사를 선임할 뿐 적극적으로 무고로 고소하거나 명예훼손이나 공갈로 고소하는 경우는 흔치 않았는데, 점점 공격적 양상으로 가는 거예요. 그 원인 중 하나가 저는 사선변호사들이라고 생각해요.… 물론 변호사는 개인사업자이고 공무원이 아닌 건 맞아요. 그렇지만 변호사도 '변호사 윤리장전'에 따르면 공공의 의무가 있거든요. 공익적인 의무가 있는 사람들인데.

경희(변호사)　　　　근데 보통 변호사를 만나고 오면 많이 그렇게 하는 거 같아요. 상담을 받고 오면, 일종의 패키지처럼 수임을 하는 것 같아요, 요즘은. 내가 성범죄의 피의자다. 그럼 변호사 사무실을 찾아가잖아요. 그러면 거기서 이렇게 이렇게 대응하고 너도 얘를 공격해야 된다, 무고랑 뭐 이렇게 이렇게 하자. 그래서 보통은 얘들도 이렇게 구체적으로 처음부터 너를 무고죄로 고소할 거야 하기보다는 구체적으로 누구를 만나 상담을 하고 나서 한번 해볼까 하고 이런 생각하는 것 같아요. 그리고 의외로 무고죄가 뭔지 알지 못하는 가해자가 많아요.… 심지어 자기가 피해자를 무고죄나 이런 걸로 고소했다는 것도 모르는 애들도 있었어요. 그러니까 변호사 사무실에서 그렇게 한 거죠.

변호사 **수진**은 최근 들어 가해자들이 "적극적으로" 역고소하고 "점점 공격적 양상으로" 가고 있는 원인 중 하나로 사선변호사들을 꼽으며 이러한 사선변호사들이 '변호사 윤리장전'에 따른 공공의 의무를 따르지 않는 것으로 이해한다. 변호사 **경희**는 몇몇 가해자들은 변호사 사무실에서 상담을 받은 후 여러 가지 역고소를 "패키지"로 수임하기도 하는데, 자신이 피해자를 무고죄로 역고소한 사실을 모르는 가해자들도 있었다고 말한다. 이렇게 법인들은 건수를 늘리면서 가해자의 역고소를 기획하기도 하는데, 법률 지식이 부족한 가해자들은 변호사의 제안이 어떤 의미인지 꼼꼼하게 살펴보기도 어렵고, 그러한 제안을 거절하기도 쉽지 않다.

최근 성폭력 역고소는 과거에 비해 더 많은 법을 활용하면서 더 많은 사람을 대상으로 이루어지고 있는데, 피해자뿐 아니라 피해자를 지원하거나 지지하는 가족, 주변인에게까지 확장되고 있다. 다음은 사건을 공론화한 피해자의 엄마와 피해자의 지원자들이 가해자에게서 명예훼손으로 역고소 피해를 입은 사례들이다.

은정(피해자)　　　　　담임목사, 장로님 8명, 그리고 부목사님

5명. 그렇게 딱 있는 상태에서 들어갔어요. 들어가서 얘기를 했

죠. 교회에 이런 일이 있었는데, 이걸 어떻게 해야 될지 모르겠

고 지금 어떻게 해결해야 될지 건의할 것이 있어서 왔다. 이런

이런 일을 애가 당했다. 엄마가 얘기를 했죠.… 그다음 날 엄마

가 일하고 있는데 경찰서에서 연락이 온 거예요. 명예훼손 건으

로 고소당했으니까 오시라고 … 그래서 맨날 맨날 교회에 변호

사 불러다 놓고, 맨날 그 얘기 하고, 변호사랑 긴밀하게 얘기를

한다는데, 변호사도 솔직히 500만 원 쓰면 하잖아요, 근데 그렇

게 안 하고 1,000만 원이나 그 이상 프리미엄을 주면 더 이렇게

(강하게) 한다면서요. 그렇게 변호사 사서 쓰고 있대요.… 그래

서 명예훼손 건 할 때도 교회에서 돈 대줄 테니까 하라고 했거

든요, 변호사 사야 될 거 같다고. 왜냐면 그쪽에서도 비싼 변호

사 써서 수단 안 가릴 거고, 여기서 사는 변호사는 약간 문제 있

는 목사들끼리 계를 들듯이 로펌 하나에 계속 돈을 낸대요. 그

러면 그쪽에서 이제 목사들이 사고 칠 때마다 와서 정말 말도

안 되는 건데도, 목사가 무조건 이기게끔 처리해준대요. 이런

유의 얘기를 많이 알 수밖에 없는 게 자기들끼리 맨날 그런 얘

기를 하니까. 이 ○○교회 출신의 사람들이 사놓은 로펌이 있대

요. 유명한 로펌이고 … 하나의 방법으로 생각하는 것 같아요.

그 사람들이 이거를. 이게 되네? 먹히네? 하니까 이제 이런 상황

에 닥치면 혼자 전전긍긍 안 하고, 이렇게 변호사한테 물어보고 이렇게 할 거 아니에요. 그러면 변호사가 거기에 대한 대응을 내주겠죠, (역고소)하라고.

유미(활동가)   공론화한 피해자가 두 명이었는데, 공론화를 한 이유는 이 사람(가해자)이 학교를 대표하는 대표자가 돼서는 안 된다는 생각 때문이었어요. 그래서 대자보를 써서 공론화했는데, 이후 그 두 사람을 포함해 주변의 모든 지원자 앞으로 고소장이 날아왔거든요. 명예훼손으로요. … 가해자가 사장 아들인데 아버지가 사업을 해서 돈이 많으니까 로펌 변호사를 한 7명이나 고용했다던가? 아예 전략적으로 판을 짜서 고소한 거예요.

은정은 다니던 교회의 담임목사에게 성추행 피해를 입었고, 이후 엄마와 함께 항의를 하자 이 사건을 빌미로 가해자는 피해자의 엄마를 명예훼손으로 역고소했다. **은정**은 "문제 있는 목사들끼리 계를 들듯이 로펌 하나에 계속 돈을 낸"다는 말을 들었는데, 특정 교회 출신 사람들이 "유명한 로펌"을 사서 문제가 터졌을 때 명예훼손 같은 역고소를 "하나의 방법"으로 활용한다는 것이다. 여성단체 활동가 **유미**가 지원한 사건 중에는 대학 내에서 두 명의 피해자가 성폭력 피해를 공론화한 사례가 있었다. 가해자는 피해자들뿐 아니라 대학 내에서 피해자들을 지원한 모든 사람을 다 고소했는데, 변호사 7명 정도를 고용해서 "전략적으로 판을 짜서 고소"했다고 말한다. 이처럼 가해자는 피해자가 먼저 고소하지 않아도 공론화를 이유로 역고소하기도 하는데 이러한 방식은 피해자뿐 아니라 주변인들에게까지 확장되고 있다. 이는 형사고소뿐 아니라 거액의 민사소송에서도 진행된다.

> 인경(활동가)　　　　　　조사관들이 많이 고소당한다고 들었어요. 지금 선례를 찾을 데가 ○○○밖에 없잖아요. (공공기관의 조사관들이) 고소당하는 경우가 왕왕 있다고 해요.… (가해자가) 추가 민사도 했어요. 이게 작년에 3년이 된대요. 20××년 ××월이니까. 민사 공소시효가 3년이잖아요. 작년 ××월에 급하게 ○○○ 씨(가해자)가 민사를 걸었는데, 다른 직원들도 공범이라 걸고, ○○○○도 걸고, ○○사장인가도 걸었대요. ○○○○은 우리 고소한 거랑 똑같은 걸로 건 거래요. 그래서 민사를 더블로 한 거죠.

활동가 **인경**은 인터뷰 당시 공공기관에서 성희롱 신고사건 조사를 담당하는 업무를 하고 있었는데, 가해자는 이 사건을 인권침해 사안으로 결정하고 언론에 보도한 조사원들과 피해자를 대상으로 거액의 민사상 손해배상청구소송을 제기했다. 재판 결과 조사원들에 대한 소송은 기각되었지만 피해자에 대한 청구는 일부 인정되어 인터뷰 당시 피해자는 월급을 압류당하고 있었다. 가해자가 진행한 민사상의 고소 대상자는 본인이 소속된 공공기관의 대표, 이 사건을 보도한 언론사 사장에 이르기까지 이루 헤아릴 수 없을 정도로 많았다. 이렇게 가해자가 민사상 손해배상 청구소송을 하게 되면 피해자와 가해자 변호사의 역할은 더욱 강조되기도 한다.

인경(활동가) 민사는 원고가 자기 피해를 입증하고 피고가 그게 아니라는 걸 입증하는 거죠. 그래서 더더욱 변호사가 중요한 싸움이에요. 이런 소송은 돈 있는 자들의 놀이터라는 생각을 진짜 많이 했어요. 근데 형사라고 안 그렇겠어요? 검사가 알아서 할 수 있어요? … 이게 돈이 없으면 제기할 수도 없고. 우리 소송이 ○명이니까 그렇기도 하지만. 이 사람이 처음에는 ○○, ○○○에서 시작을 했다가. 중간에 되게 센 법무법인 ○○으로 바꿨는데 거기에 이름 올린 변호사는 몸값이 굉장히 높은 변호사예요. 그리고 막판에 뒤늦게 이 사람(변호사)이 또 들어온 거예요. ○○○이 판사를 갓 그만둔 전관이고 … 이런 사람은 시간당 차지(charge)를 받거든요. 돈을 어마어마하게 썼을 거예요. 그래서 이렇게 원고 혼자 세 팀을 들여와 역분을 했겠죠. 얘는 주로 누가 맡고 그렇게 해서 … 이 세 팀이 계속 문서를 생산한다고 생각해봐요.

인경은 특히 민사는 "더더욱 변호사가 중요한 싸움"이라면서 소송하는 사람이 늘수록 "몸값이 굉장히 높은 변호사"들이 들어오기 시작하고 "전관" 변호사까지 들어와서 "돈을 어마어마하게 썼을 거"라고 짐작한다. 성폭력과 관련된 소송이 "돈 있는 자들의 놀이터"가 되었다는 것이다. 위 소송에서 가해자는 총 3개 법인에서 8명의 변호사를 선임했는데, 이 세 팀이 소송 대상자들을 한 명씩 담당해서 끊임없이 "문서를 생산"하는데, 그 속도와 내용을 따라잡기가 어려웠다고 한다. 해당 사건의 가해자가 공공기관의 성희롱 조사 결과에 대해 거액의 민사소송으로 문제제기를 하는 행위는 직장 내 성희롱 고충처리 규정에 대한 무시를 기반으로 하고 있어 보인다. 그 때문에 더 행정력과 강제력이 강하다고 생각되는 법들을 동원하여 자신의 행위를 정당화하는 수단으로 활용하고 있다.

이러한 제3자에 대한 역고소는 아래와 같이 법인의 기획이나 협력 아래 무차별적으로 이루어지기도 한다.

보라(피해자)　　　　　　　경찰의 태도나 이런 것을 봤을 때. 그리고 제가 생각할 때는 (가해자들이) 법인을 믿었던 거 같기도 해요. 그 법무법인을 … 그러니까 이 건과 관련해서 언급하는 바람에 가해자에게 고소를 당했던 분들도 동일한 변호사에게 연락을 받았고 동일한 변호사가 나왔고, 이런 식의, 그러니까 그

법인에서 전담을 해서 대거 소송을 했던 거 같아요.… 명예훼손은 이제 약간 산업이 된 것 아닌가 하는 생각이 들 정도예요. 그때는 가해자가 그렇게 광범위하게 고소를 한 것에 애(가해자)가 진짜 돌았구나 생각했는데 지금은 (다른 가해자들도) 그냥 그렇게 하잖아요. 저는 약간 그때 애가 선례를 만든다는 그런 압박감도 있었던 것 같아요.… 가해자로부터 역고소를 당한 피해자들이 수백 명은 될 거 아니에요. 그럼 그중에서 뭐 한 경찰서에서 10명씩만 합의했다 해도 수천에서 억 단위는 그냥 버는 거죠. 법인이랑 반반씩만 나눴다 해도 가해자는 그 건으로 떼돈을 번 거죠.

수현(피해자)　　　　전화가 한 통 왔는데 본인이 ○○○ 씨 변호사라고 주장하는 남자분이었어요. 지하철에서 통화를 해서 이름은 잘 기억나지 않는데, 그분이 200만 원에 합의를 보자고 하시더라고요.… 벌금형을 받으면 100만 원이 넘지 않을 거라는 조언을 들어서 최악의 경우에는 벌금을 내겠구나 생각하고 있었는데 … 제가 200만 원에 합의를 볼 만한 상황이 아니라서요. 좀 더 상황을 지켜보겠다고 했더니 자기들이 민사도 진행할 거니까 알고 계시라며 뚝 끊었어요.… (형사합의 조정실에서) 제가 좀 여러 가지로 상황이 어려워서 합의 금액 조정을 원한다고 하니까 저보고 그분(가해자)이랑 얘기를 할 테니 나갔다가 잠시

후에 들어오라고 하더니 100만 원까지 합의를 해주겠다고 하는 거예요. 그러면서 하는 말이 처음에 200만 원까지 요구했다고 알고 있다, 100만 원이면 많이 내려간 거니까 합의를 봐라, 이렇게 말씀하시더라고요.… 그 자리에서 계좌이체하고 각서 써서 사인하고 그쪽에서 보관하는 걸로 하자고 하더라구요.

보라는 데이트폭력 피해를 입고 SNS에 피해를 공론화한 후 가해자로부터 총 4가지의 민·형사상의 역고소 피해를 입었는데, 가해자는 이에 더하여 피해자의 지지자와 자신에 대한 폭로글을 SNS에 공유한 사람을 포함한 수백 명을 명예훼손과 모욕 등으로 고소했다. **보라**는 여러 피해자가 "동일한 변호사에게 연락을" 받은 상황에 대하여 "법인에서 전담을 해서 대거 소송"을 한 것으로 판단한다. 명예훼손이 "산업이 된 것" 같다는 생각이 들 정도라고 말하는데, 가해자는 이 건으로 "수천에서 억 단위"의 "떼돈"을 벌었을 것으로 짐작된다. 이러한 "대거 소송"의 피해자 중 한 명인 **수현**은 트위터에 공론화되었던 데이트폭력 사건을 리트윗하면서 가해자를 비난하는 글을 올렸다가 가해자로부터 모욕죄로 역고소를 당했다. 가해자의 변호사가 200만 원에 합의 보자고 했으나 거부하자 결국 형사조정실에서 100만 원에 합의를 보았고, 그 자리에서 바로 계좌이체를 하고 다시는 그러한 글을 올리지 않겠다는 각서를 썼다고 한다. 기존 형사조정제도는 성폭력 및 형사사건의 피해자들이 가해자와 합의할 수 있는 공적 테이블로 활용되어왔는데, 본인이 피해자라고 주장하는 가해자들의 역고소 과정에서도 형사조정이 활용되고 있는 것으로 보인다.

성폭력 역고소가 강화되는 이유 중 하나는 성폭력 피해를 더는 참지 않고 법의 안팎에서 고소나 공론화 등으로 실천하는 피해자들의 문제제기가 많아졌기 때문이기도 하다. 주체화된 피해자들은 점차 높아지는 감수성과 페미니즘 언어의 학습, 폭력에 대한 책임을 가해자에게 묻고 있다. 그러나 피해자를 지원하기 위한 공적제도들은 실효성이 부족한 반면, 역고소와 관련된 법의 구성은 이미 가해자를 보호할 수 있도록 준비되어 있었다. 법시장은 이러한 법을 적극적으로 기획하고 응용함으로써 피해자의 공적인 문제제기를 피해자와 가해자가 개인적으로 경쟁해야 하는 영역으로 이동시키고 있는 것이다.

위와 같이 성폭력에 대한 피해자들의 문제제기나 주변인들의 지지, 지원은 각종 법의 이름으로 피해자와 주변인들을 공격하고 가해자를 보호하는 빌미로 작동하고 이러한 역고소의 배경에는 법인의 기획이 깊이 연계되어 있다. 따라서 피해자가 때로는 법적 해결을 원하지 않더라도 법의 영역으로 진입하게 되면서 성폭력 사건의 해결 과정이 법시장 안으로 소급되는 효과를 낳고 있다.

#2

성폭력 법·제도의 변화와
성범죄 전담법인의 확산

가해자 엄벌주의의 역설

한국사회에서 성범죄 전담법인이 빠르게 확산될 수 있었던 배경에는 성폭력을 둘러싼 법·제도의 변화를 가해자 변호의 정당화 기제로 활용해온 법인들의 전략이 있다. 2000년 중반부터 언론을 통해 아동성폭력의 심각성이 강조되면서 성폭력은 두려운 것으로 공포화되는 여론이 강화되었으며,[1] 이에 따른 엄벌의 기조로 가해자 처벌도 강화되었다. 성폭력 가해자에 대한 엄벌주의는 특히 지난 보수정권 10년 동안 사회적 두려움을 활용한 '법질서 정치(Law and Order Politics)'가 강조된 것과 관련이 있다. 법질서 정치는 범죄로부터 위기를 과장하고 이를 기회로 국가권력을 남용하면서 형사사법기관을 확대하는데, 사태를 단순화하고 근시안적인 대책이나 중형 위주의 정책을 강조하는 특징을 가지며 정부의 정치적 구호로 활용되었다.[2] 이 중에서도 특히 성폭력 범죄는 피고인의 자유권 보호 등에 대한 '사법민주화'를 기조로 온정적 형량이 결정되는 한편, 피해자 보호에 대한 법감정을 반영한 과도한 보안처분이 중첩된 특수한 처벌제도가 형성되었다. 그러나 보호 가치가 있는 피해자 및 엄벌 대상의 선별에는 기존 통념이 반영되면서 엄벌주의 입법은 피해자의 실질적 권리 확장과 무관하게 처벌을 정당화하기 위해 도구화되어왔다.[3]

성폭력적 문화에 대한 구조나 성별권력에 대한 성찰 없이 진행된 법 제·개정에 대한 백래시로 가해자 인권 및 인격권 담론이 부상하면서 지나친 엄벌 및 부가처분들이 가해자 인권을 침해할 수 있다는 온정주의도 함께 대두되었다.[4] 가해자에 대한 엄벌주의는 특정한 가해자상에 대한 통념을 강화한 반면 온정주의는 그렇지 않은 억울한 가해자가 있을 수도 있다거나 가해자도 인권이 있다는 식의 인식을 확산시키면서 오히려 성폭력에 대한 법적 판단을 보수화하는 데 기여한 측면이 있다.

이러한 성폭력 관련 법·제도의 변화 속에서 인터뷰이들은 가해자 측의 변호사가 늘어날 수밖에 없다고 말한다.

선미(변호사)　　　　　　처벌도 강화된 부분들이 있으니까. 성폭력에 관해 다 바뀌었잖아요. 양형도 세지고. 카메라촬영 같은 경우 예전에는 벌금이나 기소유예가 되기도 했는데 지금은 엄벌.… 수요가 많아지면서 그러지 않을까 싶어요. 성폭력 사건이 예전에도 많았을 수 있고, 사람들 인식이 바뀐 것도 있고, 피해자분들도 예전에는 다 지나쳤던 것도 미투처럼 지금은 본인이 피해 입었다고 생각하면 적극적으로 신고를 하니 가해자도 당연히 처벌받는 거잖아요. 수사는 어쨌든 진행이 되고. 온라인 등으로 요즘은 어린애들도 가해자가 되니까 그런 부분들도 무시 못 하는 것 같아요.

민수(변호사)   성폭력 법제도의 변화가 주로 강력 성폭력 사건에 대한 사회적 분노에 대응하면서 이루어지다 보니까 주로 형량의 상향, 또 전자발찌나 화학적 거세, 일련의 제도들이 그런 사건이 있을 때 도입됐잖아요. 사실 그게 위험성이 있는데, 그런 강화가 이루어지니까 가해자 쪽의 시장이 열리기도 한 거고, 그래서 그 당시 법제도 개선이 바람직하지만은 않았다고 생각해요. 그 시기에도 여전히 성폭력 사건의 상당한 비중은 여전히 아는 사람에 의한 것이었잖아요. 그런데 (사회적 분노가 강하게 표출된) 사건만 관심을 갖고 형량 강화를 하는 상황에서는 사실 법원의 판단기준은 별로 바뀌지 않고 오히려 피해자한테 더 보수적으로, 형량이 더 높아지면서 신중하게 판단해야 되지 않을까 하는 반응을 불러온 것 같아요.

변호사 **선미**는 성폭력 가해자에 대한 엄벌과 적극적인 신고 문화가 확산되고 있지만 온라인, 디지털 성폭력 등으로 가해자의 연령대가 낮아지는 상황에서 가해자 측의 수요가 많아지는 걸 언급한다. 그리고 **민수**는 "사회적 분노에 대응"하는 방식으로 이루어진 성폭력 가해자 양형 강화와 부가처분들로 인해 "가해자 쪽의 시장이 열리"게 되고, 법원의 판단기준은 "오히려 피해자한테 더 보수적으로" 적용되는 것 같다고 말한다. 그동안 여성주의자들은 이러한 부가처분들과 관련해 전자발찌는 특정 가해자를 분리하고 잠재적 가해자화함으로써 인식의 문제를 간과한다는 점, 친족 및 친밀한 관계에서의 성폭력을 고려하지 않는다는 점, 신상공개는 범죄의 통제와 감시의 부담을 국민에게 부여한다는 점, 잠재적 피해자를 확산하고 가족주의적 보호기능을 강화한다는 점, 화학적 거세는 생물학적 환원주의라는 점, 결국 성폭력이 발생하는 구조적 문화와 권력관계의 맥락을 간과한 채 특정한 개인의 문제로 치환하고 있다는 점 등에서 꾸준히 비판해왔다.[5] 그럼에도 불구하고 점차 강화되어온 부가처분들은 가해자들의 강한 반발을 불러일으키게 된다.

은주(변호사)　　　　　(성범죄 전담법인들이) 돈을 굉장히 비싸게 받더라구요. 갈수록 성범죄에 대한 처벌도 세진다고 하니까 당사자들은 불안감을 느끼고, 신상정보등록에 대한 걸 엄청 두려워해요. 특히 공부를 하거나, 뭔가를 준비하거나, 취업을 준비하는 학생들의 경우에는 아무리 처벌을 조금 받거나, 감옥에 가는 문제가 아니더라도, 벌금을 낸다고 하더라도, 신상정보등록 대상이 되면 평생 꼬리표처럼 따라다닌다는 공포가 있기 때문에 피고인 측에서 극렬히 싸워요. … 취업제한도 있다 보니까 헌법소원까지 가서 일부 범죄는 빠지기도 하잖아요. 옛날 같으면 별 거 아니라고 생각하는 범죄들, 강제추행 같은 범죄들이 10년 동안 경찰서에 1년마다 가서 신상에 대한 걸 신고해야 되는 일이 엄청 큰 거예요. 그러니 굉장히 집요하게 싸우고, 또 싸울 수밖에 없는 상황이 되겠죠. 그에 편승하는 사람들은 그렇게 하기도 하고. 그럴 때는 오히려 이렇게 처벌이 세지는 게 그런 점에서는 좀 안 좋은 것도 있구나. 그니까 굉장히 별 거 아닌 거 같은 사안마저 대법원까지 가서 치열하게 싸우죠. 처음에는 합의하려고 했는데. 비친고죄라 지금은 합의한다고 없어지지 않으니까 되게 불안한 거예요. 합의가 돼서 수사 단계에서 공소권 없음이 되면 남지 않으니까 상관없지만요. 벌금만 받더라도 신상정보등록 대상이 되니까 그 사람들로서는 치열하게 싸워야 하는 이유가 되더라구요.

변호사 인터뷰이들은 여러 부가처분 중에서도 성폭력 가해자들이 변호사를 많이 찾는 중요한 이유로 신상공개제도를 언급한다. 현재 법원에서 형 확정과 함께 취업제한 명령을 선고받은 자는 최대 10년간 취업이 제한되고, 취업제한 대상기관은 교육,

사회복지, 의료기관, 경비업, 청소년 대상 게임, 유흥업소, 장애인 관련 기관 등 폭넓게 지정되어 있다.[6] 따라서 **은주**의 말처럼 가해 자가 취업을 준비하는 학생인 경우 "신상정보등록 대상이 되면 평생 꼬리표처럼 따라다닌다는 공포"로 인해 "극렬히" 싸우게 된 다는 것이다. 이에 "처벌이 세지는 게" 꼭 좋지만 않다는 생각을 하게 되었다는 것이다. 이런 상황에서 가해자들은 자신이 '진짜' 가해자가 아니라거나 그렇게 나쁜 가해자는 아님을 강조하면서, 자신의 가해행위를 더욱 필사적으로 부정하거나 축소하게 되고, 이를 조력하기 위한 가해자 변호의 중요성이 점차 강화되었다.

또한 인터뷰이들은 2013년부터 시행된 성폭력 피해자 국선 변호사제도[7] 역시 가해자들의 적극적인 변호사 선임을 유도하게 된 것으로 진단한다.

선미(변호사)　　　　　피해자 국선변호사제도가 생겼잖아요. 그 이후에 (성범죄 전담법인이) 역으로 생긴 것 같아요. 그 대응으 로. 2013년 무렵, 이전에는 법인에서 성범죄에 대해서는 말을 못 했는데 이제 피해자들이 적극적으로 대응할 거라고 생각하 니 그 부분에 대해 당신(피의자, 피고인)도 변호인 조력을 받아야 한다, 성범죄로 볼 수 있다, 억울할 수도 있지 않냐, 그런 취지로 광고를 하는 법인이나 사무소가 생겨나기 시작했던 것 같아요. 그리고 피해자 국선변호사제도는 제가 느끼기에는 그때만 해도 생긴 지 얼마 안 돼서 왕성하게 지원해주는 상황이었고, 첫해에는 그러지 않았던 것 같은데 그 이듬해부터는 그런 법인들이 광고를 많이 하고 … 또 그런 범죄들에 대한 처벌이 강화되니까 피의자 입건도 많아지고, 결국 양쪽 다 퍼지는 거 같아요. 그리고 그렇게 해서 몇몇 법인들이 변호사 시장에서 자리를 잡아가고 하니 하나의 시장이 되는 게 아닌가 하는 생각이 들어요. 어차피 그 사람들도 변호인 조력을 받을 권리가 있지 않냐, 그렇게 되는 거고요.

성폭력 피해자 국선변호사제도는 물리적 증거를 확보하기 어려운 성폭력 범죄의 특성을 고려하여, 특히 아동과 장애인의 진술과 조사 과정을 돕고 수사·재판 과정에서의 2차 피해를 예방하기 위한 취지로 시행되었다. 그러나 **선미**는 이러한 제도가 생긴 이후 가해자에게 "당신도 변호인 조력을 받아야 한다, 성범죄로 볼 수 있다, 억울할 수도 있지 않냐"는 취지로 광고하는 법인들이 생겨나기 시작했다고 말한다. 기존 성폭력 가해자들은 사회적 지위가 높거나 동원할 수 있는 자원이 많지 않은 이상 국선변호를 통한 조력을 받는 경우가 많았다. 그러나 피해자에 대한 법률조력이 공식화되면서 이에 대한 위기감으로 가해자들은 더 적극적으로 자신을 방어하기 위하여 사선변호사를 선임하는 경우가 늘어났으며, 또 그래야 한다고 홍보하는 법인들이 많아진 것이다.

이와 더불어 친고죄 폐지 또한 성범죄 전담법인을 확장하는 데 기여했다고 평가된다.

경희(변호사)　　　　　예전엔 어쨌든 내가 애를 합의하게 하고 돈을 어떻게 줘버리면 난 헤어나올 수 있다고 판단했다면, 이제는 그게 안 되고 어쨌든 수사는 계속하니까 더 압박해야 되겠다는 생각으로 그렇게 할 수도 있구요. 근데 이게 사실 우리야 잘 알지만 (가해자들은) 이 친고죄가 뭔지, 친고죄가 언제 폐지됐는지 잘 모르거든요. 그래서 결국 그런 거에 대한 정보를 주고 이렇게 피해자를 고소해서 압박 좀 해야 한다는 정보를 주는 건 솔직히 말해서 변호사라고 생각해요.

성훈(변호사)　　　　　그래서 그런 것들이 가해자를 나쁜 놈으로 만들고, 사회가 가해자한테 굉장히 유리하다고, 우리 법 시스템은 그렇다고 주장하는 기사나 관련 자료 들을 보고 오히려 시장이 커지는 면도 있죠. 그런 역설 중에 하나가 있는 거 같아요.… 친고죄가 없어진 것도 그래요. 친고죄가 없어진 거 자체의 방향성을 나쁘게 보는 건 아니에요. 오히려 좋은 거 같은데 … 이런 건들이 늘어날수록 그 변호사들, 성범죄를 변호하는 변호사들의 영역은 점점 커지고 넓어지겠죠.

기존 성폭력 관련 범죄가 피해자 본인만 고소할 수 있는 친고죄를 적용해온 것은 성폭력은 수치스러운 일이며, 제3자가 이 사실을 알아서는 안 된다는 순결 이데올로기의 연장선으로 볼 수 있다. 이에 따라 여성운동단체에서는 성폭력이 정조나 순결을 침해한 범죄가 아니라 폭력의 일부로서 공적인 범죄임을 강조하기 위해 친고죄 폐지를 주장해왔다. 이에 2013년, 친고죄 폐지와 더불어 피해 후 1년 안에 고소해야 하는 고소기간이 폐지되고 공소시효를 적용하도록 변경되었다. 따라서 피해자가 가해자와 합의하거나 고소취하를 원하면 취하할 수 있었던 것과 달리, 현재는 가해자와의 합의가 양형에 참작은 되지만 고소 자체는 취하되지 않기 때문에 가해자 측에서 더 적극적으로 대응해야 된다는 인식이 강화되었다. 변호사 **경희**의 언급대로 변호사들은 가해자에게 피해자를 "압박 좀 해야 한다"는 정보를 제공하게 되었다고 한다. 이처럼 피해자의 권리보장을 위한 제도와 조치가 오히려 가해자 측의 법률시장을 확장시키는 결과를 가져오고 있는 것이다.

변호사 **성훈**은 친고죄 폐지와 더불어 "가해자를 나쁜 놈으로 만들고", 한국의 법 시스템이 "가해자한테 굉장히 유리"하다고 말하는 "기사나 관련 자료 들을 보고 오히려 시장이 커지는", "역설"이 존재한다고 말한다. 즉 지금의 법이 가해자 중심적이라고 비판하는 여성단체나 언론 등의 주장은 가해자가 수사·재판 과정에서 자신에게 유리한 방법을 찾도록 학습시키고, 그러한 방법을 제시해준다고 홍보하는 가해자 측 변호사들의 영역을 넓히는 계기가 되고 있다는 것이다. 이는 성폭력의 법적 해결이 가지고 있는 역설적 상황을 잘 보여준다. 현재 현실과 괴리된 성폭력 관련 법규정•과 통념에 기반한 법해석 아래에서는 성폭력 피해자의 권리가 보장되면서 감형 없는 가해자 처벌이 이루어지기가 어렵다. 따라서 가해자에 대한 적절한 처벌이 이루어지기 위해서는 피해자의 피해자화와 가해자의 흉악함이 일정 정도 강조될 수밖에 없다. 그리고 이러한 사법시스템 속에서 피해자와 가해자는 양극단에 위치 지어지기 때문에 가해자는 물러설 곳이 없고, 법 전문가의 조력 속에서 공격과 방어의 수단은 계속 개발된다.

위의 내용들은 성폭력 양형강화나 성폭력 관련 법·제도의 개선이 성별권력과 위계적·차별적 사회구조 및 인식의 변화 등을 담보하지 않은 채 국가의 '법질서 정치'의 수단이자 사회적 분노에 대응하는 방식으로 만들어질 때 일어날 수 있는 문제들을 보

• 가장 대표적인 것이 강간죄의 최협의설이다. 현재 형법 제297조 강간죄는 폭행 또는 협박으로 사람을 강간한 자에 대하여 유죄를 인정하는 최협의설을 채택하고 있지만 전국성폭력상담소협의회에 따르면, 2019년 1월부터 3월까지 접수된 강간 사례 1,030건 중 직접적인 폭행·협박이 있었던 사례는 28.6%(295건)에 불과하였고, 직접적인 폭행·협박이 없었던 사례는 71.4%(735건)였다. 대부분의 성폭력은 권력 관계에서 발생하기 때문에 가해자가 폭행이나 협박을 사용할 필요가 없는 경우가 대다수이지만, 수사사법기관은 폭행·협박의 증명을 우선적 판단기준으로 삼음으로써 성폭력 불기소율, 무죄율을 높이고 있다. "내가 당한 강간은 강간이 아니라고 한다", 〈전국성폭력상담소협의회〉, 2019. 9. 16., https://www.youtube.com/watch?v=sFRjjYWqwTk 참고.

여준다. 가해자의 사과, 반성, 성찰을 위한 선택과 기회가 주어지지 않은 상황에서 양형 및 피해자 지원제도의 강화는 가해자 측의 법률 조력을 정당화하는 데 활용되고, 오히려 성폭력 관련 판결들이 보수화되는 데 영향을 미치게 된 것이다. 그러나 높아지는 양형기준과 달리 실제 양형기준에 맞는 처벌이 이루어지는 경우는 드물고, 결국 가해자 처벌도 피해자 권리보장도 되지 않은 채 성폭력 사건 해결의 법시장화*가 가속화되고 있다.

'있지만 없는 것 같은' 피해자 법률지원제도

기존의 피고인에 대한 국선변호사제도가 검사의 공격에 대한 피고인의 방어권, 즉 피고인의 무기평등 원칙을 보장하기 위한 것이었다면, 2013년부터 실시된 성폭력 피해자 국선변호사제도는 이러한 피고인의 방어권으로부터 피해자를 보호하고 변론하기 위한 목적으로 신설되었다. 또한 형사 절차상 피해자에게 발생할 수 있는 불이익과 법지식의 무지에서 진술하게 된 자신의

---

* 이 책에서 성폭력 사건 해결의 '법시장화'란 '신자유주의 통치전략으로서 국가의 관리하에 법과 시장이 특정한 지식과 권력의 장치를 통해 상호작용하고 정치적인 영역들을 경제적 영역으로 이동시킴으로써 성폭력을 성별권력과 위계적·차별적 사회구조의 문제가 아닌 개인의 문제로 탈정치화하는 기술·전략·지식의 총체'로 개념화했다.

형사책임, 수사·재판 과정에서의 2차 피해 방지 등을 위하여 시행되었다.[8]

그러나 인터뷰이들은 아래와 같이 피해자 국선변호사제도가 제대로 활용되고 있지 않다고 비판하는 경우가 많았다.

선영(활동가)　　　　　　수사절차가 담보된다면 국선변호사제도가 필요 없죠. 원론적으로야 맞는 말인데 현실이 그렇지 않으니까. 피해자들이 불안하니까 만든 제도라고 한다면 하다못해 연락이라도 됐으면 좋겠다는 아주 소박한 마무리를 하면 될까요? 무법(무료법률지원제도)도 한계가 있는데, 자꾸 변호사들에게 도움을 받지 못하는 과정들 자체가 피해자들로 하여금 자신이 기댈 곳이 없다는 느낌을 갖게 하는 거 같아요. 가해자들은 함께 거짓말해주고 피해자를 비난해주는 친구들도 있고 엄마 아빠도 있고 변호사도 있는데 나는 국선변호사라 안 그래도 초라해 보이는데 연락도 잘 안 돼. 그런 게 계속 안 좋은 경험? 내가 혼자라는 경험? 내가 기댈 곳이 없다는 경험을 계속 주는 거 같아서 마음에 걸려요. 차라리 이런 제도 자체가 없든가. 지원하라고 만들어놨는데 그런 식으로 해버리니까 오히려 부정적인 감정들이 계속 쌓이게 되는 거 같달까요. 내 일이 잘 안 풀리고 있다는 느낌을 자꾸 주는 거 같아요.

성폭력 피해자를 지원하는 활동가 **선영**은 가해자들은 지지자가 많지만 피해자는 연락조차 되기 어려운 국선변호사만 있을 때 "기댈 곳이 없다는 경험"을 하게 되면서 "부정적인 감정들이 계속 쌓이게" 된다고 말한다. 국선변호사가 수사·재판에 참여하지 않거나, 연락이 되지 않거나, 심지어 찾아갔는데도 만나주지 않아서 피해자가 위축되는 사례들은 계속해서 보고되어왔다.[9] 여성운동단체들은 이를 개선하기 위한 제안을 끊임없이 했지만 국선변호사에 대한 처우는 여전히 낮다.

선미(변호사)　　　　금액이 예전에는 입회하면 30만 원, 야간이나 휴일에는 몇 프로 증액되는 식이었다면 지금은 10만 원인가 20만 원으로 줄었어요. 그리고 이게 매번 주는 게 아니라 맨 처음에는 그 돈을 다 주는데 그다음에는 처음 금액의 50%, 그런 식으로 돼서 제가 특수강간 사건에서 합의서를 16장을 썼거든요. 보통 합의서를 쓰게 되면 전화를 굉장히 많이 하잖아요. 전화요금은 솔직히 캡처해서 제출해야 하는데 그러질 못해요, 시간적으로. 종이도 아깝고. 그냥 이거 안 받고 말지. 그걸 일일이 다 하시는 분이 있는지 모르겠어요. … 그니까 전화 많이 받고 이거 해주고, 상담도 예전에는 상담카드를 내고 증빙서류 내면 시간외 15만 원인가 했는데 지금은 기본수당이 나오고 따로 없을 거예요. 기본수당 2만 원인가 나와요. 그니까 비용이 너무 적어서 몇 번 그 부분에 대해 인터뷰도 했어요.

경희(변호사)　　　　　우리가 돈을 많이 달라는 거 아니에요. 정당하게만 대우해달라는 건데 마치 무료희생, 강요된 무료봉사라고 인식하는 것 같고, 정부나 대통령은 나와서 피해자 지원 하겠다고 해놓고 뒤에서는 국선변호사 예산을 깎고 있어요. 실질적으로 2018년 5월 10일 기준으로 사실상 보수가 50~80%가 깎인 거예요. 그래서 변호사들이 공판에도 잘 안 가요. 많이 안 가요. 그리고 피해자 지원은 사실 되게 시간이 많이 걸려요. 노하우를 쌓고 피해자와의 어떤 라포(유대감), 변호사의 영역보다 더 플러스 알파가 필요한 곳이라 시간이 많이 필요한데, 정말 오랫동안 열심히 했던 분들이 요즘에 거의 다 안 하세요. 이게 지금 어떻게 운영되냐면 정말 단기적으로 신입, 초임 변호사들이 잠깐 왔다가 가는? 제대로 배우면 몰라요. 그냥 먹고 튀는 경우도 많고 이 과정에서 피해자들한테 제대로 안 하는 경우가 되게 많고 결국 손해는 피해자들이 보는 거예요. 피해자들로서는 불만이 많을 거예요.

위 변호사들은 사기를 저하시키는 국선변호 사례비의 구체적인 액수까지 제시하는데, 정부에서는 이들의 업무를 "무료봉사"라고 생각하고 있기 때문에 2018년 5월 10일을 기점으로 오히려 국선변호사 보수가 더 축소되었다고 말한다.[10] 이에 따라 변호사들은 피해자 국선변호를 기피하거나, 저연차 변호사들이 잠깐 경험을 쌓는 것으로 활용되고 있고, 심지어 일부 변호사들이 수임료를 "먹고 튀는 경우"도 있는데, "결국 손해는 피해자들이 보는" 구조가 되었다는 것이다.

그러나 이들의 문제제기는 단순히 절대적인 액수에만 국한된 것은 아니다. 이들은 성폭력 피해자 변호는 성폭력 피해의 특성에 대한 이해와 노하우, 피해자와의 유대감 형성과 공감 등이 중요하기 때문에 일반 변호의 영역보다 더 많은 에너지와 전문성, 시간이 필요함에도 그것들이 사소화되고 있음을 지적한다.

선희(변호사)　　　국선변호인은 피해자 변호만 특별히 안 하는 건 아닐 텐데 그래서 변호사들이 피고인의 국선변호인을 더 선호하는 게 피고인들은 자기가 잘못했다고 생각하니까 변호사한테 잘 보이려고 한다거나 호의를 받으려고 하는 게 있다면 피해자는 자기가 당당하잖아요. 그니까 변호사한테 요구하는 입장이잖아요. 그러면 이 사람을 감정적으로 컨트롤해야 하는데 변호사가 굳이 이 돈을 받고 할 필요가 없는 거예요. 그래서 형사팀 대부분은 피해자 국선변호인을 하느니 대법원 국선변호인이 나은 것 같다고 얘기하는 변호사들이 주위에 계셨거든요. 그 이유를 알아보니 피해자가 품이 드는 거에 비해 돈이 안 되니까 성폭력 피해자 변호사가 별로 생기지 않는 거예요. 그래서 피해자도 좀 물고 뜯고 싸우면서 끝까지 싸우는 변호사가 필요하다고 생각했는데 그런 변호사가 왜 안 생기나 생각해보니까 그런 이유로 안 생기겠다 … 피해자 국선변호사가 자기는 건당 받고 성공보수가 없는데 싸워줄 수가 있겠나, 검사는 더 그럴 리가 없잖아요. 검사는 공무원인데. 그래서 지원체계가 너무 힘이 없다고 해야 되나. 지원이 있지만 실제로는 없는 것 같은 지원?

변호사 **선희**는 변호사들이 피해자 국선보다 피고인 국선을 더 선호하는 이유는 피고인들은 자신의 잘못으로 발생한 일이기 때문에 변호사들에게 "호의"를 얻기 위해 노력하는 측면이 있다면, 피해자는 변호사에게 요구하는 것이 많고 "감정적으로 컨트롤"도 해야 하기 때문이라고 말한다. "품이 드는 거에 비해 돈이안 되"는 상황에서 검사가 피해자 편에 서기만을 기대하기가 어렵고, 그래서 피해자를 위해서 "끝까지 싸우는 변호사"가 생기기어렵다는 것이다. 이렇게 피해자에 대한 공적인 법률지원체계는 "지원이 있지만 실제로는 없는 것 같은 지원"으로 인식되면서 변호사와 피해자 모두에게 환영받지 못하고 있다.

한편 성폭력 피해자의 법률지원을 위한 제도로는 국선변호사제도 외에도 무료법률지원제도[11]가 있는데, 이는 국선변호사제도보다 나은 평가를 받지만 이 역시 정부의 지원을 받는 피해자의 입장에서는 변호사에게 잘못이 있어도 문제제기를 하는 데 어려움이 있다.

수민(피해자)　　　재정신청 이유서라는 걸 제출해야 했는데 변호사가 3주 늦게 제출했어요. (법원이) 기각해버렸죠. 근데 이게 또 뭐가 있냐면 제가 돈이 너무 많아서 비싼 법무법인 돌려서 쓸 수 있는 사람이면 그런 상황에서 어떻게 이걸 기각할 수 있냐고 뭐라 말하겠지만 (무료법률)구조를 받고 있으니까 말을 못 해요. 내가 돈을 준 것도 아니고 사실상 나로서는 정부지원자금을 받든 안 받든 공짜로 시켜먹는 것같이 되다 보니까 항의를 못 하는 문제가 있더라구요. 미안하다고 하면서 변호사협회에서 걸면 문제가 된다고 하더라구요. 그 얘기를 본인이 하더라구요. 문제가 된다 싶으면 자기를 제소해서 걸라고. 근데 그 변호사한테 걸려 있는 게 이미 세 건에다가 지금까지 도와준 것도 있죠. 대충 계산을 해보니까 제가 지금까지 재판한 걸 제 돈으로 변호사비든 제값을 내고 했으면 3,000만 원은 나갔을 거예요. 대충 계산해보니까 실제로 쓴 돈만 200만 원 정도 돼요. 사실 변호사가 그만큼 돈을 안 받은 거죠. 뭐라고 말하기가 미안한 상황인 것도 있고. 어쨌든 그 무고 건이 날아가거든요.

직장 상사에게 성추행 피해를 입고 고소했으나 가해자와 회사의 괴롭힘으로 고소를 취하할 수밖에 없었던 **수민**은 수년이 지난 후 무료법률지원을 받으면서 공론화를 비롯하여 다시 여러 법적 절차를 진행했다. 그런데 변호사가 가해자의 명예훼손 고소에 대한 무고 재정신청 이유서를 3주나 늦게 제출하는 바람에 기각되어버렸다. **수민**은 문제제기를 하고 싶었지만 본인이 직접 고용한 것이 아니기 때문에 항의할 수 없었다고 아쉬움을 드러냈다. 이후 변호사는 미안하다면서 변호사협회에 본인을 제소하라고 얘기하기도 했지만 해당 변호사에게 이미 세 건이나 지원을 받고 있는 입장에서 그렇게 할 수가 없었다고 말한다.

이처럼 무료법률지원을 통해 여러 건의 소송을 지원받는 경우 피해자는 적은 금액을 받고 도와주는 변호사에게 의견을 피력하기 어렵다. 더 나아가 성폭력 무고나 명예훼손 등 역고소 사건의 경우 피해자는 국가의 법률지원을 받기 더욱 힘든 상황에 처하기도 한다.

민정(활동가)　　　가해자가 무고죄로 걸면 에휴 재 또 골치 아프게 하네, 이 정도인데 검사가 무고죄로 해버리면 그때부터는 장난 아니죠. 그거에 대응하려면 변호사가 할 일도 많고 증빙해야 되는 것도 많을 뿐만 아니라 기본적으로 무고로 고소하는 가해자는 변호사 비용이 더 비싸잖아요. 그러니까 국선으로는 힘들다고 해요. 오늘도 그런 건이 있어서 그렇다고 안 할 수도 없고. 오늘 건은 (피해자가) Y○에 돈도 줬는데 아무것도 안 해주고. 그래서 우리가 변호사 상담을 했는데 변호사가 무고 건을 무법으로 하기에는 (일이) 너무 많다는 거예요. 증빙해야 될 것도 많고 재판을 맡아서 하려면 사건에 올인하다시피 해야 해서 120만, 150만 원 받고는 힘들다고. 그래서 위기센터 알아봤는데도 안 되죠, 당연히. 우리 마음 같아서는 의지를 갖고 운동 차원에서 해줄 수 있는 변호사가 있으면 좋은데 변호사한테 그걸 기대할 수는 없잖아요. 가해자가 큰 권력을 갖고 있는 사람이라면 쉽게 무법으로 하기는 힘들죠. 저쪽에서 너무 크게 나오니까 변호사도 같이 대응해야 하는 부분이 있으니까요.

활동가 **민정**은 검사가 피해자를 무고죄로 기소한 경우 국선변호사지원도 무료법률지원도 받기 어려운 현실을 토로한다. 성폭력상담소를 찾는 피해자들은 가해자보다 자원이 적거나 법적으로 유리하지 않은 절박한 상황에 처해 있는 경우가 많다. 특히 피해자가 검사의 인지로 무고의 피의자가 되었을 때 또는 "가해자가 큰 권력을 갖고 있는 사람"일수록 이들에 대한 법률지원은 더욱 필요하다. 그러나 다른 피해 사건보다 들이는 시간과 에너지가 많기 때문에 그에 맞는 대응을 해줄 수 있는 국선변호사나 무료법률지원을 통한 변호사를 찾기가 어렵다. **민정**은 "운동 차원에서" 도움을 줄 수 있는 변호사를 기대하지만 변호사 개인의 사명감만으로 진행되기는 어려운 현실임을 아쉬워한다. 이렇게 피해자에 대한 지원이 절실한 사례일수록 오히려 지원을 받기 힘든 상황에서 피해자에 대한 국가의 법률지원제도들은 실효성을 담보하지 못하고 있으며, 피해자들은 불충분한 법률지원제도와 부족한 자원 속에서 불안감이 커지고 어쩔 수 없이 사선변호사를 알아보게 되기도 한다.

혜진(활동가)　　　　　　　사실 범죄피해자는 변호사가 필요 없잖아요. 검사가 수사하고 조사하고 가해자 변호인과 대립하게 되는 구조가 형법상의 범죄피해자인데, 성폭력 같은 경우 가해자가 경험 많은 변호사를 돈을 들여 선임하고 그만큼 공격적으로 방어하게 되다 보니까 피해자들도 더욱 변호인을 찾고 이런 자원을 찾는 일에 에너지를 많이 쓰는 거 같아요. 그리고 제가 상담하면서 느끼는 건 얘길 들어보면 사실 어떤 경우는 증거가 확실하게 있거나 국선변호사를 선임해서 진행해도 괜찮을 건인데 어떤 분은 굉장히 마음이 조급하고 불안해서 가해자가 변호인을 선임한다는데 나도 사선변호사를 선임해야 되는 게 아닌지, 돈을 더 들여서 뭔가 해야 되는 건 아닌지. 뭔가 자원을 계속 찾는 일에 에너지를 많이 쓰는 것 같아요.

활동가 **혜진**은 가해자가 "공격적으로 방어"하다 보니까 피해자도 "마음이 조급"해서 사선변호사를 알아보러 다니거나 개인의 돈을 투자해서 대응을 해야 될 것 같은 압박을 받고 있다고 말한다. 그리고 이 과정에서 피해자들은 성범죄 전담이라는 타이틀을 가진 온라인상의 법인 광고에 현혹되기도 하는데 아래의 사례와 같이 여력이 된다면, 혹은 무리해서라도 사선변호사를 선임하는 경우가 늘고 있다.

선미(변호사)　　　　　어차피 가해자 사건을 많이 하는 데서 피해자 사건을 안 하냐, 그건 아닌 것 같아요. 거기서도 피해자 사건을 하거든요. 가해자 사건을 많이 하니 기본적으로 형사사건, 성범죄 사건에 대한 메커니즘을 잘 알고 있어서 피해자에 대한 대응방식도 더 잘 알 수밖에 없다. 그렇게 광고하니까 뭐라고 딱히. 근데 과할 때가 있지. 가끔 보면 저렇게까지 하나 싶어요. 피해자 사건인데 이거(사선변호사 선임을) 안 하면 무고로 당할 수도 있다고 하는 경우도 있었다고 하더라구요. 그래서 나중에 다른 데로 옮겼다고. 근데 정말 그때는 그렇게 해야 되는 줄 알았다고 하더라고요.

은주(변호사)　　　　　실례가 아니면 얼마를 약정했냐고 물어보니까 800만 원에 했다는 거예요. 실제로 변호사 수임료로도 굉장히 높은 금액이에요. 저도 놀라서 금액이 굉장히 높다고 얘기했는데, 학생인지 직장인지 모르겠는데 500만 원인가 600만 원인가는 신용카드로 결제했대요. 자기가 돈이 없다고 하니까 500만~600만 원은 신용카드로 결제하고 나머지 300만 원은 대출 받아서 줘도 된다. 대출에 대한 것을 알선해줄 수 있다고 했다는 거예요. 전형적인 대출 브로커나 그렇게 하거든요. 그 약정을 다 하고 왔다는 거예요. … 이게 어쨌든 발생하는 상황에서부터 정해져 있잖아요. 약자에 대한 거다 보니까. 그러니 거기는 대응하는 과정에서도 (가해자는) 자원이 많은데 피해자 입장에서는 자원이 없는 상황에서 도움의 손길을 기대할 수밖에 없는데, 시스템적이나 법률적으로 보완이 좀 됐다고는 하지만 되게 부족하다고 느끼는 것 같아요. 그리고 실제로 피해자들이 국선변호사가 붙으면 무료로 하는 변호사들은 성의 있게 하지 않는다는 생각을 가지고 있고 … 그때 피해자도 제가 물어봤거든요. 돈이 없는데 그렇게 카드를 긁고 대출을 받아서까지 할 이유가 있냐. 저쪽(가해자)은 변호사 선임해서 그렇게 하는데 나는 아무것도 없으면 안 되지 않냐 했을 때, 피해자변호인제도라는 게 있어요. 그래서 본인이 희망하면 나라에서 도와준다고 하니까 대번에 국선변호사들은 성의 있게 해주지 않는다고 얘기하더라고요.

시장으로 간 성폭력

변호사 **선미**는 성범죄 전담법인들은 가해자 사건을 많이 다루기 때문에 "피해자에 대한 대응방식"도 잘 안다고 광고하면서 피해자에게 변호사를 선임하지 않으면 "무고로 당할 수도 있다"고 말했다는 사례를 소개한다. 그리고 **은주**는 자신을 찾아왔던 피해자가 전에 인터넷 광고를 보고 법인을 찾아갔는데 바로 약정을 하도록 유도했다는 말을 들었다고 한다. 그 법인의 약정금액은 800만 원이었는데, "500만~600만 원은 신용카드로 결제하고 나머지 300만 원은 대출을 받아서 줘도 된다"라면서 대출을 알선해주겠다고 했다는 것이다. 피해자는 약정을 했지만 불안해서 다른 변호사를 찾던 중 자신과 만나게 되었다고 말한다. 이처럼 피해자들은 법적 지원을 받을 수 있는 공적 제도들이 있음에도 "국선변호사들은 성의 있게 해주지 않는다고" 인식하기 때문에 무리한 대출에 응하게 되기도 한다. 더군다나 위 사례에서 드러나듯이 일부 법인들은 "전형적인 대출 브로커"들처럼 자원이 적은 의뢰인들에게 대출을 연계하는 서비스까지 제공하는 것으로 보이는데, 이와 같이 일부 법인 및 변호사 들은 가해자들뿐 아니라 피해자들에게도 고소를 부추기고 있다.

민정(활동가)   (변호사가) 고소하고 법적인 과정을 부추기고 그 과정에서 어떻게 보면 계속 더 하라고 하겠죠. 더 해도 별 소득이 없을 때에도 더 하라 하고 … 점점 더 돈으로 다 해결하려는 거 같아요 … 전에는 피해자들도 무조건 법적으로 대응 한다는 소리가 별로 없었거든요. 법적 대응은 되게 신중하게 하고 상담할 때도 미리 법적 대응을 하겠다는 사람은 생각보다 많지 않았던 것 같아요. 근데 요즘은 상담소에 전화하는 사람들 대부분은 법적인 걸 생각하고 … 우리는 잘못하면 피해자가 오해를 받거나 진행해도 사건이 제대로 잘 안 풀릴 거 같으면 차라리 안 하는 게 피해자 치유나 그 이후에 따르는 여러 가지 경제적인 손실을 따져봤을 때 안 하는 게 현명하지 않을까 하는 고려도 할 수 있도록 얘기해줄 수 있는데, 돈벌이에만 급급한 변호사들은 할 수 있다고 계속 부추기는 일이 훨씬 많아진 거 같애요.

선희(변호사)　　　　성폭력 피해자 전문 카페가 있는데, 카페 대문을 보면 이 사람이 여성주의자거나 성폭력에 관심이 있다면 도저히 쓸 수 없는 사진이 걸려 있어요. 아동 피해자를 피해자화하는 사진. 피해자만 가입할 수 있습니다, 여성만 가입할 수 있습니다라고 써 있고, 가해자 카페의 다른 모델로 그렇게 돼 있어요. 근데 운영하는 변호사님을 찾아봤더니 남자 변호사님인 거예요. … 연차 낮은 변호사. 이 사람이 그런 전문성을 가질 시간이 별로 없었을 텐데 … 이렇게 피해자 카페라고 하면서 피해자화하는 카페가 등장하는 거에 대한 고민이 있어요. … 변호사 입장에서는 큰돈을 받아야 되는데 피해자들이 자기의 진정성을 증명하기 위해 돈을 요구하는 걸 되게 꺼리잖아요. 소위 여성계 주변에 있는 약간 관점 있는 변호사님들이 피해자들한테 합의금 받아 내라고 하기 힘들고, 그렇게 안 하니까 피해자 변호사들이 머뭇거리는 사이 성범죄 전담법인들이 가져가는 거잖아요. 양쪽 다 장사하는 거잖아요. 피해자 장사, 가해자 장사 … 또 한편으로는 성범죄 전담법인인데 얘들이 파트가 두 개 있어가지고 ○○○에서도 남성 변호사님을 써서 억울한 가해자를 도와준다고 하고 여성 변호사님을 내세워서는 피해를 구제한다고 하고 양쪽 모두에게서 이렇게 돈을 받아 결국 변호사들만 돈을 벌고, 가해자든 피해자든 돈을 갖다 바치는 게 된 거 같아요.

16년 차 여성단체 활동가 **민정**은 여성운동단체에서는 피해자에게 때로는 법적 대응을 하지 않는 편이 나을 수도 있다고 얘기하지만, "돈벌이에만 급급한 변호사들은 할 수 있다고 계속 부추기는" 현상들이 훨씬 많아졌다고 진단한다. 그리고 변호사 **선희**는 최근 "가해자 카페의 다른 모델로", 연차가 낮은 남자 변호사가 운영하고 여성만을 대상으로 하는 피해자 카페가 생겼는데, 피해자를 "피해자화"하는 사진을 쓰는 걸로 봐서 여성주의적 감수성이 없는 변호사일 것으로 추정한다. 성폭력 피해에 대한 전문성이나 감수성이 부족함에도 피해자를 전담으로 변호한다는 소위 '피해자 전담법인'도 등장하고 있는 것이다. 주 고객이 성폭력 가해자들인 성범죄 전담법인들에게 피해자 변호는 부수적인 영역이다. 그럼에도 가해자뿐 아니라 피해자들 역시 성범죄 전담과 관련한 각종 홍보와 가해자들의 적극적 공격, 부족한 공적 지원 속에서 성폭력의 법적 해결은 사선변호사를 통해 대응해야 이길 수 있는 것으로 인식되고 있다.

이에 더하여 **선희**는 여성운동단체와 함께 피해자를 지원하는 변호사들은 합의를 적극적으로 주장하지 않거나 못하는 상황에서, 성범죄 전담법인들이 피해자와 가해자 모두를 대상으로 "양쪽 다 장사"를 하고 있다고 지적한다. 한 법인에서는 남성 변호사를 내세워 "억울한 가해자를 도와준다"라며 가해자를 유인하는 한편, 여성 변호사를 내세워 "피해를 구제한다"라고 홍보하는데 결국 가해자와 피해자 모두 성범죄 전담법인에 "돈을 갖다 바치는" 상황이 되었다는 것이다. 이렇게 가해자의 방어와 피해자의 권리는 불안감을 강조하는 성범죄 전담법인의 홍보와 고객유치의 수단으로 활용되면서 성폭력의 법적 해결 과정은 자원의 경쟁으로 내몰리고 있다.

성폭력 사건 해결의 사법화

최근 일반 형사사건의 경우 온라인을 통한 법률자문이 많아지고 있는데, 이는 피해자의 위치에 있는 사람들이 자문을 구하고, 이들에 대한 자문을 해주는 것이 대부분이다. 그렇기에 강력범죄로 언급되는 살인, 강도, 방화의 가해자를 대상으로 한 홍보는 매우 드물다. 그러나 같은 강력범죄임에도 유독 성폭력은 가해자를 위한 법률자문과 홍보가 많은데, 이는 한국사회에서 성폭력의 법적 위치를 대변해준다. 성폭력은 법적 해결 과정에서 현실과 괴리된 최협의설과 관행화된 감형, 수사과정에서 피해자를 신뢰하지 않는 통념, 무고에 대한 의심, 재판부에 따라 결과에 큰 차이가 나타나는 특징 등을 보인다. 이에 따라 성폭력 신고율은 다른 범죄에 비해 꾸준히 높아지는 데 반해 구속률과 기소율은 낮다. 이는 다른 범죄들과 달리 성폭력 사건에서 가해자 변호사의 개입 여지를 확장할 수 있는 중요한 조건으로서 성폭력 가해자에 대한 변호는 변호사 업계의 틈새시장으로서 위치를 점하고 있다.

무엇보다 성범죄 전담법인과 같은 소위 성폭력 가해자 지원 산업이 확장되는 배경에는 신자유주의적 국가의 관리 정책이 있다. 국가는 성폭력을 엄중히 처벌하겠다는 메시지를 전파하며 피해자의 고소를 독려하는 한편, 가해자 중심적인 변호사 업계의 시장화를 방임하면서 양쪽 모두의 법률시장을 확대함으로써 성폭력 사건 해결의 법적 의존도를 높이는 효과를 창출하고 있다. 이제 형사와 민사를 넘나드는 성폭력 피해자의 고소와 가해자의

<표 1> 강력범죄(흉악) 연도별 발생 현황[12]　　　　　　　　[단위: 건(%)]

구분	합계	살인	강도	방화	성폭력
2010	28,134(100)	1,262(4.5)	4,402(15.6)	1,886(6.7)	20,584(73.2)
2015	35,139(100)	958(2.7)	1,472(4.2)	1,646(4.7)	31,063(88.4)
2020	32,812(100)	805(2.5)	692(2.1)	1,210(3.7)	30,105(91.7)

<표 2> 강력범죄(흉악) 범죄의 기소율과 불기소율(2019~2020)[13]　　　　[단위: 명(%)]

구분	2019		2020	
	기소	불기소	기소	불기소
살인	656(69.4)	262(27.7)	567(68.3)	232(28.0)
강도	922(67.3)	261(19.0)	846(68.7)	211(17.1)
방화	611(48.7)	574(45.7)	595(52.4)	472(41.6)
성폭력	14,663(45.3)	15,148(46.8)	15,081(48.6)	13,169(42.5)

<표 3> 강력범죄(흉악) 범죄의 구속률과 불구속률(2019~2020)[14]　　　　[단위: 명(%)]

구분	2019		2020	
	구속	불구속	구속	불구속
살인	553(78.6)	151(21.4)	500(78.1)	140(21.9)
강도	533(43.7)	688(56.3)	457(42.8)	610(57.2)
방화	221(19.8)	896(80.2)	201(19.9)	811(80.1)
성폭력	1,676(6.5)	24,039(93.5)	1,449(6.0)	22.627(94.0)

역고소, 피해자의 역고소 대응과 또 그에 대한 대응으로 성폭력 사건의 해결 과정은 끝없이 사법화되고 있다.

성폭력 사건 해결이 사법화되는 현상은 '정치의 사법화'*의 일환으로 볼 수 있다. '정치의 사법화'는 문제해결의 최종적인 결정권이 법원에 주어짐으로써, 법원이 공동체 다수의 입장과 다른 판결을 내릴 경우 근본적으로 이 문제를 해결할 수 없다는 한계가 있다. 정치 영역과 민주적 공론 영역에서 다루어져야 할 사안들이 결과에 책임을 지지 않는 소수 엘리트 법관들에 의해 결정된다는 점에서 사회 변화의 근본적인 대안이 되기 어려운 것이다.[15] 또한 개인을 공동체로부터 해체하여 고립시킨다는 점, 가치의 문제를 희석해 진실게임에 집중함으로써 탈정치화될 수 있다는 점, 분쟁과 갈등을 관리 가능한 법적 기제 속에 포섭한다는 점, 그것을 담당하는 법관과 변호인, 그 배후에 있는 국가나 로펌들로 하여금 일정한 경로를 따라 처리되도록 통제할 수 있다는 점,

---

* 정치적인 이슈들에 대한 사법 의존도가 높아지고 사법의 역할이 확장되는 현상을 '법의 지배(rule of law)'의 일환으로서 '정치의 사법화(judicialization of politics)'라고 지칭한다. 사법적인 것이 정치적인 것을 대체하는 현상은 제2차 세계대전 이후 세계적인 추세로 나타나고 있는데, 사람들은 정치 지도자나 입법부가 결정하지 못하는 문제를 법원과 판사에게 호소한다. 그리고 판사들이 법적 근거를 통해 정책을 만드는 동안 일반인과 정치 공무원들은 문제의 쟁점들을 사법적 용어들로 토론하고, 법적인 근거하에서 결정한다. 아담 쉐보르스키·호세 마리아 마라발 지음, 안규남·송호창 외 옮김, 〈민주주의 지배와 법의 지배〉, 《민주주의와 법의 지배》, 후마니타스, 2008.

국가적 통치에 대한 효과적인 정당화 기능을 수행한다는 점 등에서 자본권력-정치권력의 연합체제가 활용할 수 있는 신자유주의적 통치술을 구성하기도 한다.[16]

무페(Mouffe)의 말처럼, 민주적 정치의 공공 영역이 약화되는 맥락에서 사법적 수위는 점점 더 높아진다. 사회적 문제를 정치적 방식으로 이해하는 것이 점점 더 불가능해짐에 따라 사법적 영역을 특권화하고 갈등의 모든 형태에 대해 법이 해결책을 제시해줄 것으로 기대하는 경향이 대두되고 있는 것이다. 이에 무페는 사회는 점차 정치적인 방식으로 사회적 관계를 위치시키고, 정치적 담론을 통해 그들이 직면한 결정에 형태를 제공하는 능력을 상실하고 있다고 지적한다.[17] 이러한 상황에서 성폭력을 둘러싼 정치적 투쟁의 언어와 공간 역시 국가와 법, 시장의 테두리 안에서 통치가능한 영역으로 '탈구(disarticulation)'[18]되고 있다. 이는 공동체나 사회의 변화를 이끄는 방식이 아닌 신자유주의 질서를 내면화한 당사자 개인들의 문제로 '재사적화(re-privatization)'* 하는 것이다. 고텔(Gotell)에 따르면, 재사적화는 신자유주의 국가에서 성별 문제를 삭제하는 정책담론이 강화되면서 탈맥락화되고 개인화된 피해자 지원 서비스가 정교화되는 상황을 말한다. 이제 여성폭력에

---

* 이 책에서 재사적화라는 개념은 국가와 법이 성폭력 피해자를 지원한다고는 하지만 특정한 영역의 성폭력 피해에 한정하고 피해자 지원을 개인화된 법적·의료적 영역에 한정하면서 여성운동단체의 정치적 활동을 통제하는 현상을 설명하는 맥락에서 사용되었다.

대한 시스템은 공공정책이 아니라 국가의 통치체제로서 개인화된 신자유주의 시민을 재건하는 중요한 장소가 되고 있고[19] 성폭력은 정치적 논쟁의 대상에서 개별화된 법적 질문으로 이동하고 있는 것이다.

기존의 성폭력은 주로 경제 외적인 것, 즉 가부장제나 남성 중심적 강간문화 등을 중심으로 설명되었다. 그러나 신자유주의 질서는 개인화되고 시장화된 피해자와 가해자를 생산해내면서 성폭력은 점차 경제적인 것으로 이동하고 피해와 가해의 의미를 재구축하고 있다. 이는 푸코(Foucault)가 말한 비경제적인 공간과 활동이 경제화되는 신자유주의 통치성 개념을 통해 이론화할 수 있다. 신자유주의적 통치는 시장의 존재 조건인 규칙, 제도와 같은 틀에 개입함으로써 경제 과정을 조정한다. 그리고 기업과 기업 같은 것들의 양성소를 만들어 통치행위에 작용할 수 있도록 강요하고 기업 간의 경쟁 기회를 더 증식시켜 사법적 중재의 필요성 또한 증식시킨다.* 푸코의 통치성 이론은 국가의 통치성, 시

---

* 푸코는 자유주의 통치성을 재정립하면서 신자유주의 합리성의 규범과 원칙이 국가와 사회를 경제적 주체로 규정하고 연결 짓는 새로운 맥락으로서, 비경제적인 공간과 활동이 경제화되는 질서의 통치술을 '통치성(governmentality)'이라 명명하고, 그것의 작동 과정을 분석한다. 푸코에게 통치성은 "인구를 주요 목표로 설정하고, 정치경제학을 주된 지식의 형태로 삼으며, 안전장치를 주된 기술적 도구로 이용하는, 복잡하지만 아주 특수한 형태의 권력을 행사하게 해주는 제도·절차·분석·고찰·계측·전술의 총체", 즉 품행의 지도방식이다. 푸코에 따르면, 이러한 신자유주의 통치술에서 관건이 되는 것은 경쟁 메커니즘이 시장을

장 자유주의의 통치성, 환경의 설계를 통한 범죄 예방과 안전 담론, 권력 메커니즘, 주체 형성 과정 등을 분석하는 맥락에서 다루어져왔는데,[20] 이는 "지식과 권력, 테크놀로지의 결합체가 형성되고 변용되는 과정을 통해 특정한 주체성이 어떻게 생산되는지를 분석하는 것"[21]으로 설명할 수 있다. 이 책에서 푸코의 통치성은 성폭력의 의미가 신자유주의적 질서에 따라 재구축되는 과정에서 법적·국가적 권력이 그것들의 경제화 속에서 특정한 기술·전략·지식에 대한 위치를 재설정하고, 그 과정에서 생산되는 피해자와 가해자의 주체화 양식을 분석하기 위한 분석틀로 사용되었다. 이는 현재 성범죄 전담법인들의 홍보 기술, 감형 전략, 가해자 중심적 지식들이 신자유주의 주체로서 가해자의 위치를 어떻게 이동시키는지, 그 과정에서 성폭력이라는 정치투쟁의 장이 어떻게 금전적 자원의 문제로 이동되는지, 법과 국가는 어떻게 그것이 가능한 구조를 만들고 승인하는지 분석할 수 있는 자원이 된다.

조절하는 원리를 구성해야 하고, 경쟁의 역학에 종속된 사회를 구성하는 것이다. 신자유주의는 경쟁의 형식적 구조가 작동될 수 있는 정비를 진행함으로써, 이제 시장경제는 시장 때문에 통치해야 하는 것이 아니라 시장을 위해서 통치해야 했다. 미셸 푸코 지음, 오트르망 옮김,《안전, 영토, 인구: 콜레주드프랑스 강의 1977~78년》, 난장, 2011, 미셸 푸코 지음, 오트르망 외 옮김,《생명관리정치의 탄생: 콜레주드프랑스 강의 1978-79년》, 난장, 2012.

시장으로 간 성폭력

Chapter 2

힘드시죠?
감형 컨설팅
해드립니다

현재 성범죄 전담법인의 주된 고객은 성폭력 가해자이기 때문에, 법인들은 수사·재판 과정에서 가해자에게 유리한 결과를 이끌어내기 위하여 다양한 기술과 전략을 활용한다. 또한 온라인 카페, 홈페이지, 블로그, 서적 등을 통해 가해자 중심적 서사를 강화하고 가해자 연대에 기반한 커뮤니티를 운영하면서 고객을 유치하고 있다. 수전 팔루디는 미국 사회에서 페미니즘 제2물결 운동 이후 일어난 각종 반(反)페미니즘적 이론적·문화적 기제들을 '백래시(back-lash)'[1]로 명명하였다. 그러나 팔루디가 분석한 백래시가 미국 페미니즘 운동의 성과에도 불구하고 이전으로 돌아가려고 하거나 후퇴하려고 하는 과정을 드러낸 것이라면, 최근 한국에서 성범죄 전담법인들을 중심으로 구성되는 가해자 지원산업은 회귀가 아니라 다양한 기술[2]과 감정, 전문성, 자본 등이 결합된 새로운 '가해자 남성성'을 개발하는 것으로 보인다.

성범죄 전담법인이 발명한
감형과 무죄의 기술

합의 확률을 높이기 위한 '젠틀한' 제안

2022년 10월 1일부터 시행된 성범죄 양형기준을 살펴보면, 13세 이상 대상 강간죄의 감경요소 중 특별양형인자에서 행위자에 대한 감경요소는 "청각 및 언어장애인, 심신미약(본인 책임 없음), 자수, 처벌불원"이고, 일반양형인자에서 행위자에 대한 감경요소 사항은 "상당한 피해 회복(공탁 포함), 진지한 반성, 형사처벌 전력 없음"이다.

한편 성범죄의 집행유예 기준에서 주요참작사유 중 긍정적 요소는 "강제추행에서 유형력의 행사가 현저히 약한 경우, 공범의 범행수행 저지·곤란 시도, 추행의 정도가 약한 경우, 상해결과가 발생하였으나 기본범죄가 미수에 그친 경우, 처벌불원"이며, 일반참작사유 중 긍정적 요소는 "동종 전과 없고, 금고형의 집행유예 이상의 전과가 없음, 사회적 유대관계 분명, 우발적 범행, 자수, 진지한 반성, 공범으로서 소극 가담, 상당한 피해 회복(공탁 포

<표 4> 성범죄 형종 및 형량의 기준: 13세 이상 대상 강간·강제추행[3]

구분		감경요소		가중요소	
		강간	추행	강간	추행
특별 양형 인자	행위		·유형력의 행 사가 현저히 약한 경우 ·추행의 정도 가 약한 경우	·가학적·변태적 침해행 위 또는 극도의 성적 불 쾌감 증대 ·다수 피해자 대상 계속 적·반복적 범행 ·범행에 취약한 피해자 ·성폭력처벌법 제3조 제 2항이 규정하는 특수강 도범인 경우(3유형) ·친족관계인 사람의 주 거침입 등 강간 또는 특 수강간 범행인 경우 ·윤간(2, 3유형) ·임신 ·피지휘자에 대한 교사	·가학적·변태적 침해행 위 또는 극도의 성적 불 쾌감 증대 ·다수 피해자 대상 계속 적·반복적 범행 ·범행에 취약한 피해자 ·친족관계인 사람의 주 거침입 등 강제추행 또 는 특수강제추행 범행 인 경우 ·피지휘자에 대한 교사
	행위자 /기타	·청각 및 언어 장애인 ·심신미약 (본인 책임 없음) ·자수 ·처벌불원	·청각 및 언어 장애 ·심신미약 (본인 책임 없음) ·자수 ·처벌불원	·특정범죄가중(누범)·특 정강력범죄(누범)에 해 당하지 않는 동종 누범 ·신고의무자 또는 보호 시설 등 종사자의 범행 이거나 아동학대처벌 법 제7조에 규정된 아 동학대 신고의무자의 아동학대범죄에 해당 하는 경우 ·상습범인 경우	·특정강력범죄(누범)에 해당하지 않는 동종 누범 ·신고의무자 또는 보호 시설 등 종사자의 범행 이거나 아동학대처벌 법 제7조에 규정된 아 동학대 신고의무자의 아동학대범죄에 해당 하는 경우 ·상습범인 경우
일반 양형 인자	행위	·소극가담 ·타인의 강압 이나 위협 등 에 의한 범행 가담	·소극가담 ·타인의 강압 이나 위협 등 에 의한 범행 가담	·계획적 범행 ·동일 기회 수회 간음 ·비난 동기 ·심신장애 상태를 야기 하여 강간한 경우 ·친족관계인 사람의 범 행인 경우 ·청소년에 대한 범행인 경우	·계획적 범행 ·비난 동기 ·심신장애 상태를 야기 하여 강제추행한 경우 ·친족관계인 사람의 범 행인 경우 ·청소년에 대한 범행인 경우
	행위자 /기타	·상당한 피해 회복(공탁 포함) ·진지한 반성 ·형사처벌 전력 없음	·상당한 피해 회복(공탁 포함) ·진지한 반성 ·형사처벌 전력 없음	·인적 신뢰관계 이용 ·특정범죄가중(누범)·특 정강력범죄(누범)에 해 당하지 않는 이종 누범, 누범에 해당하지 않는 동종 및 폭력 실형전과 (집행종료 후 10년 미만) ·2차 피해 야기(강요죄 등 다른 범죄가 성립하 는 경우는 제외)	·인적 신뢰관계 이용 ·특정강력범죄(누범)에 해당하지 않는 이종 누 범, 누범에 해당하지 않 는 동종 및 폭력 실형 전과(집행종료 후 10년 미만) ·2차 피해 야기(강요죄 등 다른 범죄가 성립하 는 경우는 제외)

<표 5> 성범죄 집행유예 기준[4]

구분		부정적	긍정적
주요 참작 사유	재범의 위험성 등	·계획적 범행 ·가학적·변태적 침해행위 또는 극도의 성적 불쾌감 증대 ·특별보호장소에서의 범행(13세 미만 대상 성범죄인 경우) ·동종 전과(10년 이내 금고형의 집행유예 이상) ·반복적 범행 ·범행에 취약한 피해자 ·위험한 물건의 사용 ·윤간	·강제추행에서 유형력의 행사가 현저히 약한 경우(13세 이상 대상. 단, 장애인 대상 성범죄는 제외) ·공범의 범행수행 저지·곤란 시도 ·추행범죄에서 추행의 정도가 약한 경우
	기타	·성폭력처벌법 제5조가 규정하는 형태의 범행인 경우 ·신고의무자 또는 보호시설 등 종사자의 범행이거나 아동학대처벌법 제7조에 규정된 아동학대 신고의무자의 아동학대범죄에 해당하는 경우 ·임신 ·중한 상해	·상해결과가 발생하였으나 기본범죄가 미수에 그친 경우 ·처벌불원
일반 참작 사유	재범의 위험성 등	·2회 이상 금고형의 집행유예 이상 전과 ·사회적 유대관계 결여 ·심신장애 상태를 야기하여 범행한 경우 ·약물중독, 알코올중독 ·진지한 반성 없음	·동종 전과 없고, 금고형의 집행유예 이상의 전과가 없음 ·사회적 유대관계 분명 ·우발적 범행 ·자수 ·진지한 반성
	기타	·공범으로서 주도적 역할 ·범행 후 증거은폐 또는 은폐 시도 ·2차 피해 야기(강요죄 등 다른 범죄가 성립하는 경우는 제외)	·공범으로서 소극 가담 ·상당한 피해 회복(공탁 포함) ·피고인의 건강상태가 매우 좋지 않음 ·피고인의 구금이 부양가족에게 과도한 곤경을 수반

함), 피고인의 건강상태가 매우 좋지 않음, 피고인의 구금이 부양가족에게 과도한 곤경을 수반"하는 경우가 해당된다. 기존에 있던 집행유예 기준들 중에서 "폭행·협박이 아닌 위계·위력을 사용한 경우(13세 이상 대상)", "피고인이 고령" 등이 삭제되거나 일부 변경된 내용들은 환영할 만하나 여전히 위 조항들은 그 내용 자

체가 추상적이고, 필요에 따라 얼마든지 만들어낼 수 있는 부분들이 많다. 예를 들어 가해자 측은 "피고인의 구금이 부양가족에게 과도한 곤경을 수반"하는 경우를 만들기 위해 재판 중에 결혼을 하기도 한다.[5]

특히 현재 초범일 경우 가해자가 할 수 있는 특별양형인자 감경요소와 집행유예 주요참작사유 중 하나는 "처벌불원"이다. 이에 성범죄 전담법인들은 무죄를 입증하기 어렵다고 판단될 때에는 합의를 통해 피해자의 처벌불원을 받고 그것이 진지한 반성의 일환임을 강조한다. 그러나 그간 가해자 측의 무리한 합의 시도로 인한 2차 피해가 문제되었고, 이에 따라 현재 양형의 가중요소에는 "2차 피해 야기(강요죄 등 다른 범죄가 성립하는 경우는 제외)"가 포함되어 있다. 따라서 이들의 합의 요구는 조심스러울 수밖에 없는데, 변호사 인터뷰이들이 대표적인 성범죄 전담법인으로 언급한 Y○의 경우 합의 시 금액을 흥정하기보다 정중한 자세를 취한다.

유진(변호사)   제가 만났던 Y○ 변호사들은 그나마 양반들이었죠. 그런 식으로 다투는 게 아니라 인정하는 사건이어서 그랬는지 모르겠는데 … 되게 예의가 발라서 변호사가 직접. 합의라는 단어도 안 써요. 좋게 해결하고 싶은 생각이 가득하다, 너무 죄송하다. 완전 저자세로 … 그렇게 저자세로 나가니까 거절하는 사람도 되려 미안하고. 죄송하지만 저희는 그럴 의사가 없다고 말했는데 어쨌든 인정하는 쪽에서는 그런 방식으로 확 숙이고 들어와 최대한 합의를 이끌어서 기소유예를 시켜요.

선미(변호사)　　　솔직히 Y○는 제가 피해자 국선할 때 상대방으로 많이 만나요. 만났을 때 합의 얘기와 관련해 어떤 부분에서는 더 나을 때도 있는데, Y○는 합의금을 깎으려고 하지 않았어요. 그 사람들이 너무 잘 아는 거예요. 오히려 상대방 변호사들한테. 그니까 제가 만난 Y○ 변호사 두 분이 계셨거든요. 굉장히 젠틀하고 예의 바르게 말을 하셨어요. 성범죄 사건을 한 번도 안 해본 변호사들은 성범죄 특수성을 모를 때가 있잖아요. 그래서 왜 합의를 안 하냐며 꽃뱀 아니냐고 말하는 분도 있었다고 하더라고요. 근데 이분들은 합의는 꼭 시켜야 되니 자기 의뢰인이 정말 죄송해한다며 정중하더라고요. 합의금도 기본적으로는 저희가 생각하는 법원의 손해배상액보다 조금 많게. 그리고 그 부분도 한 번 생각해보시라, 피해자분도 그러시지 않냐. 자기네들도 다시 얘기해보겠다, 최선을 다하겠다. 합의관행에서도 … Y○는 오히려 그 특수성을 알기 때문에 선임료를 많이 받는 대신에 합의금도 다 준비시킨대요. 아예 무조건 합의 들어가야 되고 합의금도 많이 필요할 거라고 … 가해자 입장에서는 어찌됐든 합의가 되면 본인이 잘 처리된다 생각하고 합의가 돼야 본인한테도 감형되는 거니까 가해자도 만족도가 높을 수밖에 없고요.

변호사 **유진**은 "너무 죄송하다. 완전 저자세"로 나오는 Y○ 변호사들은 "그나마 양반들"이었다고 표현한다. 또한 변호사 **선미**는 Y○ 변호사들은 기존 가해자 측 변호사들이 "꽃뱀" 운운하면서 합의금을 깎으려고 했던 관행에서 벗어나 "굉장히 젠틀하고 예의 바르게 말을 하"며, "법원의 손해배상액보다 조금 많게" 금액을 제시하면서 합의를 시도하는데, 합의 성공을 전제로 가해자에게 선임료도 많이 받고, 합의금도 따로 준비시킨다고 말한다. 가해자는 금액을 높게 지불하더라도 합의에 성공하면 감형이 되기 때문에 만족도가 높아질 수 있다는 것이다. 이처럼 성범죄 전담법인들은 피해자나 피해자 측 변호사들에게 높은 합의 금액을 제시하고 정중한 자세를 취함으로써 합의 확률을 높이는데, 이전의 꽃뱀 논리나 피해자다움 등의 요구는 다소 시대에 뒤떨어지는 것으로 여겨진다.

감형을 위한 '진지한 반성'

최근 성폭력 가해자들은 사회봉사단체나 여성단체 등에 후원금을 기부한 후 기부금 영수증을 법원에 제출함으로써 감형을 위한 반성의 증거로 사용하기도 한다. 한 예로 2014년 카메라등 이용촬영으로 기소된 재판에서 1심은 가해자에게 300만 원의 벌금형을 선고했지만, 2심에서는 선고유예를 판결하면서 아래와 같이 적시했다.

> 피고인이 이 사건 범행을 자백하면서 잘못을 깊이 반성하고 있는 점, 범죄전력이 전혀 없는 초범인 점, 성폭력예방프로그램을 자발적으로 수강하고 **한국성폭력상담소에 정기후원금을 납부하면서 다시는 이와 같은 잘못을 반복하지 않겠다고 다짐하고 있는 점,** * 피해자들과 합의하기 위해 진지한 노력을 기울인 점, 그 밖에 피고인의 연령, 성행, 환경, 직업, 범행의 동기, 수단과 결과, 범행 후의 정황 등을 비롯하여 형법 제51조에 정해진 사항을 참작하여 개전의 정상이 현저하다고 인정되므로, 300만 원 벌금형의 선고를 유예하기로 한다.
>
> - 서울동부지방법원 2015. 6. 18. 선고, 2015노95 판결 중 일부

위와 같이 여성단체의 기부를 감경요소로 삼는 판결들이 늘어나자 2017년 9월 전국성폭력상담소협의회 소속의 단체들은

---

* 이 책에서 판례 인용문의 굵은 글씨는 연구자가 강조한 부분이다.

"성폭력 가해자의 일방적인 후원/기부는 감경요인에서 배제되어야 한다. 그것은 '반성'이 아니다"라며 기자회견을 열었다. 당시 여성운동단체들은 형사재판 과정 중 가해자의 기부행위에 대한 형량감경이 성폭력 피해자가 원치 않는 가해자의 일방적 행위에 대한 대가라는 점, 상담소 및 단체의 활동을 가해자가 악용한다는 점에 문제의식을 느끼고 현황조사를 하였다. 조사 결과 총 7개의 기관에서 가해자가 기부금을 내겠다고 했거나(87건), 납부한 것이 확인되었다(14건). 납부가 확인된 기부금 중에는 법무법인에서 가해자 명의로 기부한 것을 역추적하여 반환한 사례로, 변호인이나 사무장이 후원하면 감형받을 수 있다는 정보를 주어 기부하였고, 변호인이 기부 문의 및 기부금 영수증 발급 여부를 문의한 사례도 4건 있었다.[6]

이처럼 구체적으로 "한국성폭력상담소에 정기후원금을 납부"[7]한 것이 감형의 사유가 되었다는 판결을 마주하면서 여성단체들은 더욱 적극적으로 단체에 후원과 기부를 하는 사람이 누구인지, 왜 기부하였는지 등을 확인하는 과정을 거치고 있다. 이전에도 기부와 후원을 감형의 사유로 삼는 판례들이 있었지만, 최근 이들의 기부 방식은 갈수록 더욱 치밀해지고 있다.

유미(활동가)　　　　　가해자의 어머니가 아들 이름으로 후원한 사례인데, 이분은 어디선가 팁을 주워듣고 급하게 후원을 한 것 같았어요. 제가 부재한 동안 기부금 영수증 끊어달라는 연락이 왔고 당연히 의심스러우니까 다른 활동가가 전화해서 기부금 영수증과 관련해 혹시 수사 중이거나 재판 중인 게 있냐고 물어보니까 있다고 얘기하신 거예요. 지금 담당자가 휴가 중이니 추후에 연락드리겠다고 했대요. ○○도 전화로 이 사람 100% 가해자 가족이라고 확신을 해서 저한테 그 내용을 남겨줬고, 통화하고 정보를 찾아보니까 그 사람, 후원자인 가해자가 미성년자이고 지금 수사 중이라고 하셨고요. 가해자의 어머니가 솔직하게 다 얘기하셨어요. 언성이 높아지거나 하지는 않아서 저희는 피해자를 지원하는 기관이고 주시는 후원금은 감사하지만 이 후원금이 가해자의 감형 목적으로 사용될 것이기 때문에 저희는 후원금을 받지 않겠다고 얘기했더니 아직 수사 중인데도 안 되냐고 해서 수사 중이어도 안 된다고 말씀드리긴 했거든요. 그리고 다른 여성단체에 기부하셔도 거절할 거라고 얘기했는데, 왠지 N번방 관련해서 요즘 계속 후원금이 늘고 있거든요. N번방 가해자로 추측되는데, 아마 그분도 그런 사례 아니었을까 … 예전에는 고액을 일시적으로 납부했다면 요즘에는 정기적으로 납부를 해요. 정기적으로 꾸준히 후원을 하면서 반성을 했다. 약간 이 점을 어필하고 싶은 거 같구요. 그래서 지금은 1만 원 정기 후원자도 방치할 수 없는 상황이 됐어요.

여성운동단체에서 회원 관리를 담당하고 있는 활동가 **유미**는 가해자의 어머니로부터 "기부금 영수증 끊어달라"는 연락을 받았는데, 정황상 "N번방 관련해서 요즘 계속 후원금이 늘고" 있는 것으로 보아 그와 관련된 가해자가 아닐까 추측한다. 이러한 방식의 기부가 과거에는 일시적인 고액 기부가 많았다면, 최근에는 "정기적으로 납부"하면서 꾸준히 반성하고 있다는 것을 증명하는 용도로 활용하고 있다는 것이다. 이에 **유미**는 1만 원을 약정하여 후원하는 정기후원자들도 후원의 의도를 꼼꼼히 살펴야 하는 "방치할 수 없는 상황"이 되었다고 말한다.

은주(변호사)　　　사건을 많이 해본 사람이 본인들만의 노하우인 것처럼 얘기를 하거든요. 실제로 그렇게 해서 효과를 본 사례가 몇 개 있을 거예요. 이 사람의 유죄가 인정된다면 양형만 남는 거잖아요. 양형 정하는 데 할 수 있는 게 별로 없거든요. 재판부 입장에서 이 사람에 대한 형을 감안해야겠다고 할 때는 양형에 대한 것들을 기재하기도 하고, 그 사유를 적어야 하거든요. 그게 사실은 뻔해요. 잘못을 반성하고 있고 초범이며 피해자랑 합의가 됐다면 좋고, 공탁을 했다면 너무 좋고. 근데 이게 다 안 됐다 할 때에는 반성을 하고 있다는 액션이 이거(단체후원)인 거예요. 그래서 공탁의 경우에는 피해자 정보 때문에 공탁액이 막혀 있잖아요. 일부 변호사들의 경우에는. 저도 그럴 수 있겠다고 공감하는 게 뭐냐면, 피해자 인적사항을 알지 못하더라도 공탁할 수 있는 길이 있으면 기를 쓰고 피해자 정보를 알려고 하지 않거든요. 근데 거기서 자기를 변호하는 변호사의 역량이 달린 거예요. 저 사람이 저거까지 확보해서 공탁을 해줄 수 있느냐 없느냐. 근데 변호사들도 신원정보가 노출되면 처벌까지 받는 입장에서는 공무원들이 절대 안 알려주는데. 위험한 방식인 거예요. 그러지 못하다 보니까 우리는 공탁하고 합의하려고 노력을 했지만 피해자가 완강해서 못 했다. 우리가 할 수 있는 모든 노력을 다 했다는 걸 보여줘야 하는데, 그중 하나가 그거죠. 후원 같은 것들. 그래서 언젠가부터 유행하듯이 됐고.

변호사 **은주**는 성범죄 전담법인들은 공탁이 어려워지고 피해자가 합의해주지 않았을 때 단체에 후원하는 방법을 하나의 "노하우인 것처럼" 얘기하기 시작했고, 점차 이러한 관행이 "유행"하게 되었다고 말한다. 그러나 여성운동단체들이 이러한 기부들을 찾아내고 돌려주는 사례들이 늘자 가해자 변호사의 이름이나 로펌의 이름으로 대신 후원금을 납부하는 일이 발생하기도 한다. 이처럼 여성운동단체의 활동에 가해자의 기부를 찾아내는 업무가 추가되면서 운동에 투여해야 할 역량이 소진되고, 여성운동단체는 가해자나 가해자 측 법인에 의해 감형의 전략 대상으로 도구화되고 있다.

그러나 피해자가 원치 않음에도 이러한 방식들이 계속되는 제일 큰 이유는 재판부가 이러한 기부를 '진지한 반성'의 일환이자 감경 및 집행유예 사유로 인정하기 때문이다.[8]

피고인의 가족과 지인이 피고인의 선처를 탄원하고 있고, **피고인이 당심에 이르러 봉사단체에 200만 원을 기부하였다.** 그 밖에 피고인의 연령, 직업, 성행, 환경, 이 사건 범행의 동기, 수단, 결과, 범행 후의 정황 등 이 사건 기록 및 변론에 드러난 여러 사정과 양형기준에 따른 권고형의 범위를 종합하여보면, 원심이 피고인에게 선고한 형은 너무 무거워서 부당하다.

- 2019.10.10. 선고, 대구고등법원 [2019노359]
성폭력 범죄의 처벌 등에 관한 특례법 위반(13세미만미성년자위계등간음)

단, 피고인이 이 사건 범행을 인정하고 깊이 반성하고 있는 점, **피고인이 당심에서 피해자와 합의하거나 공탁을 하기 위하여 노력하였고, 피해자로부터 거절을 당하여 사단법인 E에 200만 원을 기부한 점**은 인정된다.

- 2019.08.14. 선고, 서울중앙지방법원 [2018노3866]
성폭력범죄의 처벌 등에 관한 특례법 위반(공중밀집장소추행)

다만, 피고인이 잘못을 반성하는 점, **피고인이 피해자의 2차 피해**

시장으로 간 성폭력

를 우려하여 피해자 측을 상대로 합의 등을 시도하지 아니하고 그 대신에 범행에 대한 반성과 재범 방지를 다짐하며 사단법인 한국피해자지원협회에 200만 원을 기부한 점, 형사처벌 전력이 없는 초범인 점 등을 피고인에게 유리한 양형사유로 참작하고.

- 2018.11.02. 선고, 청주지방법원 [2010고합75]

성폭력범죄의 처벌 등에 관한 특례법 위반(13세미만미성년자 강제추행)

위 판결문들에서 피고인의 기부는 '잘못에 대한 반성'으로 이해되면서 유리한 정상으로 파악되고 있는데, [2018노3866] 판결에서는 피해자가 합의를 거절하여 단체에 기부한 점이 인정된 반면, [2010고합75] 판결에서는 피고인이 피해자의 2차 피해를 우려하여 합의를 시도하지 않고 단체에 기부한 점이 참작되었다. 이는 피해자가 합의를 거절했음에도 일방적인 가해자의 기부행위가 감경 및 집행유예 사유로 인정되고 있으며, 합의를 제안하지 않은 이유가 2차 피해에 대한 우려라는 피고인 측의 주장 역시 관대하게 받아들여지고 있음을 보여준다.

한국성폭력상담소가 2020년 2월 19일에 발표한 〈성범죄 양형기준에 대한 의견서〉에 따르면, 2019년에 선고된 하급심 137건의 성범죄 판결 중 3분의 1(48건)에 달하는 판결들이 피고인의 반성 및 뉘우침을 양형의 요소로 고려하였다.[9] 이러한 관행에 따라 현재 온라인에서는 반성문 대필 사이트가 활성화되고 있는데, 이

렇게 법적 공간에서 가해자의 반성은 형식적이고 기계적으로 만
들어지고 있다.[10]

사회적 유대관계가 분명한 가해자 만들기

가해자의 삶에 공감하는 '스펙화'된 감경사유들

성범죄 전담법인들은 가해자의 인생을 모두 털어서 원래 나
쁜 사람이 아니라는 점을 증명하기 위해 노력하고 있다. 이는 성
폭력 집행유예 사유가 되는 "사회적 유대관계 분명"이라는 내용
을 활용하는 것으로 보인다.

현아(활동가)　　　　　최근 한 사례는 가해자가 시인 전략으로
간 거예요. 내가 여태까지 본 사과문 중에 가장 훌륭한 사과문
을 써 갖고 왔어요. 엄마가 우리 아들이 잘못했는데 신고해줘서
고맙다, 내가 우리 아들을 바로 잡을 기회를 줬다는 거였어요.
정말 납작 엎드려서 그렇게 하고 … 근데 그 가해자가 직업이
무슨 '사'이기 때문에 금고형 이상이 나오면 자격정지였는데, 그
사람이 추가로 제출한 게 자원봉사. 요즘에는 대학 들어갈 때도
자원봉사 같은 것들이 유효하잖아요 … 그다음에 군대에서 총
잘 쏘면 우수상 받잖아요. 이런 걸 다 … 네가 약간 실수한 거구
나. 이렇게 보일 수밖에 없고 검찰에서도 그렇게 볼 수밖에 없

는 … 변호사 선임하고 이 입장을 딱 취한 거거든요. 금고형 이 상만 나와도 변호사가 이렇게 얘기했을 텐데 오히려 이 전략으로 가서 기소유예로 간 게 이 사람한테 딱 맞게 변호사가 그렇게 했던 거 같아요.

선미(변호사)   심지어 헌혈증 같은 것도. 성폭력이든 아니든 간에 본인이 평소 이러이러한 사람인데 이런 경우 재범이면 좀 어렵지만 초범이면 재판 중에 피고와 관련해 모든 양형 요소를 보긴 하거든요. 가족관계, 범죄 전 상황 등이 형법에 적혀 있어요. 양형에 참작할 사유 같은 거. 그런 데서 다 찾는 거죠. 표창받았던 것들.

활동가 **현아**는 재판 과정에서 '사' 자가 들어간 직업을 가지고 있었던 가해자가 변호사를 선임한 후 "시인 전략"을 쓰면서 "가장 훌륭한 사과문"을 써 오고, "자원봉사" 기록, 군대에서 "총 잘 쏘면" 받는 "우수상"까지 냈다고 한다. 또한 변호사 **선미**는 가해자들이 "심지어 헌혈증", "표창받았던 것들"도 낸다고 하는데 "평소 이러이러한 사람"이라는 것을 증명하기 위해 활용된다고 말한다. 이처럼 성폭력 가해자의 가해 이전 삶의 궤적들은 재판 과정에서 일종의 '스펙'이 되어서 감경 및 집행유예 사유로 제출되고 있으며, 인터뷰이들은 그렇게 제출된 자료들이 결과에 영향을 주었다고 말한다. 특히 **현아**가 지원한 한 사례는 준강간임에도 불구하고 가해자 측이 그 같은 각종 자료를 제출하여 기소유예의 낮은 처벌을 받기까지 했다.

이렇게 가해자 측이 재판부에 제출하는 자료들은 봉사활동, 헌혈, 해당 사건으로 인한 직장에서의 해고, 가족부양, 피해자와 주거 분리, 정신과 치료, 음주치료, 고도비만에 대한 외모 콤플렉스 등에 이르기까지 광범위하다.

> 피고인이 자신의 잘못을 인정하고 깊이 반성하고 있다. 우발적인 범행으로 보이고, 지금까지 이종범죄로 1회 벌금형으로 처벌받은 전력뿐이다. **피고인은 평소에도 꾸준히 봉사활동을 하여왔고 100회 이상의 헌혈에도 참여하였다.** 그 밖에 피고인의 나이, 성행, 범행 경위 및 범행 후 정황 등에 비추어 원심의 양형은 무거워서 부당하다고 인정된다 ⋯ 원심판결을 파기한다. 피고인을 벌금 200만 원에 처한다.
>
> - 2020. 07. 20. 선고, 서울서부지방법원 [2020노346]
> 성폭력범죄의 처벌 등에 관한 특례법 위반(공중밀집장소추행)

한편, 피고인은 원심에서 일부 범행을 부인하다가 당심에 이르러 범행을 모두 시인하고 반성하는 태도를 보이고 있고, 전과가 없다. **피고인은 평소에 사회복지기관에 정기후원금, 기부금을 내**

시장으로 간 성폭력

고 봉사활동을 하는 등 성실하게 살아왔다. 피고인은 12년간 공무원으로 근무해왔는데 이 사건 범행으로 인하여 ○○○○. ○○. ○○. 해임처분을 받았다. 또한 피고인은 처와 함께 어린 두 딸을 부양해야 한다. 그 밖에 피고인의 나이, 경력, 범행의 수단과 결과, 범행 후의 정황 등 이 사건 변론에 나타난 모든 양형조건을 종합하면, 원심의 형이 무거워서 감경할 필요가 있다고 판단된다 … 원심판결을 파기한다. 피고인을 벌금 700만 원에 처한다.

- 2019. 12. 02. 선고, 서울서부지방법원 [2019노974]

성폭력범죄의 처벌 등에 관한 특례법 위반(카메라등이용촬영)

피고인은 수사 단계에서부터 이 사건 범행을 인정하며 반성하는 태도를 보이고 있고, **이 사건 판결 확정 전에 이미 노인복지시설에서 스스로 약 187시간의 봉사활동을 하였다. 피고인을 비롯한 피해자의 가족들은 피고인의 주거를 분리하여 피해자에게 일어날 수 있는 추가적인 피해를 방지하기 위해 노력하고 있다. 피고인은 자발적으로 정신건강의학과 치료를 받고 있다.**

- 2020. 01. 07. 선고, [서울고등법원 [2019노2263]

성폭력범죄의 처벌 등에 관한 특례법 위반(친족관계준강제추행)

이 사건 범행의 내용, 피고인이 피해자에게 피해를 보상하고 합의한 점, 성범죄 전력이 없는 점, **반성하고 있고 음주치료를 받을**

것을 다짐하는 점, 그 밖에 이 사건 변론에 나타난 양형 조건이 되는 여러 사정들을 종합하여 주문과 같이 형을 정한다 … 피고인을 징역 6월에 처한다. 다만, 이 판결확정일로부터 2년간 위 형의 집행을 유예한다.

- 2020. 05. 29. 선고, 수원지방법원 안양지원 [2020고단241] 강제추행등

유리한 정상: 피고인은 잘못을 인정하고 깊이 반성하고 있다. **고도비만 등 외모 콤플렉스로 인하여 주로 인터넷상에서 타인과 교류하던 중 경솔한 판단으로 이 사건에 이른 것으로 보인다.** 피고인이 직접 피해자를 추행한 것은 아니고, 피고인이 피해자로부터 전송받은 사진과 영상을 실제로 유출했다고 의심할 만한 정황도 보이지 않는다. 그동안 형사처벌을 받은 전력이 전혀 없다.

- 2019. 11. 22. 선고, 대전지방법원 [2019고합273] 아동·청소년의 성보호에 관한 법률 위반(아동·청소년성착취물의 제작·배포 등), 강제추행 등

위 판결문들은 피고인이 "평소에" 어떤 사람이었는지를 강조하는데, 이렇게 계속되는 감경 및 집행유예 사유의 발명들 속에서 심지어는 위 [2019고합273]과 같이 "고도비만 등 외모 콤플렉스"가 감형의 유리한 정상이 되기도 한다. 즉 원래는 사회적인 문제를 일으킬 사람이 아니지만 콤플렉스로 인해 "경솔한 판단"을 했음이 인정되는 것이다. 이처럼 성폭력 가해자의 삶의 궤적

은 재판 과정에서 하나의 스펙이 되고, 재판부는 이에 공감하면서 감형의 기술들이 확장되고 있다.

가족과 지인들의 선처요구

양형인자 중 "사회적 유대관계 분명"에는 주변인과의 원만한 유대관계나 반사회적인 행동을 하지 않을 사람이라는 것이 강조되기 때문에 주변인들의 선처 요구 등이 참작된다.

유리한 정상: 피고인은 이 사건 범행을 전반적으로 인정하면서 자신의 잘못을 반성하는 모습을 보이고 있다. **피해자와 합의하거나 용서받지 못하였으나, 외국인인 피해자가 이 사건 직후 출국하여 합의나 사과를 위한 기회를 갖지 못한 때문인 것으로도 보인다.** 상해로 징역 8월에 집행유예 2년을 선고받고 ○○○○. ○○. ○○. 확정된 죄와 동시에 판결을 받았을 경우와의 형평을 고려하여야 한다. 피고인에게 성범죄 전력이나 집행유예 이상의 전과는 없다. **피고인의 가족과 지인들이 향후 피고인에 대한 유대와 감시를 통하여 재범을 방지하겠다고 다짐하면서 피고인에 대한 선처를 탄원하고 있다. 당심 변론종결 후, 피고인의 누나가 동생인 피고인의 범행에 대하여 함께 사죄하고 선처를 구하는 의미에서 성폭력 피해자 지원단체(T)에 300만 원의 후원금을 기부하였다.**

- 2019. 06. 19. 선고, 부산고등법원 [2019노83] 강간상해

그런데 ①피고인이 문제의 이 사건 동영상들을 유포한 것으로는 보이지 않은 점, ②피고인이 경찰에서부터 이 법정에 이르기까지 이 사건 범행을 인정하는 한편 여러 차례 반성문을 제출하는 등으로 자신의 잘못을 뉘우치며 피해자들에게 사죄하는 모습을 보이려 한 점, **③피고인의 어머니와 여자친구 및 지인들이 선처를 탄원하고 있는 점, ④피고인이 불구속 상태에서 수사와 원심 재판을 받는 가운데 봉사활동을 하고 정신과 진료를 받는 등으로 나름 자숙하려고 한 점**, ⑤피고인에게 아직 형사처벌 전력은 없는 점 등은 피고인에게 유리하게 참작할 만하다.

- 2019. 11. 12. 선고, 서울남부지방법원 [2019노529]

성폭력범죄의 처벌 등에 관한 특례법 위반(카메라등이용촬영)

피고인이 수사기관에서부터 법정에 이르기까지 자신의 잘못을 인정하고, **향후 사회에 헌신하는 삶을 살겠다고 다짐하고 자원봉사활동 참여와 장기기증서약 등을 통하여 이를 실천하고 있는 점**, 피고인이 피해자에게 500만 원을 지급하는 등 그 피해를 상당 부분 회복하여주고 원만히 합의하여 피해자가 피고인의 처벌을 원하지 아니하고 있는 점, 피고인에게 처벌받은 범죄 전력이 전혀 없는 점, **피고인의 직장 선배 등이 피고인의 재범방지를 위하여 적극적인 관심을 가지고 돌보겠다고 다짐하고 있는 등 사회적 유대관계 역시 분명해 보이는 점** 등 여러 양형조건을 참작하여 위와 같은 형을 선고

시장으로 간 성폭력

하였는데, 원심판결 선고 이후 새롭게 양형에 참작할 만한 특별한 정상이나 사정 변경이 전혀 없다 … 검사의 항소를 기각한다.

- 2020. 07. 14. 선고, 대구지방법원 [2019노2519] 강제추행등

피고인은 피해자에 대하여 극단적인 폭력이나 협박을 행사하지는 않았다. 피고인은 이 사건 이전에 형사처벌을 받은 전력이 전혀 없다. 피고인은 이 사건을 계기로 정상적인 사회구성원으로 거듭나고 성실히 살아가겠다는 다짐을 하고 있다. ○○○○. ○. 부터 **자원봉사활동을 하였고, 짧은 시간이지만 스스로 성폭력예방 특별교육을 이수하기도 하였다. 피고인의 부모와 지인 등이 피고인을 계도하는 데 최선을 다하겠다며 선처를 탄원하고 있다** … 피고인을 징역 2년 6월에 처한다. 다만, 이 판결 확정일부터 3년간 위 형의 집행을 유예한다.

- 2019. 11. 21. 선고, 서울서부지방법원 [2019고합223]
성폭력범죄의 처벌 등에 관한 특례법 위반(주거침입준강간)

위의 판결문들에는 반성문, 기부, 자원봉사, 장기기증 서약, 성폭력 예방교육 이수뿐만 아니라 피고인의 지인, 직장동료들과 가족, 여자친구의 선처 요구 및 탄원, 재발방지를 위한 노력 등이 유리한 정상으로 언급되고 있다. 특히 [2019노83] 판결의 경우 피고인은 피해자와 합의하거나 용서받지 못했지만, 가족과 지인

들의 재범방지 다짐, 피고인 누나의 단체 기부가 감경사유로 인정되었다. 성폭력의 법적 해결 과정에서 피해자가 합의에 응하지 않는 가장 큰 이유는 가해자의 감형을 원치 않기 때문이다. 그러나 위 판결들은 합의에 대한 피해자의 의사와 관계없이, 심지어 피해자가 합의를 거절한 경우에도 가해자의 "사회적 유대관계" 및 다른 사유들로 형을 낮췄다. 이것은 성폭력 재판 과정에서 가해자 처벌에 대한 피해자의 의사가 고려되지 않고 있으며, 억지로 만들어낼 수 있는 사유들로도 가해자가 충분히 감형될 수 있음을 보여준다.

이처럼 성범죄 전담법인들은 무죄 주장이 어렵다고 판단될 때에는 할 수 있는 모든 방법을 동원하여 합의를 종용하거나 진지한 반성이나 사회적 유대관계가 분명한 사람처럼 보이기 위하여 증명의 내용들을 조작하고, 이에 대한 재판부의 승인은 성범죄 전담법인들의 개입 여지를 확장하고 있다.

선택적 무죄 전략

성범죄 전담법인들은 해당 성폭력 사건에 대해 무죄를 주장할 수 있는 논쟁의 여지가 있다고 판단될 때는 아래 인터뷰이들의 말처럼 수사관이 인지할 정도로 "빡세게" 변호하거나, 때로는 피고인의 대리만족을 위한 피해자 비난도 서슴지 않는다.

시장으로 간 성폭력

유진(변호사)　　　　부인하는 거에 있어서는 빡세게 다툰다고 들었어요. 제가 피해자를 대리했던 건 중에 불기소 건이 있었는데 경찰서에서 수사관님이 저한테 그러더라구요. 상대방에게 Y○ 붙었던데 열심히 준비하셔야겠어요 하더라구요. 사실 내용이 애매하긴 했어요. 사귀었던 사람이었고 그런 부분이 있어서 저도 상담을 하면서도 걱정된다 싶었는데 경찰이 그렇게 말할 정도니까. 아 그래요? 하면서 돌아왔죠. 그만큼 열심히 하는데 다투는 거에 대해서는 빡세게 한다고 들었어요 … 본인들도 이렇게 판단을 하는 거 같아요. 아 우리는 진짜 안 되겠으니 인정하고 가자 이러면 정말 숙이고 들어오고, 아니다 다툴 법하다 싶으면 피해자의 일상 등을 낱낱이 파헤치는 거죠. 얘는 원래 이런 아이였다, 아니면 둘이 좋아서 한 거였다. 화간, 이 주장이 제일 많고. 이게 성폭력이었으면 얘가 어떻게 일상생활을 잘하고 있냐. 이런 식의 주장을 하죠. 피해자들이 가장 힘들어하는 거죠. 그리고 역고소해서 정신적으로 힘들게 만들어 다 관두고 싶게 하죠.

선희(변호사)　　　　누가 그러던데 어떤 성범죄 전담법인에 변호사님이 있는데, 되게 점잖고 로스쿨 출신이고 전담직원이 있대요. 수임을 많이 하는 인기비결은 피해자를 막 몰아세우면서 증인심문을 하는 거예요. 피해자한테 참고인 질문을 하잖아요? 그러면 자기 의뢰인이 아주 만족하는 거예요. 결과적으로는 사건에 질 수도 있어요. 그렇지만 변호사들이 피해자들을 괴롭혀주잖아요? 그러면 피고인 입장에서 만족도가 높아지는 거예요. 그래서 사건에 져도 불만이 없어요. 그분이 절대로 그런 사람은 아닌데, 되게 좋은 변호사님이고 그 밑에 변호사한테도 잘 한대요. 근데 그게 노하우라는 거예요. 그게 그럴 거 같잖아요? 그니까 의뢰인을 만족시키니까 의뢰인 입장에서 그런 기술들로 막 이 사람들을 괴롭혀서 증인심문 자리에서 대리인들이 피고 인을 대리만족시켜주면. 그리고 판사님들이 보면 변호사가 움 직일 수 있는 게 아주 많지 않거든요. 무죄 주장을 할 때는 확실 히 무죄 주장을 하지만 유죄가 확실하면 그냥 합의하잖아요. 내 가 지더라도 열심히 했다고 생각하면 사람들이 변호사한테 불 만이 없는 거니까 피고인이 약간 억지스럽더라도 적극적으로 받아 적고 피해자를 엄청 비난하는 게 방법일 수 있잖아요. 그 러니 점점 더 그런 식으로 활발해지겠죠.

피해자를 지원하던 변호사 **유진**은 경찰에게 "상대방에게 Y○ 붙었던데 열심히 준비하셔야겠어요"라는 말을 들었는데, 이 는 일부 법인이 가해자를 변호할 때 피해자에게 어려움이 있을 것을 암시한다. 해당 법인은 가해 사실을 인정하는 사건은 "정말 숙이고 들어오고", "다툴 법하다" 싶으면 "화간"을 주장하는 전통적인 방식을 고수하면서 "역고소해서 정신적으로 힘들게" 만드는 방법을 쓴다는 것이다. 이처럼 일부 성범죄 전담법인으로 알려진 법인들은 수사기관과 대중이 인지할 정도로 브랜드화된 것처럼 보인다. 그리고 변호사 **선희**는 성범죄 전담법인에서 일하는 한 점잖은 변호사의 "인기비결"은 증인심문 시 "피해자를 막 몰아세우면서", "피해자들을 괴롭혀주"는 전략을 쓰는 것인데, 결과적으로 사건에 지더라도 피고인의 만족도가 높고, 그것이 "노하우"라는 것이다. 이때 피고인에게 재판은 결과보다 피해자를 공개적으로 비난함으로써 만족을 얻는 과정으로 의미화되기도 한다.

이러한 상황에서 성폭력 피해의 경험은 가해자의 변호사가 누구인지에 따라 법적으로 논쟁의 여지가 있는 피해와 없는 피해, 공격을 받을 여지가 큰 피해와 적은 피해, 더 나아가 무고로 의심받을 여지가 있는 피해와 그럴 가능성이 적은 피해로 선별되고, 각기 다른 전략과 금액으로 배치된다. 그리고 가해자가 브랜드화된 성범죄 전담법인을 선임할 경우 피해자들은 법적 해결 과정에 더 많은 자원과 에너지를 쏟아부을 수밖에 없고 사선변호사를 선임해야 된다는 압박감이 커진다. 그뿐만 아니라 때때로 성범죄 전담법인의 변호인은 재판의 목표를 피해자 비난으로 삼으면서 의뢰인의 마음을 사려고 노력하기 때문에, 결국 피해자의 심리적 위축과 지원단체의 소진에 영향을 미친다. 그럼에도 불구하고 이들의 감형·무죄의 기술들은 가해자의 사회적 위치와 나이, 직업, 피해자와의 관계, 가해의 유형과 평소 행실 등을 활용하며 새롭게 발명되고 있다. 그리고 이러한 전략들은 재판부의 승인에 힘입어 '성공사례'라고 불리며 홍보의 일환으로 활용되고, 구체적인 상품이 되어 팔리고 있다.

#2

성범죄 전담법인의
가해자 온라인 커뮤니티 운영

정보와 연대감이 가득한
가해자 온라인 커뮤니티

인터넷상의 공동체는 다른 그 어떤 상품 못지않은 시장성이 있기 때문에,[1] 인터넷 카페와 기업이 연계하는 현상들이 늘어나고 있는데, 이들은 소비를 부추기기 위하여 카페 내에 특정한 이미지와 담론 들을 만들어내는 방식으로 영역을 확장하고 있다.[2] 성범죄 전담법인도 온라인 카페의 시장성을 적극적으로 활용하고 있는데, 이들이 추구하는 사업전략 중 하나는 가해자 커뮤니티를 통해 성폭력 가해자가 고소당한 후 법적 대응에 대한 스킬과 솔루션을 공유하는 것이다. 이 카페들은 일반인이 가해자를 위한 법적 정보를 제공하면서 변호사들과 연결해주거나 아예 특정 법인이 운영하고 있음을 명시하기도 한다. 이는 변호사법상 변호사는 비변호사와 동업을 할 수 없지만[3] 변호사 및 법인이 온라인 카페를 직접 운영하는 것은 규제대상이 아니기 때문인 것으로 보인다.

경희(변호사)　　　　　이혼만 한다는 이혼 상담 카페 같은 것들을 그냥 사요. 아니면 전혀 상관없는 패션 카페 뭐 이런 것도 일단 사람이 많으면 사는 거예요. 거기서도 알음알음 되니까, 뭐 이렇게 저렇게 쪽지질하고 의뢰되는 거잖아요. 그래서 정말 잡기 어렵죠, 사실은 드러나지 않기 때문에. 변호사들도 문제지만 더 문제인 건 흔히 사무장이라고 불리는 분들이 흐리는 거죠. 그런 분들이 들어가서, 결국에 변호사들을 데려오는 사람들은 그런 사람들이 반, 제 발로 찾아온 사람 반이라고 생각을 해요. 일종의 법조 브로커들이죠. 이 브로커들이 점점 젊어지고 지능적이 되다 보니까 … 결국 초년차나, 실력 따위와 상관없이 할 수 있는 거니 어떻게 보면 평등한 세상은 인터넷이에요. 거기에 열심히 광고를 하는 것. 그러면 또 신기하게 온대요. 블로그를 보고 또 온다는 거예요 … 카페, 커뮤니티 있죠. 이런 가해자들의 온라인 커뮤니티가 변호사들과 결탁해서 더 안정화되는 길로 편안하게 만들어주는 요인이었던 거 같고. 카페에서 자기들끼리 정보를 상세하게 공유하면서 변호사에 대한 것뿐만 아니라 우리 변호사가 이렇게 저렇게 해서 내가 뭘 받았다, 아니면 어려운 상황이었는데 어찌어찌해서 뭘 했다든지 이런 식의 정보 공유가 활발해지면서 마치 온라인 커뮤니티가 변호사로 가는 발판 같은 플랫폼 역할을 하게 되는 거죠.

시장으로 간 성폭력

성훈(변호사)　　　　　어느 정도 규모가 되는 법인의 경우 홍보 비로 월 1억을 쓰는 일이 굉장히 많습니다. 월 1억이 적은 돈도 아니죠. 수임료가 보통 400만~500만 원이거든요. 말이 500만 원이지, 그렇게 20건 하면 망하죠. 500만 원을 받으면 세금 떼 고 뭐 떼고 하면 40건 수임을 해야 운영비 빼고 광고비를 댈 수 있어요 … (법인이) 실제로 관계없는 카페에 후원을 하면서 들어 가게 되는 경우가 많죠. 그 카페 회원도 마찬가지예요. 권력자 나 돈 많은 사람이나 사회적 지위가 있는 사람들이 그 카페 활 동을 하겠어요? 성매매 불법 사이트들 있잖아요. 그런 데서 홍 보해주는 무슨 게시판 같은 거 있거든요? 거의 그 수준이에요. 어떻게 보면 그런 게(힘이) 없는 분들이 주로 성범죄 전담법인을 찾아가죠.

변호사 **경희**는 온라인 카페를 사고파는 "일종의 법조 브로 커들"에 주목하는데, "실력"과 상관없이 "평등한 세상은 인터넷" 이기 때문에 성범죄를 전문으로 한다고 홍보하는 블로그, 홈페 이지 마케팅 업체들도 활성화되고 있다고 지적한다. 특히 최근 의 온라인 카페는 "변호사들과 결탁"해 "정보를 상세하게 공유하 면서" 가해자들을 모으고 성범죄 전담법인으로 가는 일종의 "플 랫폼" 역할을 하고 있다고 말한다. 그리고 **성훈**은 성범죄 전담법 인들의 홍보 비용을 추산하면서, 법인들은 "관계없는 카페에 후원을 하면서" 카페를 운영하는데, 사회적·금전적 자원이 없는 가해자들은 카페에서 제공하는 각종 정보를 통해 법적 대응을 학습하고, 결국 카페와 연결되어 있는 성범죄 전담법인으로 진입하게 된다고 말한다.

성폭력 가해자들을 대상으로 운영되고 있는 대표적인 카페 두 곳 중 현재 회원수 39,155명인(2020. 11. 1. 기준)[4] 'A카페'는 법적 대응 시 필요한 서식의 일부 샘플을 무료로 공유한다. 가해자들은 이러한 정보들을 통해 자신의 상황에 맞는 지식들을 취합하고 사건의 전략과 대응 방법을 찾는다. A카페 자료실에는 성범죄 법률, 실무자료, 합의사례, 검찰처분서, 법원판결문 등이 공개되어 있고 여기에는 각종 고소장, 형사조정신청서, 고소장 및 소취하장, 항소장, 의견서 등의 실제 예시가 사건 관련자들의 이름만 삭제된 채 제시되어 있다. 그리고 법적 과정에서 어떤 서류들이 필요하고, 어떻게 작성해야 하는지 상세하게 안내한다. 구체적으로 '본인작성 오픈반성문' 항목은 가해자들이 직접 작성한 반성문들을 공유하는 카테고리인데 가해자가 잘못을 뉘우치거나, 국가자격시험을 준비 중이라거나, 어려운 가정형편 등을 피력하며 선처를 구하는 내용의 반성문들이 각 상황과 맥락에 따라 참고할수 있도록 자세하게 제시되어 있다. 또한 가해자의 후배, 아내, 직장 동료, 사촌, 가족 등의 지인들이 가해자를 위한 탄원서를 작성할 때 죄의 경중과 피해자와의 관계 등에 따라 참고할 수 있는 예

시장으로 간 성폭력

시들도 제시되어 있다.

그리고 카메라이용촬영죄의 경우 디지털 포렌식의 과정과 결과보고서도 제시되어 있어 가해자들이 다소 생소할 수 있는 디지털 포렌식을 활용한 조사의 절차와 내용, 예상할 수 있는 결과 등도 미리 파악할 수 있게 하는데, 최근에는 'N번방·아청물 소지죄' 카테고리도 추가되었다. 더불어 '핫이슈 파헤치기' 카테고리에는 '성인지감수성'과 같이 새로운 법적 판단기준들에 대한 정보 등도 공유함으로써 가해자들이 미리 참고해야 할 교양에 해당하는 내용들도 소개한다. 이러한 정보의 공유는 다양한 처지에 있는 가해자들이 범죄에 대한 처벌을 피하거나, 줄이거나, 오히려 승소할 수 있는 언어들을 학습시키는 역할을 한다.

또한 A카페는 수사·재판 과정에서 가해자들에게 도움이 될 수 있는 스킬들을 판매하는 사이트와 연결되어 있다. 게시판 목록의 'A카페 서비스'에는 '반성문·탄원서 다운' 항목이 있는데, 이를 클릭하면 '법률서식닷컴=대한민국 법률서식 No.1' 페이지로 이동한다. 이 페이지의 전체 카테고리는 고소·수사 및 1심 공판 단계, 상소, 특별소송절차, 기타 서식으로 이루어져 있고, 각 단계마다 실제 사건 내용이 담겨 있는 자료들을 구매할 수 있다. 예를 들어 '사기죄, 사기미수죄 등 7종에 관한 고소장'은 2만 원에 판매되고, '형사사건의 가해자, 피의자, 피고인이 작성하여 제출하는 반성문모음'은 5만 원에, '(본인작성) 반성문모음-형사사건에서 혐의사실을 인정하는 가해자가 선처를 호소하며 제출 작성하는 반성문2'는 3만 원에, '(본인작성) 반성문-경찰서에서 조사를 받고 난 후 죄를 후회하며 작성하는 반성문(경찰에 제출)'은 비교적 저렴한 2,000원에 판매되고 있다. 그 밖에도 합의, 고소취하, 재심, 재정신청, 헌법소원, 탄원서, 진정서 등 각 수사·재판 단계별로 필요한 서류들의 샘플, 피의자, 피고인이 직접 작성한 자료들이 분량에 따라 아래와 같이 다른 가격으로 판매되고 있다.

A카페는 회원들이 '특별회원'이 되도록 다양한 방법을 동원한다. 특별회원이 되면 카페의 모든 고급자료와 '사건 해결을 위한 비법/전략/노하우를 게시한 특별게시판'을 자유롭게 이용할 수 있고, 법률서식닷컴에서 판매 중인 법률서식들을 무료로 다운로드할 수 있는데, 변호사 **경희**에 따르면 당시 A카페 유료회원의

<그림 1> 법률서식닷컴, 4편 기타 서식 목록 일부

186	★반성문모음_형사사건의 가해자, 피의자, 피고인이 작성하여 제출하는 반성문모음(380page) [4편 기타 서식>3장 (본인작성)반성문]	50,000원	3778
185	구속영장이 발부되어 구치소에서 수감된채 재판을 받고있는 피고인이 작성한 반성문모음(57page) [4편 기타 서식>3장 (본인작성)반성문]	10,000원	1018
184	사과문모음_형사사건의 가해자가 피해자에게 전달하기 위해 작성한 사과편지 [4편 기타 서식>8장 기타 형사]	3,000원	754
183	반성문모음_수사단계 즉 경찰검찰단계에서 제출한 가해자작성 반성문(300page) [4편 기타 서식>3장 (본인작성)반성문]	50,000원	3248
182	반성문모음_법원단계에서 제출한 가해자작성 반성문(132page) [4편 기타 서식>3장 (본인작성)반성문]	30,000원	1904
181	탄원서모음_수사기관 및 법원에 제출된 주변인 작성 선처호소 탄원서(208page) [4편 기타 서식>4장 (처벌불원)탄원서]	50,000원	2320

[출처: 법률서식닷컴, 검색일 2020. 8. 31.]

시장으로 간 성폭력

회비는 110만 원이다. 이처럼 성범죄 전담법인이 운영하는 온라인 카페는 가해자의 법적 대응에 도움이 될 수 있는 각종 정보를 공유함으로써 지식을 축적하고, 실전에서 구체적으로 활용할 수 있는 노하우들은 법률서식 사이트와의 연계를 통해 구체적인 가격이 매겨진 상품으로 판매하고 있다.

성범죄 전담법인에서 운영하는 가해자 전용 카페들은 위와 같은 법적 노하우뿐 아니라 회원자격의 관리, 스킬의 공유, 공감과 연대를 위한 활동 들을 통해 회원들을 유치하고 가해자들이 이 공간에서 안정감을 느낄 수 있는 다양한 운영방식을 활용하고 있다.

대표적인 운영방식은 먼저 엄격하게 회원자격을 관리함으로써 그들의 신뢰를 획득하는 것이다. A카페는 회원가입 조건과 등업이 까다롭고 회원자격을 유지하기도 어려운데, '나의 사건 글쓰기'에서 글쓰기 1개, 댓글 10개를 쓰면 '중수 회원'으로 자동 등업이 되지만, 3일 이상 출석해야 그 자격이 유지된다. 또한 '검증 회원'은 게시글 5개, 댓글 30개, 하루 출석 1회가 되어야 하고, 전문적 고급자료 열람이 가능한 '고수'는 게시글 50개, 댓글 300개, 하루 출석 10회가 되어야 한다. 그리고 가장 높은 등급인 '특별회원'이 되는 방법은 '카페변호사님'을 선임하거나, 유료회원이 되거나, '게시글 999개, 댓글 9999개, 출석 99회, 가입 99주 후 만족시 자동 등업'이 되는 경우다. 이러한 특별회원의 기준을 만족시키기는 매우 어렵기 때문에 카페의 특별회원은 주로 '카페변호사님', 즉 카페를 운영하는 특정한 성범죄 전담법인을 선임하는 경우에 해당하는 것으로 볼 수 있다.

이처럼 엄격한 등급관리는 "이 카페는 성범죄 가해자들이 반성하면서 선처의 방안을 강구하거나, 또는 무고로 억울하게 사건을 겪고 계신 분들의 사랑방입니다. 그런 관계로 피해자 회원님은 활동이 불가"하다고 게시된 것처럼 피해자들로부터 진짜 가해자들을 보호하기 위한 과정이다. 또한 "타 카페 운영진, 영업 뛰러 온 사건 브로커, 기자" 들을 거르기 위한 방법이기도 한데, 이러한 '유령회원', '불량회원'을 수시로 거르고 감시하는 문구들을 통해 가해자들에게 신뢰를 얻고자 노력한다.

또한 회원수 9,873명인(2021. 5. 5. 기준)[5] 'B카페'는 '본인사례' 코너에서 양식에 맞게 작성 후 '일반회원'은 게시글 1개, 댓글 2개, 방문 2회 만족 시 자동 등업 되고, '성실회원'과 '감사회원'이 되기 위해서는 더 높은 기준을 만족시켜야 한다. 카페의 가입 조건은 "남자만 가입 가능/2001 이전 출생자만 가입 가능"하다고 되어 있다. 여성은 아예 시스템적으로 가입조차 못하게 되어 있는 것은 생물학적/법적 남성으로 구성되어야 진정성 있는, 가해자 커뮤니티가 유지될 수 있다는 인식을 보여주는 것으로 생각된다.

이 카페들은 회원들을 유치하기 위해 동질감과 연대감이 강

시장으로 간 성폭력

화될 수 있는 네트워크를 구성한다. 먼저 이 카페들이 엄격한 회원자격을 요구하고 있음에도 불구하고 적지 않은 회원수와 활발한 활동이 유지되는 이유는 단순히 법적 대응을 넘어 이들이 서로 공감하고 위로할 수 있는 기제들이 있기 때문이다. A카페의 경우 승소와 패소 경험, 넋두리, 하소연, 해결 노하우, 위로와 축하를 나누거나, 구치소, 교도소 생활과 관련하여 각 구치소 사진, 면회방법, 수감된 사람에게 선물 보내기 등에 이르기까지 가해자들이 느낄 수 있는 불안감을 완화시키는 요소들로 구성되어 있다. 또한 거의 매달마다 적극적으로 활동하는 회원들을 대상으로 '특별이벤트'를 실시하는데, 죽·커피 쿠폰, 백화점 상품권, 심지어 카페 로고가 박힌 보조배터리를 제공하며 때때로 변호사 무료선임의 기회가 열리기도 한다. 이러한 기제들은 카페 활동을 통해 위로받고, 회원활동을 독려하는 동기부여 전략의 일부이기도 하다.

그뿐만 아니라 해당 카페 정회원이 되기 위해서는 본인의 사건을 양식에 따라 성실하게 작성해야 하는데 이후 수정이 불가능하며, 등업 후에야 위에 제시된 다양한 카페 활동을 할 수 있기 때문에 가해자들은 그 과정을 통해 자기 서사의 행위자로서 사건을 낯설게 보고 다른 가해자들을 공감하면서 임파워먼트되기도 한다. 그리고 성폭력 가해행위와 이후의 수사·재판 과정에서의 경험들은 때로는 절대 자신과 같은 전략을 쓰지 말 것을 당부하거나 조언을 공유할 수 있는 하나의 공식적 경험이 되기도 한다. 이때 이들의 서사는 반성/복수/억울함/하소연/무력/자책/합리성 등이 교차되는 지점에서 성폭력 범죄의 행위와 대응의 의미를 재구성해가고 있는 것으로 보인다.

이러한 상황에서 아래의 인터뷰이는 A카페의 운영방식과 N번방 성착취 사건의 연결고리를 제기한다.

> 선희(변호사)   저는 처음에는 A카페를 보고 … 아, 이게 자기들이 자발적으로 남성연대를 꾸렸나 생각했는데, 그게 아니고 변호사가 개입해서 이런 걸 꾸린다는 게 엄청 놀라운 데다가 그 시스템 자체가 자기들 중에 열심히 하는 사람에게 등급을 주고 차등을 매기잖아요. 정보량이라는 게 또 자기들의 성실도와 개입도 또는 금전 쓰는 거에 따라가잖아요. N번방 사건이 그런 구조로 운영되잖아요. N번방 사건이라든가 동호회 길드라는 게 게임 동호회에서 나온 건지는 잘 모르겠는데, N번방에서 자기들이 등급을 나눠 관리하면서 어떤 식의 댓글을 달고 뭘 하는지 활동을 분해해서 정보량을 다르게 공개한 것처럼 똑같은 방식으로 얘들이 성폭력을 저지르고, 성폭력을 해결하거나 구제하는 방식 또한 똑같다는 게 소름 끼쳤어요.

변호사 **선희**는 해당 카페의 운영방식이 "성실도", "금전" 등에 따라 차등을 두는 "N번방 사건"의 구조와 닮아 있음을 지적한다. N번방은 활동량과 금전적 기여도에 따라 등급을 나누고, 가해자가 가질 수 있는 정보량에 차등을 두는데, 해당 카페들에서 "성폭력을 해결하거나 구제하는 방식" 역시 N번방과 비슷하게 진행되고 있다는 것이다. 이러한 상황은 온라인상의 성폭력 구조와 고소에 대응하기 위해 진입하는 카페의 운영방식이 범죄에 대한 자책감을 사장시키고 오히려 가해자들의 연대감을 강화함으로써 조직적이고 집단적인 방식으로 유지, 강화되고 있음을 보여준다.

강조되는 억울함과 조작되는 자필 후기

성범죄 전담법인의 홍보는 온라인 카페뿐 아니라 법인의 홈페이지, 블로그를 통해서도 활발하게 이루어지고 있는데, 특히 눈에 띄는 것은 아래와 같은 성공사례 리스트다.

〈표 6〉에서 드러난 것과 같이 성공사례의 기본구성은 판결문 앞장에 있는 가해자의 개인정보를 삭제한 후 올리거나 사건개요, 사건의 특징, 주요 변론과 처분 결과, 해당 사건의 처벌규정 등을 게시하는 것이다. 사건개요에는 주로 의뢰인의 억울함을 강조하고, 특징으로는 해당 사건이 높은 형량을 가진 범죄라는 점이나, 큰 처벌을 받을 수도 있었다는 것과 해당 사건이 어려웠던 이유 등이 적힌다. 주요 변론에는 변호인의 어떠한 노력들로 무

<표 6> 성공사례의 대표적 구성과 내용

분류 / 내용	A법인(Y○)	B법인(혜○)	C법인(오○)
사건개요/ 범죄사실	거래처 사람들과 회식 후 상대여성과 모텔에 갔으나 유사강간 당하였다고 고소됨	친분이 있던 피해자를 모텔에서 강간했다는 이유로 수사받게 됨	교사가 학생들을 강제추행한 혐의로 조사. 의뢰인은 훈육 차원에서의 접촉이라 주장
특징/ 희망사항	준유사강간죄는 2년 이상의 유기징역과 부가조치 등이 이루어질 수 있는 범죄. 의뢰인은 그런 일이 없다며 억울함을 토로함	의뢰인은 피해자와 합의하에 성관계를 가졌고, 이후에도 문제삼지 않았으나 의뢰인이 피해자의 연락을 받지 않자 문제 삼았다면서 억울함을 호소	해당 사건은 아동·청소년의 성보호에 관한 법률(아청법) 범죄로 높은 확률로 실형이 선고될 수 있는 상황임. 의뢰인이 억울하게 유죄판결을 받는다면 30년 이상 일해온 일자리를 잃어버릴 처지에 있었음
주요 변론	변호인은 의뢰인의 억울한 상황에 대하여 끝까지 조력하였고, 상대여성의 진술과 상반되는 증거들을 제시하고 진술의 모순점을 찾아 신빙성을 탄핵하는 데 최선을 다함	모텔의 CCTV와 피해자의 연락 내역을 복원하여 친분관계를 입증, 합의하에 성관계한 점을 밝혀냄	피해자들의 언행과 언동 등을 분석하고 1심을 국민참여재판으로 진행
처분 결과	무죄	혐의없음 불기소 처분	검찰구형보다 경미한 벌금형이 선고
참고/ 적용 법률	형법 제297조의 2 유사강간	형법 제297조 강간	성폭력 처벌법 제7조 13세 미만 미성년자 강간, 추행, 아청법 제7조 아동, 청소년에 대한 강간, 추행
출처 (검색일: 2020. 8. 31)	http://yklaw0.cafe24.com/sexu/bbs/board.php?bo_table=total_ex&wr_id=268861&&sfl=wr_subject%7C%7Cwr_content&stx=%EB%AC%B4%EC%A3%84&sop=and&page=4&me_name=성공사례	https://lian112.com/archive/example/131	http://www.ohyunlaw.com/sub3/board/board_content.asp?idx=20766&b_type=BOARD2&page=1

죄, 감형, 혐의없음, 벌금형, 선고유예 등을 받았는지가 드러나 있다. 여기서 이들이 명명하는 성공사례의 범위는 광범위한데, 이는 현재 성폭력 관련법들의 법정형은 높은 편이지만, 앞서 언급했듯이 감경 및 집행유예 사유가 많아 양형보다 낮게 선고되는 관례를 활용하고 있는 것으로 보인다.

　　모범사례를 통한 벤치마킹은 신자유주의적인 지식의 한 형태로서 이들은 검증되지 않은 사례들을 모범사례로 둔갑시켜 경쟁을 부추기고 지금까지 비시장화되었던 영역과 행위 들에 대한 경제화를 촉진한다.[6] 현재 성범죄 전담법인들 역시 서로를 끊임없이 벤치마킹하면서 성공사례들을 통해 마치 해당 법인을 찾아가면 성공할 것 같은 착각을 불러일으키며 가해자 변호 시장을 촉진한다. 그리고 이때 이들의 벤치마킹은 '억울함'이라는 특정한 내러티브를 중심으로 구성되어 있다. 〈표 6〉에 제시된 사건들의 특징이나 의뢰인의 요구사항에는 끊임없이 억울함이 강조되는데 법인들은 억울하게 유죄판결을 받아서는 안 된다는 메시지를 각인시킨다. 또한 의뢰된 사건보다 더 큰 처벌을 받은 성폭력을 사례로 들면서 가해자들의 불안감을 증폭시킨다.

　　이러한 방식은 가해자들을 위한 성범죄 전략대응서들에서도 강조된다. 《덫에 걸린 남자들 – 위험에 빠진 무고한 남자들을 위한 위기관리솔루션》(이하 《대응전략서 A》)[7]은 성범죄 전담변호사라고 본인을 소개하는 여성 변호사가 집필한 책으로, 남자 연예인의 경우 여성이 허위로 고소했다 하더라도 미디어의 영향으로 낙인찍히게 되며, "수사기관과 사법기관의 과도한 여성편의주의는 역으로 억울한 남성 피해자를 양산"하고, "수사기관에서 피의자의 인권이나 재판과정에서 피고인의 방어권이 약해지"는 상황을 우려해 이 책을 집필하게 되었다고 말한다. 그리고《성범죄사건, 경찰조사에서 합의, 재판까지 사건별 시간별 대응전략》(이하《대응전략서 B》)[8]은 "당신이 사는 동네에 '나는 성범죄자'라는 우편물이 뿌려진다고 상상해보라. 이를 막으려면 어떻게 해야 할까"라면서 성폭력 가해자들에게 다양한 사례와 정보에 대해 학습하지 않으면 언제든지 '억울한 피해자'가 될 수 있다는 불안을 주입시킨다. 이러한 대응 전략서들은 현재 가해자들이 가장 두려워하는 지점들을 강조하고 있는데, 두 책 모두 성폭력 범죄에 대한 보안처분이나 부가조치에 문제를 제기한다.《대응전략서 A》는 "유죄판결을 받으면 전자발찌나 신상정보공개명령"을 받기도 하는데 이는 "이중처벌"임을 지적하며 "억울하게 성범죄자로 몰린 사례를 수집"하였다고 설명하고 있고,《대응전략서 B》는 "경미한 성범죄로 벌금형만 선고받아도 일률적으로 10년간 신상정보등록을 해야 하는 현행 보안처분은 그 본질에 어긋난다"는 것을 머리말에 밝히고 있다.

이렇게 억울함과 불안감의 강조는 해당 법인 및 변호사를 통해 재판에서 이기게 되었다거나, 감형을 받게 되었다는 사례 및 자필 후기 들을 통해 안정감을 획득함으로써 광고 효과는 더욱 극대화된다. Y○의 경우 2021년 5월 기준 약 300여 개의 후기가 올라와 있는데, 특히 2018년 9월부터 의뢰인들이 자필로 쓴 후기와 사건담당 변호사의 사진이 게시되어 있다. 주된 내용은 가해자가 어떤 변호사의 도움으로 억울하고 힘든 상황을 이겨낼 수 있었다고 말하면서 해당 법인을 추천하는 이유를 나열하고 감사함을 표현하는 방식으로 구성되어 있다. 감정적인 문체의 자필 후기들은 의뢰인의 글을 빌려 해당 법인의 전문성과 능력을 강조하는 홍보 기제로 활용되고 있다.

성훈(변호사)　　　　　생각해보면 그렇게 한다는 거 자체가 입소문이 불가능하기 때문에 마치 그런 입소문처럼 보이는 광고를 하기 위한 시스템으로 고안이 된 거죠. 카페나 자필 후기 같은 것들이 … 약간 조작을 선동하잖아요. 제대로 된 별점이 나오기가 … 예를 들어 식당에서 네이버 별점 5점을 주신 분께는 쿠폰을 드립니다 하는 게 말이 됩니까? 그거는 어뷰징이잖아요. 잘못된 행동이잖아요. 만약에 식당이나 영화에서 그렇게 했으면 알바 썼다고 막 뭐라고 할걸요. 알바잖아요, 돈을 지급했으니까. 좋은 평을 해주면 그렇게 한다는 게 알바잖아요. 근데 엄격하게 광고가 허용되는 변호사 업계에서 알바 쓰는 걸 용인해주는 거 자체가 좀 문제가 있어요.

선희(변호사)   ○○카페가 사람들이 자발적으로 모여서

만들어진 곳인 줄 알았는데, 그게 아니고 사무장 펌(사무장이 변

호사를 고용해 운영하는 로펌)의 사무장이 카페를 운영하면서 자기

고객이었던 사람한테 등급을 매겨서 정보를 준다거나, 성범죄자

들처럼 취업제한이 있는 사람들을 이용해 홍보를 하게 되는 거

죠. 변호사들이 홍보 수단으로 블로그, 홈페이지, 유튜브 같은 걸

많이 하잖아요. 그런 걸 대행사에 맡기거나 담당할 직원을 고용

하기도 해요. 알바나 파트타임 직원으로 고용한 그런 성범죄자

를 이용해 홍보를 하는 건 여러 가지로 문제가 되는 거 같아요.

보통 카페에 올리는 글들은 변호사가 아니라 일부 직원들이나

홍보 직원들이 쓰는데, 그런 걸 (취업제한이 있는 가해자들이) 쓰는

거죠. 아니면 너무 좋았다는 내용의 자필 후기를 써요. 입소문

내는 용도로 쓰는 거죠. 이런 얘기가 (변호사 카페의) 익명게시판

에 있더라구요.

변호사 **성훈**은 성범죄의 특성상 입소문으로 법인이 홍보되

기 어렵기 때문에 "입소문처럼 보이는 광고를 하기 위한 시스템

으로 고안"된 것이 바로 "카페나 자필 후기" 같은 방식인데 특히

"자필 후기"는 "조작을 선동"하는 일종의 "알바"라는 점을 문제제

기한다. 더군다나 **선희**에 따르면 이러한 "알바"들의 일부는 본인

이 변호했지만 현재 취업제한 상태에 있는 가해자들로, 법인을

홍보하는 인력으로 활용된다고 한다.

이처럼 성범죄 전담법인들의 성공사례는 억울함의 서사를 통해 불안감을 강조함으로써 구성되고, 자필 후기와 같은 방식으로 조작되면서 성폭력의 법적 해결 과정에서 가해자 중심적 언어를 확산시키고 있다.

전문화되는 가해자 지원산업과 카르텔의 구축

위에 언급한 성범죄 전담법인들에서 운영하는 카페, 블로그, 홈페이지 등에는 가해자들을 지원하는 전문가 그룹들이 강조되는데, 이들이 제시하는 다양한 전문성의 언어와 네트워크는 가해자의 지지기반을 확장시킨다.

A카페의 목록에서 '심리상담사 상담신청'을 클릭하면 상담신청 페이지로 연결된다. 카페 운영자는 특히 "○○○○ 쉼터 심리상담소를 적극 추천"한다면서 아래와 같이 추천 이유를 밝히고 있다.

… 교육이나 수강명령은 바로 보호관찰소에서 이뤄지는 '성폭력 재범방지'에 초점이 맞춰져 있습니다. 그렇기에 심리상담을 통해서 미리 교육을 받겠다고 주장하고, 또 실제 검찰/법원에 그러한 상담치료 내용을 양형자료로 제출하고 있습니다. 이는

실제 소송 실무상 널리 활용되고 있습니다. 그동안 몇 차례 강조하여 설명드렸듯이, 개인마다 선처를 호소하는 목적의 수많은 양형자료가 있을진대, 그중 외부 심리전문가의 소견은 참으로 중요하게 취급되고 있습니다. 개인/종합병원보다는 시간과 비용을 대폭 절감할 수 있고, 심리상담 전문가분께 더욱 효율적인 상담을 기대할 수 있으며, 최고의 검찰/법원에 적극 제출할 수 있는 양형자료라고 생각하며 적극 추천해드립니다.

- A카페 공지사항, "○○○○ 쉼터 심리상담소를 추천합니다" 게시글,

검색일: 2021년 3월 9일

성범죄 전담법인이 운영하는 A카페는 특정 심리상담소와 연계하여 심리검사 결과를 가해자의 감형을 위한 자료로 이용하고 있다. A카페 운영자가 작성한 "우리 A카페 회원님들을 위해 적극 나서서 돕겠다고 흔쾌히 말씀하셔서 너무나 감사를 드립니다"라는 문구에서 알 수 있듯이, 해당 심리상담소는 카페를 운영하는 법인과 일종의 거래나 협업의 형태로 운영되고 있음을 알 수 있다. 그리고 이러한 상담과 치료는 실제 재판에서 가해자의 감경 및 집행유예의 유리한 정상으로 인정되고 있다.

양형의 이유: 피고인이 이 사건 범행을 자백하며 자신의 잘못을 뉘우치고 있는 점, 동종 범행전력이 없는 점, **자신의 문제점을 개**

선하기 위해 상담치료를 받고, 기부와 사회봉사활동을 해온 점 등은 유리한 정상이다. … 원심판결을 파기한다. 피고인을 벌금 200만 원에 처한다.

- 2018. 12. 07. 선고, 서울중앙지방법원 [2018노932]
성폭력범죄의 처벌 등에 관한 특례법 위반(카메라등이용촬영)

피고인이 **이 사건 발생 후 스스로 심리상담을 받거나 봉사활동을 하는 등 재범을 방지하고 성실한 사회인이 되기 위하여 자발적으로 노력하는 모습을 보이고 있으며,** 퇴직하거나 건강이 좋지 않은 부모를 부양해야 하는 점, 피고인의 가족과 지인이 피고인에 대한 선처를 탄원하고 있는 점 등을 비롯하여 그 밖에 피고인의 연령, 성행, 환경, 범행의 경위, 수단과 결과, 범행 후의 정황 등 이 사건 기록에 나타난 여러 양형사유들을 두루 참작하여 주문과 같이 형을 정한다. … 원심판결을 파기한다. 피고인을 벌금 800만 원에 처한다.

- 2020. 06. 10. 선고, 대전지방법원 [2019노1782]
성폭력범죄의 처벌 등에 관한 특례법 위반(카메라등이용촬영)

위 판결문들은 A카페가 강조했던 부분들이 그대로 감형사유로 적시되어 있다. 카메라등이용촬영죄로 재판을 받게 된 가해자에 대해 재판부는 "문제점을 개선하기 위해 상담치료를 받고",

"심리상담을" 받으면서 "재범을 방지하고 성실한 사회인이 되기 위하여 자발적으로 노력하는 모습을 보이고 있"다는 것을 감형의 유리한 정상으로 판단한다. 다른 성폭력 판결들에도 치료나 상담을 감경사유로 보고 있기는 하지만, 위 판결문들과 같이 특히 카메라등이용촬영죄로 고소된 사건들에 대하여 치료나 상담이 자주 언급되는 것으로 보이는데, 재판부는 디지털성폭력을 치료와 상담을 통해 재범을 방지할 수 있는 범죄로 인식하고 있음을 보여준다.

이처럼 재판 과정에서 가해자들의 심리상담 기록은 자발적 뉘우침을 강조하는 용도로 사용되고 있다. 더불어 최근 심리학적 전문성을 위시로 가해자들을 돕고 있는 또 하나의 방법은 진술분석(Statement Validity Assessment)이다.

유진(변호사)　　　　　　저는 몰랐는데 진술분석이라고 해서 피해자나 증인으로 나온 분들의 증언을 분석해주는 시스템이 있어요. 1천만 원인가 한대요, 사제로. 증인심문 조서를 보고 진술분석하는 게 있는 거예요. 증인심문 조서로 하는 건데 이 사람의 증인심문 진술 내용이 좀 불확실하거나 불분명하면 그걸 근거로 재심 요청을 하는 거예요. 원래는 1심에서 불렀던 증인을 웬만하면 안 부르고 특히 성범죄는 더 안 부르는데 이분 같은 경우는 그렇게 해가지고 이 사람을(피해자를) 다시 재판부에서 소환을 한 거예요. 소환이 되니까 얘가 자기가 했든 안 했든 다시 소환을 하는 게 부담스러우니까 먼저 합의 얘기가 나온 거죠.

현아(활동가)   약간 기술도 쓰고 다른 법과 제도를 본인 들도 이용하는 것도 그렇고 지난번에 얘기한 진술분석 보고서 도 마찬가지고 나름 자기네들도 전문가를 써서 하는 게 느껴지 고 … 진술분석도 마찬가지고 돈이 있지 않으면 되게 힘든 일이 겠구나 하는 생각이 들더라구요.

대검찰청의 과학수사 방법으로 진행되는 진술분석은 실제 경험한 사건에 대한 진술과 허위로 꾸며내거나 상상에 의한 진술 사이에는 그 내용과 질에서 차이가 있다는 것을 기본 전제로 진 술인의 진술이 진실한지 여부를 과학적으로 분석하는 기법이다. 주로 목격자가 없고 피해자의 진술이 유일한 성폭력·아동학대 등 사건에서 피해자 진술의 신빙성을 판단하여 실체적 진실을 밝히 는 데 활용된다. 의뢰할 수 있는 대상은 학대·성폭력 사건의 아 동·청소년, 지적장애인 피해자, 성폭력 사건의 PTSD 등으로 조 사가 어려운 성인 피해자로 적시되어 있고 가해자가 사건을 부인 할 때 유죄를 밝히는 방법으로 사용되어왔다.[9]

그러나 변호사 **유진**의 말처럼 최근 성범죄 전담법인들은 피해자 진술서를 입수하여 사설 진술분석센터에 "1천만 원"가량의 높은 금액으로 의뢰한 후 그 결과를 재판부에 제출하기도 하는데, 이는 피해자 진술의 신빙성을 떨어뜨림으로써 가해자에게 유리한 판결을 받기 위한 용도로 활용되고 있다. 그리고 실제 많은 판례에서 이러한 사설 진술분석의 결과보고서가 가해자의 감형이나 무죄의 증거로 받아들여지고 있다.

범죄심리학, 임상심리학, 사회심리학 전공자들로 구성된 진술분석센터 트루○○의 경우, 홈페이지에 본인들이 피고인의 무죄를 이끌어낸 사례들을 소개하면서 "피고인으로부터 추행을 당했다는 피해자의 진술을 분석하였음. 그 결과, 1)잠을 자던 피해자가 어떻게 추행 사실을 인지하게 되었는지 불분명하고, 2)추행 당시 경험했을 피해자의 신체감각 등에 대한 진술이 발견되지 않아 진실하지 아니하다는 의견"을 제시하여 "진술분석 결과보고서 제출 및 전문가 증언(○○○ 박사)을 통해 피고인에 대해 무죄가 선고"되었다면서 이를 성공사례로 홍보하고 있다.[10] 이들이 피고인의 무죄를 이끌어낸 사례들은 특히 성폭력에 집중되어 있는데, 그만큼 성폭력 사건에서 사설 진술분석센터의 보고서가 피고인의 감형·무죄에 유용하게 활용되고 있음을 의미한다. 이런 상황에서 몇몇 로펌은 블로그를 통해 "성범죄 사건에서 유용하게 쓰이는 증거분석 역량을 강화"할 것이며, "업무 협조를 하고 있는 진술분석, 디지털 포렌식 전문회사와 업무 협약을 체결하여 더

시장으로 간 성폭력

욱 긴밀한 조력 시스템을 구축하겠다"고 공공연히 홍보하기까지 한다.[11]

그리고 법무법인 로○은 경찰대 출신, 판사 출신, 형사전문 변호사로 자신들을 소개하고 있다. Y○의 경우는 전 대법관이 고문으로, 전 공군대학 총장과 정책학박사 등이 자문위원으로, 부장판사 출신, 검찰 지청장 출신, 검사 출신, 형사법 전문 변호사가 대표변호사로 등록되어 있다. 이러한 구체적인 구성원들의 소개와 배치는 다양한 상황에 처했거나 처할 수 있는 가해자들에게 특화된 변호인이 준비되어 있음을 강조하기 위한 것으로 보인다. 또한 A카페의 경우 특별회원이 되면 변호사들과 사건 해결을 위한 카카오톡 단체방(카톡방)이 개설되고, 경찰 출신 형사팀장과 고문회계사 등 분야별 전문가들이 카톡방에서 함께 도와준다고 설명되어 있다.

이처럼 가해자들을 조력함으로써 금전적 이윤을 얻는 법인, 그러한 법인들을 조력하는 (전직) 경찰·검찰·판사 및 학자들[12], 심지어 심리상담소, 범죄심리학 전문가들이 운영하는 진술분석센터와의 연계, 이들의 전략을 승인하는 법원은 전문가 네트워크를 구축하여 성폭력 가해자 지원산업을 확장하고 있다. 이때 법은 정의나 합리성의 공간이라기보다 특정 법인을 중심으로 구성되는 가해자 카르텔을 포섭하고, 또 그것에 포섭되면서 성폭력의 법담론을 재구축하고 있다.

위에서 살펴본 성범죄 전담법인의 사법적 기술들에 대한 분석이 주는 함의를 몇 가지로 정리하면 다음과 같다.

첫째, 성범죄 전담법인이 운영하는 온라인 카페와 법적 정보의 상품화 및 산업화되는 전문가 조력을 통해 성폭력 가해자들은 법시장에서의 합리적 소비자로 이동함으로써 성폭력은 경제적인 것으로 재구성되고 있다. 성폭력의 법적 해결 과정은 성폭력이 발생하는 기반인 성별권력과 성폭력을 용인하고 사소화하는 남성중심적 사회에 대한 투쟁의 과정이다. 그러나 수사·재판 과정에서 가해자에게 유리한 결과를 이끌어내기 위한 법적 정보의 판매와 전문성의 상품화는 성폭력이라는 정치 투쟁의 장 자체를 자본에 따라 승패가 결정되는 문제로 전환시킨다. 이는 "기존의 정치적인 것을 경제적인 것으로 대체하면서 제도와 인간을 재구성하는 신자유주의 통치 전략"[13]으로 볼 수 있다. 따라서 신자유주의 법적 주체로서 가해자에게 각종 상품의 구입은 가해자로서의 위치를 이탈시키고, 값싸고 합리적인 상품을 구매하는 소비자로서 위치할 수 있게 한다. 신자유주의 통치는 시장원리를 통해 쉽게 조작 가능하고 통치 가능한 주체, 즉 시장원리를 내면화한 주체를 만들어내면서,[14] 공공성, 윤리, 책임의 가치를 삭제하고 있다. 이처럼 소비자로서의 가해자와 시장화된 성범죄 전담법인, 그리고 산업화되는 전문가 그룹 들이 가해자 카르텔을 구성하면서 성폭력은 점차 정치적인 것에서 경제적인 것으로 이동하고 있다.

둘째, 성범죄 전담법인이 운영하는 가해자 전용 카페들은 가해자들의 공감과 연대를 기반으로 '탈범죄화된 가해자 남성성'을 만들어내고 있다. 가해자들은 카페활동을 통해 다른 가해자들의 글을 읽고 생각하는 과정을 거치게 된다. 이 과정에서 공감, 위로, 조언 등이 공존하는 가해자 연대가 만들어지고, 이를 기반으로 그들의 다양한 서사와 행위가 재구성되면서 조직적이고 집단적인 탈범죄화된 가해자 남성성이 형성되는 것이다. 즉 범죄자로서 성폭력 가해자가 아니라 남성들의 경험과 억울함을 중심으로 반성/복수/하소연/무력/자책/합리성 등이 교차되는 지점에서 가해행위의 의미를 재구성하는 남성성이 등장하고 있다. 개인으로 존재했던 가해자가 집단화되고 이들의 상황과 맥락에 따른 서사들이 공감의 언어를 획득하고 성찰과 죄책감이 응원과 지지로 호응될 때, 성폭력 피해자의 경험은 왜곡되거나 배제될 가능성이 클 수밖에 없다.

셋째, 성범죄 전담법인들의 감형과 무죄의 기술 등을 승인하는 재판부는 법시장화를 촉진하고 있다. 성인지감수성[15]은 2018년 이후 많은 성희롱·성폭력 사건의 판단기준으로 인용되고 있지만, 현재 누구보다 재판부의 성인지감수성 향상이 시급해 보인다.[16] 현재 성범죄의 감경사유는 조작하거나 만들어낼 수 있는 여지가 많아 법인의 능력처럼 포장되고 있고, 가해자 처벌에 대한 피해자의 의사도 고려되지 못하고 있다. 성폭력을 엄벌하겠다는 국가와 법의 메세지들은 실제 재판의 결과에 반영되지 못하고 있으며, 오히려 전담법인들의 다양한 기술들이 발명될 수 있는 여지를 확산시킴으로써 성폭력의 법적 해결에 대한 법시장화를 촉진하고 있는 것으로 보인다.

넷째, 성범죄 전담법인이 등장하고 이들의 기술이 발명되면서 가해자 지원산업을 형성할 수 있었던 것은 성폭력 피해자에 대한 의심, 가해자를 중심으로 한 억울함의 서사, 미투운동에 대한 거부감 등이 확산된 것에서 기인하기도 한다. 따라서 성폭력에 대한 가해자들의 수치심이 탈각되고, 전담법인들이 가해자 변호에 대한 윤리적 갈등을 하지 않을 수 있는 것은 이미 사회적으로 이들의 행동을 정당화해주는 가해자 중심적 담론들이 팽배해 있는 것과도 맞물려 있다. 따라서 성폭력 사건의 해결은 피해자, 가해자 개인 간의 법적 다툼이라기보다 해당 사회의 인식과 흐름에 영향을 받으면서 구성되고 있음을 알 수 있다.

성폭력 피해자,
법정에
서다

한국의 반성폭력운동은 성폭력의 법적 규정과 해석에서 성폭력에 대한 판단기준을 넓히고, 물리적인 폭행이나 저항의 여부 혹은 저항의 정도보다 성폭력이 발생할 수 있는 구조에 더 주목하기를 요구해왔다. 그러나 성폭력 가해자의 감형 및 무죄를 정당화하는 성범죄 전담법인의 개입 전략들과 이에 대한 재판부의 승인은 성폭력 판례들을 오염시키고 성폭력의 법적 판단을 위한 기준들을 변화시키고 있다. 이러한 상황에서 성폭력이 발생하고 유지되는 구조적 원인이자 배경이 되는 성별권력의 문제는 점차 사장되고 피해자와 가해자는 법적 공간에서 개별화된 행위자로 인식되면서 새로운 피해자 담론이 만들어지고 있다.

#1

권리에서 책임으로 재구성되는 '신피해자론'

성적 자기결정권의 오독: 여성의 능력에 대한 역설

한국의 여성운동은 성폭력을 정조나 순결의 문제가 아닌 성적 자기결정권 침해의 문제로 보면서 성적 자기결정권을 개념화해왔다. 성적 자기결정권이라는 용어는 1992년 성폭력특별법제정을 위한 법안 마련의 과정에서 사용되기 시작되었으며[1], 판례에 등장한 것은 1994년 4월 18일에 선고된 서울대 신 교수 성희롱 사건의 1심 판결문인 것으로 보인다.[2] 그리고 점차 성폭력의 보호법익으로서 판례에도 적극적으로 쓰였는데, 성적 자기결정권은 운동의 언어와 법의 언어를 오가면서 그 의미의 구성과 내용이 변화되었다.

1995년 형법 제32장의 제목이 '정조에 관한 죄'에서 '강간과 추행의 죄'로 변경됨으로써 형법상 정조라는 보호법익이 삭제되었지만 그 제목만 바뀌었을 뿐 여전히 여성의 정조를 전제로 구성되어왔다. 이러한 전제는 2013년 강간의 객체를 부녀에서 개인으로 바꾸는 등의 법개정에 이르러서야 개인의 성적 자기결정권이라는 보호법익이 반영된 것으로 평가된다.[3] 그러나 용례의 활용에서 대법원은 2000년부터 성폭력의 보호법익으로서 성적 자기결정권이라는 단어를 사용하기 시작하였고, 이에 따라 성폭력 관련 법들은 피고인이 피해자의 성적 자기결정권을 침해하였는지, 혹은 피해자가 성적 자기결정권을 행사할 수 있는 상황이었는지 없는 상황이었는지 등을 중심으로 판단하고 있다. 보호법익은 구성요건 요소를 해석하는 지침이 되고, 죄질을 판단하는 데 주요한 근거가 되므로 양형에 영향을 미치고, 범죄군이 구성요건 체계를 이해하는 도구가 되기 때문에 매우 중요하다. 하지만 이러한 성적 자기결정권은 아래의 2019년 대법원 판결에 이르러야 처음으로 그 의미가 정의되었다. 해당 판결이 피해자의 손을 들어줬다는 점에서 고무적이기는 하지만 성적 자유나 성적 자기결정권을 "소극적으로 원치 않는 성행위를 하지 않을 자유"로 명시하고 있다는 점에서 결국 거부의 의사표시나 저항 등으로 연결된다는 한계가 있다.[4]

… 형법은 제2편 제32장에서 '강간과 추행의 죄'를 규정하고 있는데, 이 장에 규정된 죄는 모두 개인의 성적 자유 또는 성적 자기결정권을 침해하는 것을 내용으로 한다. 여기에서 '성적 자유'는 적극적으로 성행위를 할 수 있는 자유가 아니라 소극적으로

원치 않는 성행위를 하지 않을 자유를 말하고 '성적 자기결정권'은 성행위를 할 것인가 여부, 성행위를 할 때 그 상대방을 누구로 할 것인가 여부, 성행위의 방법 등을 스스로 결정할 수 있는 권리를 의미한다. 형법 제32장의 죄의 기본적 구성요건은 강간죄(제297조)나 강제추행죄(제298조)인데, 이 죄는 미성년자나 심신미약자와 같이 판단능력이나 대처능력이 일반인에 비하여 낮은 사람은 낮은 정도의 유·무형력의 행사에 의해서도 저항을 제대로 하지 못하고 피해를 입을 가능성이 있기 때문에 그 범죄의 성립요건을 보다 완화된 형태로 규정한 것이다. … 원심판결 중 무죄 부분을 파기하고, 이 부분 사건을 수원지방법원에 환송한다.

- 2019. 06. 13. 선고, 대법원 [2019도3341] 심신미약자추행

위 판결문에서 정의하는 소극적 의미의 성적 자기결정권은 미성년자나 심신미약자 등을 주된 대상으로 설정하고 있기 때문에 성별[5], 사회적 지위, 위력, 친밀한 관계 등의 복잡한 맥락에서 발생하는 피해자의 취약성, 저항의 포기, 동의하지도 저항하지도 않은 비동의 상태의 성폭력 들을 포괄하기 어렵다. 이러한 상황에서 최근 일부 성폭력 무죄판결에서 성적 자기결정권은 이미 존재하는 어떤 것으로 여겨지면서 그것을 침해하지 않았다고 가해자가 생각했을 것이라거나, 피해자가 그것을 행사하지 않았기 때

문에 무죄라는 경향성을 보이고 있다.

주점에서의 피고인과 피해자의 상황 및 피고인의 신체접촉에

대한 피해자의 반응 등을 보면, 피고인의 입장에서는 피해자도

피고인에게 어느 정도의 이성적인 호감을 가지고 있다고 생각

하여 **피해자에게 입맞춤을 하더라도 피해자가 이를 거부하지 않을 것**

이라고 생각하였다고 봄이 상당하고, 당시 피고인이 피해자의 의사에

반하여 성적 자기결정권을 침해하여 추행을 한다는 것으로 의식하였

다고 보기는 어렵다. … 피고인은 무죄.

    - 2019. 08. 09. 선고, 서울중앙지방법원 [2018고단7140] 강제추행

피고인이 피해자와 입맞춤을 한 행위가 일반인에게 성적 수치

심이나 혐오감을 일으키게 하고 선량한 성적 도덕관념에 반하

는 행위로서 피해자의 성적 자유를 침해하는 정도에 이른 것으

로 보기 어렵고, **나아가 당시 피고인에게 피해자의 의사에 반하여 성**

적 자기결정권을 침해하여 추행을 한다는 인식, 즉 강제추행의 고의가

있었다고 단정하기도 어렵다. … 피고인은 무죄.

    - 2020. 07. 02. 선고, 서울중앙지방법원 [2019고단7612] 강제추행

주점과 모텔의 위치가 걷기에 그리 멀지 않은 점, 당시 연말 심

야시간대에 이동하였는데, 주점 주위에서 택시를 잡아타기에

용이해 보이지 않는 점, 피고인이 식당 및 주점에서 모두 카드 결제를 하였으므로, 택시를 이용하였다면 카드결제를 시도하였을 개연성이 큰데, 이에 대한 카드 결제내역이 없는 점 등에 비추어 보면 당시 피고인과 피해자는 걸어서 모텔로 간 것으로 보이는데, **피고인으로서는 피해자가 술에 취하였으나 인사불성 상태가 아니고 몸을 가눌 수 있을 정도여서 자신의 성적 자기결정권을 행사할 정도의 의식이 있었다고 인식하였을 가능성이 있다.** … 원심판결을 파기한다. 피고인은 무죄.

- 2019. 12. 19. 선고, 광주고등법원 [2019노226] 준강간미수

위 무죄판결들은 피고인이 성적 자기결정권을 침해하여 추행을 한다는 인식이 있었는지, 없었는지를 가늠한다. 판단의 과정에는 피고인이 "피해자가 이를 거부하지 않을 것이라고 생각"했다는 것, "고의가" 없었다는 점, 피해자가 "몸을 가눌 수 있을 정도여서 자신의 성적 자기결정권을 행사할 정도의 의식이 있었다고 인식하였을" 것이라는 점 등이 주된 근거로 제시된다. 여기서 피고인이 피해자에게 어떻게 의사를 물었는지, 피해자가 무엇을 동의한 것인지는 묻지 않았는데, 성적 자기결정권을 침해한다고 생각하지 않았다거나 고의가 없었다는 피고인의 판단이 무죄의 중요한 근거가 되고 있다. 그러나 성폭력 가해자들이 상대의 권리를 침해하기 위한 목적과 의도를 가지고 가해를 하는 경우는 드

물다. 성폭력은 권력관계 속에서 상대의 의사를 파악할 필요가 없거나, 그래서 상대가 의사를 표시할 수 없었거나, 상대와 진정성 있는 의사소통을 하지 않은 채 오해나 착각으로 가해진 것들이 대부분이다. 따라서 자신의 행위가 상대의 권리를 침해할 수도 있다는 인식을 하지 못했다는 것은 그 자체로 문제가 되어야 하지만, 그 인식이 오히려 용인되는 상황에서 가해자의 잘못된 판단들은 피해자가 지키고 행사해야 할 성적 자기결정권을 행사하지 않은 것으로 귀결되고 있다.

> 피해자는 수사기관 및 이 법정에서 'G호와 D호에서 B와 가진 성관계는 합의하에 한 것이다'라는 부분에 대해서는 일관되게 진술하고 있고, 피해자와 B 사이의 성관계 바로 직후 피해자와 피고인 사이의 성관계가 있었다는 점에 비추어 보면, **최소한 피해자는 피고인과의 성관계 바로 직전에는 성적 자기결정권을 행사하여 B와 합의하에 성관계를 맺을 정도의 의식은 있었던 것으로 보인다.** (B도 검찰 수사 과정에서 … '피해자는 충분히 피고인과의 성관계를 인지했을 것이라고 생각한다'라고 진술하였다) … 한편 피고인이 피해자와 합의하거나 피해자로부터 **동의를 얻어 성관계를 한 것은 아니고, 피고인과 피해자 사이의 성관계는 당시 피해자가 원하지 않았으며** … 이 사건과 같이 성인인 피해자가 심신상실 또는 항거불능 상태에 빠져 있지 않고 피고인이 피해자에게 폭행·협박을 행사하

지 않은 상태에서 간음한 경우는 위 어느 규정에도 해당하지 않아 죄형법정주의 원칙에 따라 현행법상으로는 이를 처벌할 수 없다. … 피고인들은 각 무죄.

- 2019. 11. 01. 선고, 서울북부지방법원 [2018고합542] 준강간

위 판결문에서 피해자는 술에 취해 있었고, 첫 번째 남성(B)과의 성관계는 동의했으나 또 다른 남성(피고인)과의 성관계는 동의하지 않았음에도 강간 피해를 입어 고소하였다. 그러나 재판부는 피해자가 "피고인과의 성관계 바로 직전에는 성적 자기결정권을 행사하여 B와 합의하에 성관계를 맺을 정도의 의식은 있었던 것으로 보인다"며 피고인들에게 무죄판결을 내렸다. 즉 앞의 성관계에서는 성적 자기결정권을 행사하였기 때문에 뒤의 성관계에서도 그것을 행사할 수 있었을 것인데 하지 않았다는 것이다. 이때 성적 자기결정권은 권리가 아니라 마땅히 피해자가 행사해야 하는 능력이며, 행사할 수 있지만 하지 않은 것은 피해자의 잘못이라는 의미가 전제되어 있다. 여기서 피해자가 술에 취해 있었다는 것, 앞의 남성은 두 번째 남성이 피해자를 강간할 수 있도록 돕고 방조했다는 것, 의사를 묻거나 판단할 수 있는 상황이 주어지지 않았다는 점은 간과된다. 무엇보다 재판부는 피고인이 피해자의 "동의를 얻어 성관계를 한 것은 아니고, 피고인과 피해자 사이의 성관계는 당시 피해자가 원하지 않았"다고 말하면서

도 피해자가 성적 자기결정권을 행사하지 않았다고 말하고 있다. 피해자가 동의하지 않았다는 것은 그 자체로 성적 자기결정권의 여러 의미 중 하나가 담겨 있는 것이지만 재판부에게 성적 자기결정권은 최협의설을 정당화하고, 피해자의 저항 여부를 판단하던 관례를 대체하고 있을 뿐이다.

더 나아가 아래 판결의 재판부는 피해자가 선택적으로 성적 자기결정권을 행사하였다는 의심을 품기도 한다.

증인신문 당시 피해자는 '정조'라는 표현에 대해 이의하며 '저는 사실 노동권이나 인권까지 이미 다 침해당한 상태에서 성적 자기결정권도 침해당한 거지, 정조나 이런 개념은 아니다'는 취지로 명확히 증언한 사정을 더하여 보면, **피해자는 성적 주체성을 갖추고 성적 자기결정권을 인지하면서 자기 책임 아래 이를 행사할 수 있는 충분하고 성숙한 능력이 있는 사람이라고 봄이 타당하다.** 물론 피해자의 성적 주체성이 이 사건 이후에 학습으로 인해 더 강화되었을 수 있으나 적어도 ○○에 대해서 일응의 사과를 받았고 추가적인 신체접촉 등이 없었음에도 약 3개월 후 재차 이에 대한 문제를 제기한 것을 보더라도 **피해자의 성적 자존감과 주체성이 결코 낮다고 보기는 어렵다.** 뿐만 아니라 피해자가 ○○에 대해서는 성적 주체성과 자존감이 강한 모습을 보이고 피고인에 대해서는 약한 모습을 보인다 하더라도 이는 피해자가 성적 자존감이 낮아서가 아니라 **대상과의 관계적 특성에 따라 성적 자기결정권을 선택하여 행사하는 것으로 볼 여지마저 있다.** … 피고인의 위력에 성폭력 피해를 입게 된 것이라는 취지로 **성폭력 피해자성의 표지 혹은 피해자 개인의 취약성을 부각시키는 검사의 주장을 받아들이기 어렵다.** … 피고인은 무죄.

- 2018. 08. 14. 선고, 서울서부지방법원 [2018고합75]

강제추행, 위력에 의한 간음 등

위 사건의 피해자는 증인신문 시에 자신은 "노동권이나 인권까지 이미 다 침해당한 상태에서 성적 자기결정권도 침해당한 거지, 정조나 이런 개념은 아니다"라고 말한 적이 있는데, 재판부는 이를 두고 피해자는 "성적 주체성을 갖추고 성적 자기결정권을 인지하면서 자기 책임 아래 이를 행사할 수 있는 충분하고 성숙한 능력이 있는 사람"이라고 판단한다. 더구나 "성적 주체성이 이 사건 이후에 학습으로 인해 더 강화되었을 수 있"지만, 다른 가해자에 대해서는 사과를 요구하고 문제를 제기한 것으로 보아 "성적 자존감과 주체성이 결코 낮다고 보기 어렵"고, 피해자가 해당 사건의 가해자에게 강한 저항을 하지 못한 것은 "피해자가 성적 자존감이 낮아서가 아니라 대상과의 관계적 특성에 따라 성적 자기결정권을 선택하여 행사하는 것으로 볼 여지"가 있다고 보고 있다. 이에 "피해자 개인의 취약성을 부각시키는 검사의 주장을"

받아들이지 않았고, 결과적으로 가해자의 위력에 의한 성폭력을 인정하지 않았다. 해당 재판부는 피해자가 성적 자기결정권과 정조의 의미를 구분할 수 있고 자존감이 강한 사람이기 때문에 취약하지 않다고 보고 있다. 그러나 피해자에게 성적 자기결정권은 "선택하여 행사"할 수 있는 것이 아니라 피해자와 가해자를 둘러싼 특정한 권력구조에 의해 무력해지는 것이다. 이때 피해자의 취약함은 고정된 것이 아니라 상황과 조건에 의해서 만들어진다. 즉 피해자가 근무 중에 발생한 다른 피해에 대해서 재차 문제제기할 수 있었던 이유는 둘 사이의 권력관계가 두드러지지 않았기 때문이었다. 하지만 해당 사건의 경우 가해자와의 현격한 권력 차이로 신고는커녕 거절의 표현조차 하기 어려웠다. 그럼에도 불구하고 피해자가 결국 법적 고소를 통해 이것을 해결하고자 했던 것은 개인적으로 해결할 수 없을 정도로 가해자의 권력이 크다는 점을 드러냄과 동시에 이 사안을 세상에 알림으로써만이 권력의 작동을 멈출 수 있다고 판단했기 때문으로 보인다.

하지만 재판부는 성적 자기결정권을 가해자와의 사회적 지위 차이에서 비롯된 모든 맥락이나 향후 불이익, 생존의 문제, 사회적 비난 등을 고려하지 않아도 될 만큼의 절대 능력으로 미화하고 있다. 그렇게 본다면 "성적 주체성을 갖추고 성적 자기결정권을 인지"하고 있는 사람은 법적으로 성폭력 피해를 당했음을 증명할 수 없게 되는데, 그러한 사람은 "주체적"이고 "자기 책임 아래 이를 행사할 수 있는 충분하고 성숙한 능력이 있는 사람"이기 때문에 애초에 피하거나 문제제기하거나 저항할 것이고, 따라서 성폭력 피해를 입었을 리가 없다는 역설이 등장하게 된다.

이러한 재판부의 판단은 사회적 소수자로서 여성의 위치와 권력관계를 은폐하고, 성폭력의 발생을 자유로운 개인이 선택할 수 있는 문제로 축소해버린다. 즉 법정에서 성적 존재는 사실상 개인이 아니라, 남성중심적 섹슈얼리티 관계가 규정하는 남성과 여성[6]이라는 점이 삭제되고 있으며, 최협의의 폭행·협박 판단기준이 내포한 문제를 은폐하고, 성적 자기결정권이라는 여성주의의 언어를 뒤틀어서 프레임을 조작하고 있다.[7] 중요한 것은 여성이 성적 자기결정권을 허락하거나 쟁취했는가가 아니라 그 상황이 권리를 행사할 수 있는 조건이었는가다.[8]

실제 성폭력 피해의 현장에서 피해자와 가해자는 이미 사회적, 물리적, 심리적으로 위력적 관계에 있는 경우가 많고 그러한 위치성을 바탕으로 가해가 이루어지기 때문에, 이러한 불평등한 조건과 위치에서 피해자는 성적 자기결정권 행사를 결정하거나 선택하기 어렵다. 따라서 성적 자기결정권을 발휘하였는지를 묻기 위해서는 반대와 거부가 실제로 가능한 맥락이었는지,[9] 개인이 동의할 수 있는 개인적·법적 능력을 가지고 있었는지,[10] 여러 가지 기능의 조합들을 성취할 수 있는 실질적 자유로서 '역량

(capability)'*이 발휘될 수 있는 조건이 존재했는지를 판단하는 것이 필요하다. 여기서 역량은 가치 있다고 여기는 것들을 행할 실제 능력에 집중하는 것으로, 소유하는 형태로 갖고 있는 자원이 아니다.[11] 즉 성적 자기결정권은 어떤 물건처럼 일상적으로 가지고 다니다가 중요한 순간에 꺼내어 쓸 수 있거나, 본능처럼 저절로 모두에게 주어지는 것이 아니기 때문에 성적 자기결정권을 왜 행사하지 않았는지를 묻는 것이 아니라 성적 자기결정권을 왜 행사할 수 없었는지, 그 상황이 성적 자기결정권을 행사할 수 있는 조건이었는지, 나아가 그때의 성적 자기결정권이 무엇을 의미하는지를 따져보아야 한다. 성적 자기결정권은 다양한 관계와 성별, 문화적·상징적 권력관계 속에서 역동하는 산물로서, 인간들이 맺고 있는 모든 관계의 수만큼 복수적이고 다변적이며, 관계적인

• 센(Sen)은 기존 소득 중심의 경제적 평등 관점에 문제제기를 하면서 소득 중심의 발전 논의를 넘어 기본적인 역량의 박탈을 중심으로 사고함으로써 인간의 삶과 자유의 빈곤을 폭넓게 이해할 수 있다고 주장한다. 센에 따르면, 한 개인의 역량은 성취할 수 있는 기능들의 다양한 조합을 가리키고 역량은 일종의 자유로 여러 가지 기능의 조합을 성취할 실질적 자유를 말한다. 그는 지속적으로 박탈당하는 사람들의 결핍은 효용의 척도로는 확인하기 어렵기 때문에 그들이 침묵한다는 사실에 주목하는 것뿐 아니라 자신이 영위하고 싶은 삶이 무엇인지 판단할 진정한 기회를 줄 수 있는 조건을 만들어내는 것이 중요하다고 주장한 바 있다. 아마티아 센 지음, 김원기 옮김, 《자유로서의 발전》, 갈라파고스, 2013. 누스바움(Nussbaum)은 이를 확장하여 10대 핵심역량 목록(생명, 신체건강, 신체보전, 감각/상상/사고, 감정, 실천이성, 관계, 인간 이외의 종, 놀이, 환경 통제)을 제안하면서 이를 정치적 근본권리와 헌법의 토대로 삼는다. 마사 누스바움 지음, 한상연 옮김, 《역량의 창조》, 돌베개, 2015.

개념으로 이해되어야 한다. 그러나 위의 판결문들은 이러한 조건과 맥락을 거세한 채 성적 자기결정권을 "성인여성의 인격 성숙과 주체성, 자기책임과 능력에 입각한 개념으로 강조"[12]하고 있는 것이다.

새로운 피해자 담론

최근 성폭력 피해자에 대한 책임논리는 아래의 사례에서도 드러난다.

민정(활동가)　　　자기가 부당한 대우, 폭력에 노출되고 그 거에 대해서 제대로 대응 못했을 때 스스로한테 자책감 느끼는 걸 방지하려는 느낌을 몇몇 피해자한테 받았어요. … 전에는 자책이 그냥 자기비하, 내가 바보 같다면서 주눅 들고 그냥 말을 안 하는 정도였다면, 요즘은 내가 살 의미가 없다고 … 이게 성폭력 피해를 더 드러내는 것과 같이 가는 거 같아요. 내가 피해를 당당하게 얘기하는 것만큼 피해에 대한 대처를 못했던 것도 자책이나 자기에 대한 공격으로 많이 오기도 하는 것 같아요. … 판사들이나 이런 사람들이 너무 똑똑하고 자기주장 잘하는데 대응 못하는 피해자들을 이해 못해서 판결문 보면 어이없는 얘기들이 많이 나오잖아요. 왜 (싫다고) 당당하게 말 못하냐고.

○○○ 씨 건도 술 먹고 추근덕대면 내비두고 가지 왜 그렇게 했냐. 편의점에서 왜 도움을 요청 안 했냐. 그리고 왜 상사를 꼭 집에 보내주고 가야 된다고 생각했냐. 사실은 피해 입기 전에는 다 당연히 할 수 있는 것들이잖아요. 그 순간에 뒷일을 알고 하는 거는 아닌데. 개인한테 (책임을) 돌려버려요.

활동가 **민정**은 최근 피해자들이 고소나 문제제기를 고민하는 뉘앙스가 바뀌어가고 있음을 지적한다. 과거에는 스스로 피해를 입은 것에 대한 "자기비하"들이 존재했다면 요즘은 "피해에 대한 대처를 못했던 것도 자책이나 자기에 대한 공격으로" 이어진다는 것이다. **민정**에 따르면 이러한 인식은 판결문들에서도 드러나는데 한 판사는 "왜 당당하게 말"을 못했는지, 상사가 "술 먹고 추근덕대면 내비두고 가지" 왜 데려다주려고 했느냐고 말했다고 한다. 연구 과정에서 만난 한 피해자는 성희롱 피해를 회사에 말했다가 성희롱 예방교육을 받았음에도 제대로 대처하지 못했다며 폭언을 들었다고 한다. 또한 이는 안희정 전 충남지사에 의한 성폭력 피해자에게 안희정의 변호인이 "왜 참았느냐. 대학원까지 나온 엘리트 여성이 즉시 문제 삼지 않은 것이 수상하다"라고 말한 논리와도 유사하다.[13]

이러한 현상들은 기존의 피해자 유발론을 넘어 피해자가 자신이 갖고 있는 능력을 발휘하지 않음으로써 피해를 피하지 못한

시장으로 간 성폭력

책임과 피해 이후 적극적으로 대응하지 못한 책임을 묻는 새로운 피해자 담론이 나타나고 있는 것으로 보인다. 즉 피해자와 가해자의 성별이나 위력적 관계는 고려하지 않고, 성폭력을 평소의 교육 수준이나 예방교육 등을 통해 스스로 피할 수 있는 것으로 여기면서 피해자의 책임을 묻는 방식으로 전환되는 것이다. 그러나 대부분의 성폭력은 친밀한 관계나 위력적 관계에서 발생하기 때문에 피해자가 노력을 통해 예방할 수 있는 문제가 아니며 유일한 예방은 가해자가 가해를 하지 않는 것뿐이다. 그럼에도 불구하고 피해자들은 권력구조 속의 개인이라기보다 성적 자율성을 지니고 있기 때문에 성폭력이라는 리스크를 스스로 예방하고 대응했어야 한다는 인식이 강조되고 있다.

벡(Beck)은 리스크를 "한 사회를 작동시키는 동력학의 관습적인 인지방식과 사고방식"[14]으로 정의하는데, 국가는 이러한 리스크 예방의 의무를 지닌다. 그러나 사실 리스크는 계산이 불가능한 영역임에도 불구하고 국가는 그것을 알 수 있고, 제어할 수 있으며, 안전을 보장할 수 있다는 주장을 심화하고 확장해야 하는 상황이 발생한다. 이러한 배경에서 최근 성폭력 범죄의 리스크를 줄이기 위한 범죄정책이자 도시정책인 CPTED(Crime Prevention Through Environmental Design, 상황적 범죄예방)는 환경이나 공간을 변화시킴으로써 범죄를 예방할 수 있는 것으로 보고 있는데, 이때 리스크는 개인이 처리해야 할 요소로서 범죄예방에 대한 개인의 책임이 중시되고 리스크 집단은 범주화되고 예방할 수 있다고 여겨진다.[15] 국가가 리스크를 예방하기 위해 위험지표를 조사할수록 새로운 리스크가 구성되며 두려움과 안전이 함께 강조되는데,[16] 국가는 범죄 엄벌주의를 구성해온 신자유주의의 형벌 정책을 통해 위험하다고 파악되는 집단을 격리시킴으로써 범죄에 대한 책임의 위치에서 벗어나게 된다.[17]

이처럼 성폭력이 리스크 관리 영역으로 인식되고 정책적으로 실현되면서 이제 성폭력의 발생 원인은 위험을 예방하지 않고 성적 자기결정권을 행사하지 않은 피해자의 문제가 되고 있다. 즉 피해자는 성폭력 위험을 피하지 못하고, 자기관리에 실패한 사람으로서 새로운 형태의 피해자 비난이 만들어지는데, 점차 성별권력관계는 모호해지고 개인적 책임이 강조되어간다.[18] 신자유주의적으로 재창조된 피해자라는 범주는 사회적 취약성을 개인의 책임으로 변화시키고, 증가하는 불평등을 감추기 위해 고통의 사회적 토대를 지우고, 피해를 구조적인 것으로 보려는 정치적 노력을 전복시킨다.[19] 이렇게 피해자를 선별하고 피해자의 진정성에 대한 의심이 강화되고 전문가의 지식과 개인 책임, 효율성을 강조하는 신자유주의적 정책 패러다임은 성폭력을 상황과 기회 통제의 문제로 만들고 있으며, 나아가 여성을 피해자가 되지 않을 책임의 주체로 호명하고 있는 것이다.[20]

과거 성폭력은 여성/피해자가 모텔에 따라갔기 때문이라거나, 밤늦게 다니거나, 정숙하지 못하거나, 야한 옷을 입고, 술에 취해 돌아다니고, 위험 상황에서 저항하지 않았기 때문에 발생한다는 등의 소위 피해자 유발론, 피해자 책임론이 존재해왔다. 이러한 피해자 유발론은 피해자가 먼저 유혹했기 때문에 '욕정을 이기지 못한' 가해자가 성폭력을 할 수밖에 없었다는 논리를 구성해왔는데, 이는 여성의 행동을 통제하고 가해자의 가해 및 왜곡된 성문화를 정당화하는 기제로 활용되었다. 그러나 이러한 피해자 유발론은 점차 모든 사람이 성적 자기결정권을 가지고 있고, 각종 교육들을 통해 성폭력을 예방할 수 있는 능력을 가지게 되었음에도 왜 피해자는 그러한 능력을 행사하지 않았는지를 묻거나 의심하는 방식으로 이동하고 있다. 즉 '문란한' 행실로 인해 가해자의 욕정을 불러일으킨 책임에서 본인의 권리와 능력을 행사하지 않음으로써 가해를 막지 못한 책임으로 이동하고 있는 것이다. 하지만 그러한 권리를 행사해야 하는 주체는 젠더화되어 있어 성중립적으로 적용되기 어렵지만 점차 성폭력 피해자들은 성별권력구조 속의 여성/피해자가 아니라 탈젠더화된 자기-위기 관리자로 위치되는 '신피해자론'이 구성되고 있다.

#2

피해자로 인정받기 위한
'재피해자화'

피해 입증을 위한 증거로서의 고통

기존의 성폭력 2차 피해는 법적 처리 과정에서 성폭력에 대한 사회적이고 문화적인 통념으로 발생하며, 부적절한 언행들과 시스템으로 인해 피해자가 추가적인 피해를 입는 것을 의미했다.[1] 그러나 본 연구에서 피해자들은 수사·재판 과정에서 겪는 불편함들을 2차 피해라고 인식하기보다는 피해자로 인정받기 위해 고통을 만들어내거나 감정을 관리해가면서 의도치 않게 스스로를 다시 피해자의 위치로 이동시키고 있었다. 이는 이미 수사·재판 과정에서 특정한 상으로 피해자화된 피해자가 법적 승인을 받기 위해 또다시 '재피해자화'되는 현상으로, 피해자의 위치를 지켜내기 위한 '수행(performance)'적 성격을 지닌다는 점에서 2차 피해와 차이가 있다. 이는 최근 성폭력의 법적 처리 과정에서 폭행·협박이 동원된 성폭력이 줄어들면서 피해를 입증할 물리적 증거가 부족하게 되자, 정신적 피해의 증명을 통해 피해 사실을 판단하는 사례들에서 드러난다.

은주(변호사)　　　　　피해자가 사실은 굉장히 고통스럽고. 고통스럽긴 하는 거니까. 그럼 그 고통을 어떻게 보여줄 거냐, 고통을 어떻게 현재화해서 시각화해서 보여줄 거냐고 할 때 그 고통스러운 모습이라고 하는 것들을 내세울 수밖에 없고. 그게 활발하거나 이런 것(모습)들은 아닐 테니까 질병이 있거나 아파서 치료를 받거나 하는 것들로 구체화하고 현실화하고 현재화해서 내놓게 되는 거 같고. 피해자 본인들도 아는 거예요. 제가 정신과 상담 같은 걸 받아야 될까요? 저한테 유리할까요? 이렇게 물어보는 피해자들이 꽤 돼요. 일부러 받으실 필요는 없구요, 스스로 필요하다고 생각하면 받으세요. 지금은 이렇게 얘기를 해요. 본인들도 그렇게 생각하고 있는 게 아닌가. 난 지금 너무 힘들고 이 힘든 걸 보여줘야 되는데 그게 뭘까? 심리치료나 정신과 치료를 받고 있는 것들을 보여줘야 한다는 압박감을 느끼는 것 같아요.

경희(변호사)　　　　　피해자 중에 정신과 가는 경우는 많지 않잖아요. 안 가도 충분히 힘들고 안 가도 되는데 오히려 재판을 위해 가는 경우가 많아요. 우리도 어쩔 수 없이 가라고 하거든요. 진단서 떼서 내면 어쨌든 판사가 판결하는 데 자료를 소중히 여기기 때문에 정신과도 다녔네 하죠. 물론 그것도 단순히 진단만 아니라 얼마 진단을 받았고, 더 중요한 건 얼마나 꾸준히 오랜 기간 다녔는지를 보는 거 같아요. 그리고 심리치료 받은 것도 피해자의 피해를 증명하는 데 중요한 자료인 거 같아요. 예를 들어 강간치상이라든지 상해에서는 상당히 중요해요. 안 낼 수가 없는 자료예요. 이제는 트라우마 같은 것도 상해로 인정을 해주니까. 거기서는 당연히 진단서가 필요하지만 어쨌든 양형 과정에서 피해자가 이렇게까지 피해를 입었다고 증명하는 건 심리치료나 상담을 받은 증거라든지 정신과 진단서인데, 이 밖에 피해자가 직접 쓰는 탄원서도 있죠. 근데 이건 결정적인 자료는 안 된다고 생각해요. … 자꾸 피해를 증명해봐 … 진단서는 사실 중요한 자료인 건 맞아요. 그게 없을 경우에는 심리치료 자료라도. 근데 심리치료 자료를 안 받는 경우가 있어요. 그러면 피해자 측에서 아무런 얘기가 없다고 한다면 양형에서는 아무것도 없는 게 되어서 그냥 제로 베이스이니, 그런 것들이 많이 들어가면 양형에 조금 참작이 돼요.

위 변호사 인터뷰이들은 피해자의 정신과 진료기록이 피해자의 고통과 피해자임을 증명하기 위한 용도로 인식되고 활용되는 상황과 맥락을 설명한다. **은주**는 피해자들은 자신의 고통을 어떻게 보여줘야 할지 고민하는데, "현재화"하거나 "시각화"해서 "힘든 걸 보여줘야" 된다는 압박감을 느끼는 경향이 있다고 말한다. 특히 정신과 상담 등이 "저한테 유리할까요?"라고 묻는 피해자의 물음은 정말 심리치료가 필요하기 때문만이 아니라 그것이 재판에 유리하게 활용된다면 전략적으로 활용할 수 있다는 피해자들의 인식을 보여준다. 또한 **경희**의 말처럼 피해자는 "재판을 위해" 정신과에 가게 되기도 하는데, 이는 판사가 피해자의 정신과 진단, 진료의 기간 등을 "피해자의 피해를 증명하는 데 중요한 자료"로 보기 때문이다. 물리적 증거가 없는 피해자는 수사·재판 과정에서 "자꾸 피해를 증명해"보라는 압력을 받게 되는데, 정신적·심리적 치료 자료를 내지 않으면 "그냥 제로 베이스"이지만 많이 제출할수록 가해자의 양형에 참작된다는 것이다. 심지어 재판부는 단지 진단명뿐 아니라 "얼마나 꾸준히 오랜 기간 다녔는지"를 보기 때문에 피해자들의 고통은 심각하고 장기적일수록 유리해진다.

유진(변호사)　　　　고통에 대한 강조를 안 할 수는 없어요. 왜냐면 어쨌든 판단을 받기 위해서는 그분들이 집중하는 포커스는 고통이고, 고통을 강조해야 이 사람이 처벌을 잘 받고, 민사를 갔을 때도 고통을 강조해야 위자료가 올라가니까요. 고통을 강조할 수밖에 없는 게 현재의 추세예요. 그니까 이제 나는 고통을 감수하지만 당사자한테는 한동안 주의할 건 SNS 많이 하지 마라, 그런 거에 너무 신나 하지 마라. 왜냐면 재판절차 자체가 길기 때문에 그 기간 동안만 좀 참아라. 간혹 젊은 사람들은 내가 왜 참아야 돼요? 나는 피해자인데 나도 살아야 되지 않나요? 하고 물어요. 다 이해한다. 다만 지금 상황에서는 네가 좀 참아라.

변호사 **유진** 역시 고통을 강조해야만 가해자가 "처벌을 잘 받고", "위자료가 올라가"기 때문에 고통을 강조하는 것이 "현재의 추세"라고 말한다. 그래서 **유진**은 피해자들에게 "SNS 많이 하지 마라", "너무 신나 하지 마라"라고 조언하는데, 젊은 피해자들이 "내가 왜 참아야 돼요?"라고 항의하더라도 일단 지금은 참으라고 한다는 것이다. 피해자들은 법적 주체로서 피해를 입었기 때문에 고소를 시작했지만 법정에서 피해자의 고통을 강조할수록 유리해지다 보니 피해자는 원하든 원하지 않든 고통스러워하는 존재로서의 역할을 요구받는 것이다. 따라서 고통스러워하는 피해자의 모습은 재판이 끝날 때까지 유지되어야 하는 바람직한 피해자의 자세로 인식된다.

아래의 판결들은 피해자의 정신과 진단이 재판 결과에 어떻게 반영되는지를 잘 보여준다.

피고인은 애플리케이션을 통하여 만난 피해자를 강간하였다. **피해자는 판결 전 조사에서 피고인의 범행 이후 두려움, 불안, 우울감 등을 느껴 정신과 진료를 받고 있다고 하면서 피고인에 대한 분노의 감**

정 등을 표시하였는바, 피해자는 피고인의 범행으로 인하여 상당한 고통을 겪고 있는 것으로 보인다. 이는 피고인에게 불리한 정상이다. … 피고인을 징역 2년에 처한다. 다만 이 판결 확정일부터 3년간 위 형의 집행을 유예한다.

- 2019. 11. 14. 선고, 수원지방법원 [2019고합460] 강간

피고인이 같은 학교 학생으로서 초면인 피해자와 합석하여 술을 마신 뒤 만취한 피해자를 모텔로 데려가 유사강간한 것으로 죄질이 좋지 않은 점, **피해자가 이 사건 범행으로 상당한 신체적·정신적 고통을 받았고, 학업을 중단하였으며, 외상후스트레스장애로 정신과 치료도 받은 점, 피해자의 부모들도 상당한 정신적 고통을 받은 점**, 그럼에도 피고인은 수사 및 원심 공판 과정에서 피해자가 자신의 성적 접촉에 적극적으로 응하였다는 취지로 변명하면서 피해자에게 2차적인 피해를 주기도 한 점 등은 **피고인에게 불리한 사정이다.** … 원심판결을 파기한다. 피고인에 대한 형을 징역 1년 6개월, 집행유예 2년.

- 2020. 01. 23. 선고, 수원고등법원 [2019노263] 준유사강간

이로 인하여 **피해자에게 치료일 수 미상의 외상후스트레스장애 등의 상해를 입게 하였다.** … 피해자가 이 사건 당일부터 D병원에서 정신적 스트레스에 대한 치료를 받기 시작한 이래 약 4개월이 지난 시점까지

도 여전히 이 사건으로 인한 스트레스 장애를 호소하면서 수개월간 정신과 치료를 받아온 경위 및 그 치료 내역, 피해자가 지속적으로 호소하고 있는 증상 등을 종합하면, 피해자가 겪는 정신적 스트레스는 생리적 기능에 장애를 초래하는 정도에 이른 것으로 봄이 타당하고, 이와 달리 피해자가 겪은 정신적 고통이 일반적으로 범죄 피해자가 일시적으로 받는 스트레스에 불과하거나, 성폭력 범죄를 당한 모든 피해자가 필연적으로 겪는 증상 수준에 그친 것이라거나, 극히 경미한 것으로 굳이 치료할 필요가 없어서 자연적으로 치유되며 일상생활을 하는 데 아무런 지장이 없는 것으로 볼 수 없다. **그러므로 피해자가 입은 정신적인 스트레스는 강간치상죄에서 말하는 '상해'에 해당한다.** 나아가 비록 정신과적 증상이 환자의 소질이나 성격 등 개인적인 특성과 밀접하게 관련되어 발생하는 질환이라는 점을 고려하고, 앞서 인정한 바와 같이 피해자가 **이 사건 이전에 알코올 의존성 증세 또는 남편과의 불화를 원인으로 우울증을 앓아왔다고 하더라도 피해자가 이로 인하여 일상생활에 어려움을 겪거나 정신과 진료를 받은 사실까지는 없고,** 이 사건 이후 피해자가 진단받은 '외상후스트레스장애'와는 진단명 자체가 … 피고인을 징역 2년 6월에 처한다. 다만, 이 판결 확정일로부터 3년간 위 형의 집행을 유예한다.

- 2019. 05. 02. 선고, 제주지방법원 [2018고합178] 강간치상

앞의 [2019고합460]과 [2019노263] 판결은 피해자가 피해 이후 정신적 고통과 외상후스트레스장애 등으로 정신과 치료도 받고 있는 점 등을 피고인에게 불리한 정상으로 보면서 양형에 반영한다. [2018고합178] 판결의 경우 피고인은 노래방에서 피해자와 함께 술을 먹다가 갑자기 욕설을 하며 강간하였는데 재판부는 해당 사건에서 물리적인 폭행이 동반되지는 않지만 "피해자가 입은 정신적인 스트레스는 강간치상죄에서 말하는 '상해'에 해당"한다며 강간치상죄의 유죄를 선고한다. 이처럼 재판 과정에서 피해 이후 피해자의 정신과 진료가 피해의 진정성을 증명하고, 피고인에게 불리한 증거가 되며, 때로는 가해자가 더 높은 처벌을 받는 자료로도 쓰인다는 것은 피해자들과 피해자 변호사들이 더 적극적으로 진단서를 제출하도록 하는 동기가 된다.

성폭력의 법적 해결 과정에서 정신과적 고통이 피해자임을 인정받는 도구로 활용되는 상황에서 문제는 피해자는 병리적 치료가 필요한 존재로 재현되고 피해자의 주체성이나 피해 이후의 다양한 대처 과정과 그 사이사이에서 제기되어야 할 권리 침해의 문제는 은폐된다는 것에 있다. 그리고 외상후스트레스장애와 같은 진단명은 성폭력이 발생하는 배경과 맥락, 그 경험이 각기 다르게 의미화되는 이유, 사건의 해결과 회복을 둘러싸고 제기되어야 할 사회구조적 문제들이나 정치적인 언어들을 축소한다. 물론 성폭력 피해자들이 특정한 시기와 맥락에서 정신과나 심리학

시장으로 간 성폭력

전문의의 도움이 필요할 수 있고 성폭력 피해는 고통을 동반하는 일이다. 그러나 피해 경험의 의미는 고통의 언어만으로 단일화할 수 있는 것이 아님에도 판례들은 이를 특정한 상으로 규정 짓고, 그것을 바탕으로 피해의 진정성을 판단하거나 형량에 반영하는 방식으로 활용하고 있다.

따라서 피해자들은 정신적인 피해를 법적으로 증명받기 위해 더 강한 고통과 더 강한 취약함을 현재화된 형태로 만들어야 된다는 압박을 받게 되고 때때로 고통은 학습되거나, 수행되거나 만들어지면서 피해를 인정받기 위해 다시 스스로를 피해자화하게 된다.

답이 정해진 피해자의 감정

인터뷰이들은 수사·재판 과정에서 피해자에게 부여된 특정한 상에 맞추기 위해 자신의 감정을 관리 또는 조절하거나 때로는 숨겨야 했다.

정희(피해자)　　　　사실 그렇잖아요. 아무리 아픈 사람이어도 계속 아파 보이는 게 아니라 멀쩡해 보일 때도 있고 아파 보일 때도 있듯이, 피해 입은 사람도 똑같잖아요. 피해 입은 게 불현듯 찾아올 때도 있고 잊어버릴 때도 있는데, 맨날 생각하면

죽어요. 근데 검찰 조사 때는 항상 (아픔을) 끄집어내야 그쪽에서 믿어주니까 울지 않으면 안 돼요. 검찰, 경찰 조사 때 안 울면 뭐지 하는 눈빛으로 쳐다봐요. 그러면서 질문이 점점 세져요. 그게 제가 깨달은 것 중 하나예요. 아 조사 때 피해자는 울어야 되는구나. 저는 제가 만나는 피해자들이 경찰 조사를 아직 안 받았다면 울라고 해요. 안 울고 싶어도 울라고. 근데 솔직히 그게 무슨 소용이 있겠어요. 그 사람은 계속 아픈데, 경찰서에서 울어가지고 제대로 조사가 되지도 않고, 제가 봤을 때는 하나의 쇼 같아요. 사법부에 이런 쇼를 해야 된다는 게 … 나중에는 울었죠. 분노가 계속 치밀어요. 경찰한테 분노가 치미는데 화를 못 내니까 울어버리자, 이 생각이 들 때가 있어요. 그러면 눈물이 나는데 그게 아니면 안 울고 끝내잖아요? 그러면 집에 와서 계속 울게 돼요. 아이러니한 게 울고 싶지 않아서 안 울었는데 집에 와서 울게 되는 거예요.

수민(피해자)   (회사가) 미투를 자신들도 지지한다는 식의 얘기를 하기 위해서 그런 쪽에 기사를 내기 시작했어요. 나도 회사에서 이런 일이 있었다고 ○○들이 얘기를 하는 거예요. 가해자는 안 밝히고. 피해자들만 나와서 그렇게 하니까 일종의 보여주기 식이죠. 그렇게 했는데 문제는 기사를 낸 사람 중에 한 명이 리포트를 하면서 이런 사안이 있으면 자기들한테도 제보해주면 좋겠다고 얘기를 한 거예요. 그 사람이 ○○○인데, 문제는 그는 제 사건을 아는 사람이에요. 해결이 안 된 것도 알아요. 그래서 지금 이게 뭐 하는 짓인가 싶어서 제가 그때 사건을 처음부터 끝까지 전부 다 실명으로 썼어요. … (폭로한 이유는) ○○○가 괘씸해서였는데 분노에 가까웠죠. 재판에서는 이 얘기를 하면 안 되더라구요. 재판에서는 다른 피해자가 생기면 안 되고, 정의 구현을 위해 맞섰다고 해야만 된다고 하고, (변호사가) 홧김에 했다고 하지 말라고, 회사의 태도가 마음에 안 들어서 그랬다는 식으로 나가면 안 된다고 하더라고요. 다른 피해자가 생기면 안 된다는 거룩한 마음. 그런 걸 항상 얘기해야 돼요.

피해자 **정희**는 가해자에 대한 고소가 무혐의 처분을 받고 검사로부터 무고로 기소되었는데, 무고의 조사 과정에서 피해자가 늘 아픈 것이 아니고 피해의 힘듦을 "잊어버릴 때도 있"지만 검찰 조사 때는 "항상 (아픔을) 끄집어내야 그쪽에서 믿어주니까 울지 않으면 안" 되었다고 말한다. 사실 조사받을 때 울면 조사가 잘 진행되지 않기 때문에 울어야 하는 상황은 **정희**에게 사법부에 "쇼"를 하는 것처럼 인식된다. 그래서 **정희**는 이러한 쇼를 하게 만드는 경찰한테 화가 나서 울어버리기도 하고, 그때 울지 않으면 이러한 감정의 압박으로 나중에라도 결국 울게 되는 "아이러니한" 상황들을 경험하게 된다. 이처럼 수사 과정에서 **정희**의 감정은 늘 우울하고 슬프고, 진짜 무고한 것이 아니기 때문에 억울해하는 감정 상태로 조절되고 유지되어야 했다.

그리고 **수민**은 직장 내 성추행을 고소했다가 취하했고 몇 년 후 미투운동이 일어났는데, 자신의 사건을 알고 있는 회사 사람들의 미투를 지지한다는 식의 가식적인 행동을 보고 "실명으로" 자신의 피해 사실을 SNS에 공론화했다. **수민**은 "괘씸"한 마음, "분노"에 가까운 감정으로 피해를 폭로했지만 변호사에게서 재판에서는 "정의 구현을 위해 맞섰다고 해야만" 되고 "홧김에 했다"고 하면 안 된다는 말을 들었다고 한다. 법적 과정에서 피해자의 감정은 정해진 답이 있고, 그것에 위반하는 감정을 느껴서는 안 되는 것이다. 물론 명예훼손죄의 위법성이 조각되기 위해서는 공공의 이익 여부를 판단해야 하기 때문에[2] 홧김에 폭로했다고 말하면 불리해질 수도 있다. 그래서 변호사는 현실적인 충고를 한 것일 수 있지만, 이 과정에서 피해자가 느끼는 정당한 분노의 감정은 드러나서는 안 되는 위험한 것이 되어버린다.

이처럼 수사·재판 과정에서 피해자인 인터뷰이의 감정은 특정한 기대에 부합해야 하고, 그 기대에 어긋나면 자신에게 불리하게 된다는 것을 학습하기 때문에 아래의 사례들과 같이 끊임없이 모순적인 상황에 놓이게 된다.

유진(변호사)　　　　이게 아이러니한 게 그렇게 되면 여자는

　　　　　　　　　　　시장으로 간 성폭력

약한 존재다, 이걸 우리 쪽에서 부각할 수밖에 없는데, 요즘 트랜드가 그걸 부각할 수가 … 여자는 강한 존재다라고들 하잖아요. 참 아이러니해요. 저는 이렇게 생각해요. 성범죄에서는 어쨌든 가해자와 여성의 힘 차이가 확실히 존재한다고 생각하는데, 그 힘을 여자가 제어할 수 없다, 이게 물리적인 힘도 있지만 어쨌든 지위라든가 여러 가지 정황상 그거에 대응을 할 수가 없었다. 그리고 나름 표현을 했지만 그게 소극적으로 거절 의사를 표현했던 건데 그렇게 하면 여자가 약한 존재가 되는 거고. 안희정 사건도 똑같은 거예요. 저희는 그렇게 주장을 하면 너 맨날 강하고 똑똑하고 잘난 애라고 하지 않았냐. 사회적인 시선도 되게 아이러니한 거죠.

은주(변호사)　　　　제가 예전에 본 그분은 말을 잘하고, 굉장히 호전적이었어요. 원래는 되게 약하신 분인데, 어쨌든 피해자고 저 사람(가해자)은 저렇게 하는데 내가 정말 강단 있게 해야겠다는 생각이 들어서 하급심에서 증언을 할 때는 씩씩하고 당당하게 말하는 거예요. 저쪽 변호사랑 막 싸우기도 했는데. 저는 항소심에서 무죄가 난 다음에 저한테 상담이 와서 상담을 한 거였는데, 판결문 같은 걸 보면 피해자 캐릭터에 관련한 얘기가 결국은 진술의 신빙성에 관한 거잖아요. 피해자가 자기주장이 확고하고 자기 의사를 얘기할 수 있는 사람인데 당시에는 저항했다거나 폭력적인 상황에 제대로 대응을 못 했다고 하니 이질적으로 보인 거죠. 오히려 이 사람의 진술이 신빙성이 떨어진다는 생각이 드는 거예요. 그런 오해를 할 수 있으니 오히려 그 판단하는 사람들이 흔히 생각하는 통념에 맞추는 행동을 해야 되는 거죠. 그게 피해를 인정받을 수 있는 전략이고 방식이니까. 그래서 너무 말을 잘하거나 너무 씩씩한 분들은 오히려 걱정이 돼요. … 지고 싶지 않다는 생각에 세게 말하는데 그게 오히려 불리하게 작용한 거죠.

변호사 **유진**은 사법절차 과정에서 여전히 "여자는 약한 존재"라는 걸 강조할 수밖에 없지만, 최근 "여자는 강한 존재"라는 이미지가 강해지면서 혼란스러워진 피해자에 대한 인식을 지적한다. 성폭력의 상황에서 물리적·신체적 힘뿐 아니라 다양한 사회적 지위 등으로 인해 피해자는 "소극적으로 거절 의사를 표현"할 수밖에 없지만 그렇게 소극적으로 표현하면 "약한 존재"가 되어버리고, 그러면 수사·재판 과정에서 "강하고 똑똑하고 잘난 애라고 하지 않았냐"고 반박당한다는 것이다. 이러한 현상과 관련하여 변호사 **은주**가 지원했던 사건 중에 피해자는 "원래는 되게 약하신 분"이었지만, 재판에서는 "강단 있게 해야겠다는 생각이 들어서", "씩씩하고 당당하게" 증언했다고 한다. 그러나 법정에서는 "자기주장이 확고"해 보이는데 피해 당시에는 "제대로 대응을

시장으로 간 성폭력

못 했다"는 것이 "이질적으로" 보이게 했고, 결국 진술의 신빙성을 떨어뜨려 항소심에서는 가해자에게 무죄판결이 났다고 한다. 이러한 경험을 한 후 **은주**는 피해자가 "너무 말을 잘하거나 너무 씩씩"하면 걱정을 하게 되는데, "통념에 맞추는 행동"을 하는 것이 "피해를 인정받을 수 있는 전략이고 방식"이며 지고 싶지 않은 피해자의 당당한 행동들이 법정에서 오히려 불리하게 작용하기도 한다고 평가한다.

은주는 피해자가 약한 모습을 보여야 하는 것을 기존 통념에 부합하는 전략으로 설명하고 있지만, 해당 사례는 법적 공간에서 피해자가 처한 모순된 상황을 보여준다. 20대였던 피해자가 생각하는 법적 고소는 자신의 권리를 객관적으로 주장하는 것이고, 그래서 본래의 성격과 달리 씩씩하게 증언을 하기 위해 노력했던 것으로 보인다. 그러나 재판부는 가해자의 행위보다 피해자 진술의 신빙성에 초점을 두고 약하기 때문에 피해를 받았다면서 씩씩하게 증언하는 피해자의 모습을 의심스러운 행동으로 파악한 것이다. 즉 피해자들은 스스로를 법적 주체로서 인식하고 그에 걸맞은 언행을 하기 위해 노력하지만 재판부는 피해 상황에서 피해자가 처할 수밖에 없었던 무력함과 법적 공간의 주체로서 피해자의 모습이 공존할 수 있다는 것을 인정하지 못하고 있다. 이는 앞에서 살펴본 것과 같이 주체적인 여성은 피해자가 될 수 없다고 생각하는 인식을 반영하고 있는 것으로 보인다.

따라서 진짜 약해서가 아니라 진술의 신빙성을 의심받지 않기 위해 약한 여성처럼 보여야 되거나, 법적으로 인정되는 감정을 선별적으로 취해야 하는 모순들은 사회적 약자로서의 여성과 권리의 주체로서 여성을 양립불가능한 것으로 위치 짓는다. 이처럼 법적 공간에서 이른바 피해자다움을 거부하는 피해자들의 주체성이 무시됨으로써 나타나는 모순들로 인해 피해자는 재피해자화되기도 한다.

통제하기 어려운 금전적 보상 과정

성폭력 피해자들은 법적 해결 과정에서 의도치 않게 여러 소송을 지속하게 됨으로써 각종 소송비용, 경력 단절로 인한 생계 유지의 어려움, 치료 비용 등이 발생하기도 한다. 따라서 이에 대한 경제적 보상*은 중요한 쟁점 중 하나지만, 피해자는 이 과정을 통제하기 어렵다. 피해자들은 개인적인 형사합의[3]를 넘어 사

---

* 국립국어원 표준국어대사전에 따르면, 보상은 남에게 끼친 손해를 갚거나 국가 또는 단체가 적법한 행위에 의하여 국민이나 주민에게 가한 재산상의 손실을 갚아주기 위하여 제공하는 대상을 말한다. 배상은 남의 권리를 침해한 사람이 그 손해를 물어주는 일을 말한다. 따라서 보상보다 배상이 더 불법적 행위성이 강조되지만, 이 책에서는 정확한 구분이 필요할 때 의미에 맞게 사용하거나 같이 서술하기도 하였고, 맥락에 따라 인터뷰이들이 표현한 대로 서술하기도 하였으나 일반적 기술에서는 더 광범위한 의미로 사용되는 보상이라는 표현을 사용하였다.

법절차 안에서의 공식적인 보상을 선호하는 경우가 많은데, 현재 민형사상 성폭력 피해자가 가해자에게 금전적 보상/배상을 받을 수 있는 제도 및 간략한 특징은 아래와 같다.

<표 7> 성폭력 피해에 대한 민형사상 보상/배상제도[4]

유형	형사			민사상 손해배상청구
	형사합의·공탁	가해자 손해배상제도		
		배상명령	형사조정	
실행 시기	수사재판 중	가해자 유죄판결 후	기소/불기소 전	가해자 유죄판결 후
감형 여부	○	×	○	×
지급 시기	즉시	불이행시 강제집행	즉시	불이행시 강제집행
금액	높은 편	낮은 편	낮은 편	낮은 편

〈표 7〉처럼 성폭력 피해 보상의 각 절차와 제도는 장단점이 있다. 형사합의·공탁과 형사조정은 승인 즉시 보상/배상금을 받는 편이지만 감형의 사유가 된다. 반면 배상명령과 민사상 손해배상청구는 감형에는 직접적인 영향을 미치지 않지만 가해자가 유죄판결을 받은 이후에 가능하고, 지급할 수 있는 경제적 능력이 없다면 가압류 등의 강제집행을 명령한다고 해도 받지 못할 수 있다. 그러나 다른 절차들에 비해 형사합의·공탁은 상대적으로 높은 금액이 제시되기 때문에 금전적 보상을 원하는 피해자에게는 긍정적인 측면이 있다.

민수(변호사)　　　　　합의의 가장 큰 장점은 돈을 실제로 받는다는 거예요. 배상명령이나 민사소송은 어쨌든 법으로 할 수 있는 최선이 돈을 주라는 판결을 명하는 것까지만이고 돈을 실제로 가져와서 전달해줄 수는 없어요. 그걸 한 방에 해결해줄 수 있는 건 현재 법제도상 불가능하기 때문에 아무리 강제집행이 가능한 판결을 선고하더라도 배 째라고 나오면 별도의 강제집행 절차를 거칠 수밖에 없어요. 그러니 돈을 실제로 받는다는 점이 합의의 가장 큰 장점인데, 그걸 강제할 수는 없죠.

경희(변호사)　　　　　물론 이 과정에서 피해자의 의사가 제일 중요한 거 같아요. 피해자가 손해배상을 받을 수 있기 때문이죠. 현실적으로 가해자가 경제적 자력이 전혀 없으면 민사 판결문을 받아도 공수표인 거예요. 집행할 게 없고 앞으로도 자기 명의로 재산을 만들지 않으면 현실적으로 그 판결의 의미가 없는 거거든요. 근데 형사합의는 빠르고 금액이 높다는 거예요. 그리고 빨리 받을 수 있다는 거. 형사합의를 원하는 피해자들도 분명히 있어요. 이게 나쁜 것만은 아니에요. 물론 문제가 되는 건 합의를 종용하거나 가해 수준에 이를 정도의 협박인데, 그런 거 아니고서는 피해자도 충분히 자발적이고 임의적으로 하고 싶어 한다면 이거(형사합의)는 그냥 둬야 되지 않을까요. 피해자가 피해를 회복하는 데 경제적인 걸 무시할 수 없으니까요. 뭘로 피해자를 회복시킬 거예요. 원상회복이 불가능한데 이런 문명국가에서 회복할 수 있는 건 금전배상밖에 없거든요. 손해배상은 금전배상이 원칙이에요. 원상회복이 불가능하니까. 지금은 합의금액도 높아졌어요. 어제 만난 사람은 불법촬영 피해자인데, 1회였어요. 물론 성관계 영상이었지만 8,000만 원에 합의했어요. 가해자가 잃을 게 많은 애였는데, 예전에는 상상할 수도 없던 금액이잖아요. 1회성의 불법촬영 손해배상청구 해봤자 1,000만 원도 안 나와요.

변호사 **민수**는 배상명령이나 민사소송은 "돈을 주라는 판결을 명하는 것까지만"이고 가해자가 이에 불복하면 법원이 돈을 직접 줄 수는 없기 때문에 "강제집행 절차를 거칠 수밖에 없"고, 따라서 형사합의는 "돈을 실제로 받는다"는 "장점"이 있다고 말한다. **경희** 역시 그 부분을 강조하는데 "가해자가 경제적 자력"이 없을 경우 민사상 판결이 나와도 소용이 없다는 것이다. 하지만 "형사합의는 빠르고 금액이 높다는" 점에서 피해자가 원한다면 실익이 있다. 특히 원상회복이 어려운 범죄에서 손해배상의 원칙은 금전적 배상이고 더군다나 최근에 **경희**가 지원한 사례에서 디지털 성폭력 피해자가 8,000만 원에 합의한 경우가 있었는데, 이처럼 형사합의의 금액은 높아지는 경향을 보인다.

한편 배상명령제도는 법원이 형사사건 또는 가정보호사건

재판에서 유죄판결을 선고할 때, 피해자가 신청할 경우 가해자에게 범행으로 인해 발생한 직접적인 물적 피해, 치료비, 위자료의 배상을 명령하는 제도[5]이다. 이 제도는 유죄판결과 동시에 범죄행위로 인하여 발생한 직접적인 물적 피해 및 치료비 손해의 배상을 명하거나, 피고인과 피해자 사이에 합의된 손해배상액에 관하여 배상을 명하기 때문에 피해자가 민사 등 다른 절차에 의하지 않고 형사재판 절차에서 간편하게 배상받을 수 있다. 배상신청은 민사소송에서 소의 제기와 동일한 효력이 있고 강제집행도 가능하나 법원이 배상신청을 각하할 경우 이에 대해 불복할 수 없다.[6] 그러나 이러한 배상명령제도는 성폭력 피해자들에게 적극적으로 활용되지 못하고 있다. 위 변호사들이 언급한 대로 법원의 명령에 응하지 않거나 가해자가 그럴만한 재산이 없는 경우에는 무용지물이기 때문이다.

위와 같은 배상제도들 중에서 인터뷰이들이 자주 언급한 것은 형사조정제도다. 형사조정제도는 사기·횡령·배임 등 재산범죄사건과 의료·명예훼손, 지적재산권 침해범죄 등의 형사사건에 대하여 검찰청에 설치된 형사조정위원회에서 피해자와 가해자의 원만한 합의로 분쟁을 조정해 실질적인 피해 회복과 화해를 도모하는 제도[7]로 2006년 4월부터 시범 실시되었고 2007년부터 전국 모든 검찰청에서 실시하고 있는데, 이는 범죄피해자 보호법과 그 시행령에 법적 근거를 두고 있다. 성폭력 사건의 조정의뢰와 조

시장으로 간 성폭력

정성립 비율은 높은 편인데, 2011년 기준으로 과실치사상사건이 66.7%로 가장 높고, 그다음이 성폭력 사건으로 66.4%이다.[8]

기존 형사합의는 피고인의 관점에서 피해 회복을 위한 노력의 형태로 평가되어왔고, 피해자의 피해 회복 내용과 결과는 주요하게 고려되지 않았기 때문에 한계가 존재했다.[9] 따라서 금전적 보상뿐 아니라 피해자의 선택권을 높일 수 있는 다양한 요구사항이 관철될 수 있는 공적인 제도의 일환으로서 형사조정제도는 형사합의의 문제점을 보완할 수 있을 것으로 기대되는 측면이 있었다. 그러나 최근 실제 형사조정의 현장은 가해자에게 사과를 받거나 다른 선택지들을 높이는 과정이라기보다 아래의 사례처럼 합의 금액을 흥정하는 과정이 되기도 한다.

경희(변호사)　　　　　　형사조정으로도 합의가 되는 경우가 있어요. 일단 피해자와 가해자의 출석이 원칙이에요. 그 과정 자체가 되게 어색해서 저는 출석하지 말라고 해요. 안 해도 돼요. 전화만 받아라. 왜냐면 현장에서 조정위원이 전화로 전달해주면 생각해보겠다고 하면 되니까요. 조정에 가는 피해자들 대부분은 만족하기 어렵고 오히려 조정에 가서 합의의사가 사라지는 경우가 많은데 조정위원들 때문이에요. 이 할아버지들이 성인지감수성이라고는 … 성인지가 아니라 아예 감수성 자체가 없어요. 오자마자 얼마, 얼마, 흥정을 하는 거예요. 근데 피해자는 그게 아니잖아요. 물론 돈도 중요하지만 내가 마치 돈을 바라고 고소한 것처럼 취급당하고, 그게 무슨 그 정도 금액이냐고 말한단 말이에요. 피해자 입장에서는 황당하죠. 저희 변호사들은 그런 걸 많이 보니까 사실 조정에 대한 신뢰가 없어요. 그리고 검사 입장에서는 사건을 털 수 있는 합법적인 수단이 돼버린 거죠. 그리고 가해자는 인정하면 사실 쉽죠. 인정하고 조정하면 대부분 혐의없음으로 처리해줘요. 아니면 가벼운 벌금 … 불기소로 하고, 사안이 불기소까지 어렵다고 하면 기소유예나 가벼운 약식벌금 정도. 다 불기소 되는 건 아니에요. 어쨌든 조정이라는 합법적인 수단을 통해 협의했다는 그런 의미를 주는데, 그 조정이 사실 성범죄에는 어울리지 않는 절차예요. 매우 안 어울리는 거 … 그럼 돈이라도 많이 주냐 그것도 아니에요. 우리는 다 안 해요. 저는 많이 거절해요. … 그리고 가끔 가해자랑 피해자가 만나게 되는 경우도 있고요.

변호사 **경희**는 피해자들이 "조정에 가서 합의의사가 사라지는 경우가 많은데", 조정위원들 대부분은 "감수성 자체가 없"고 "오자마자 얼마, 얼마, 흥정을" 한다고 말한다. 피해자가 "돈을 바라고 고소한 것처럼 취급"되면서 피해의 정도에 따라 "그게 무슨 그 정도 금액이냐"라면서 피해의 정도를 판단한다는 것이다. 이러한 상황에서 형사조정은 "검사 입장에서는 사건을 털 수 있는 합법적인 수단이" 되어버렸고 가해자는 혐의없음 등의 가벼운 처벌을 받기 때문에 유리한 경우가 많다는 것이다. 즉 **경희**는 형사조정을 통해 피해자는 돈도 많이 받지 못하고, 조정 과정에서 가해자와 만나게 되기도 하고, 심지어 가해자가 감형까지 받기 때문에 성범죄에는 "어울리지 않는 절차"라고 강조한다. 아래의 인터뷰이 역시 형사조정에 부정적인 입장을 표한다.

선아(피해자)　　　　　(검사가) 합의할 마음이 있냐. 다시 한번 확인한다. 있냐고 또 연락이 와서. 왜냐면 그런 기회를 줘야 되니까 그런 거겠죠. 저는 그때 한 번 마음이 흔들리기도 했고 변호사도 그런 안내를 해줬고. 어쨌든 제가 선택을 해야지 변호사가 뭘 권할 수는 없으니까 말을 아끼더라구요. 변호사가 확실하게 얘기를 해줬으면 했는데 나중에 생각해보니 합의해서 합의금을 받는 게 저한테 훨씬 실리적일 수 있으니까 그럴 수 있죠. 어쨌든 그럴 때마다 고민을 했죠. … 그게 마지막 자존심이었던 거 같은데, 소송을 하기 마지막까지 꺼려지고 두려우면서 오래 걸렸던 이유가 내가 한몫 잡는다는, 사실 꽃뱀론 때문이죠. 그게 사회에 깔려 있으니까 … 돈도 이미 많이 썼으니 합의금을 받을 수도 있는데, 퉁쳐져서 그렇게 해석되는 것이 싫고 그런 걸 남겨놨다가는 정말 견딜 수 없을 거 같고, 이미 심리상담이니 뭐니 해서 제 돈을 썼지만 … 또 하나는 가해자에 대한 처벌이 약화될 수 있잖아요. 검사가 그 질문을 했을 때 그런 얘기를 했던 거 같아요. 기소유예 정도로 끝날 수도 있다 … 진짜 민사를 같이 하길 잘했다는 생각을 많이 했어요, 시간이 점점 갈수록. 정말 형사는 제가 들이는 품과 모든 것에 비해 너무 허무하고 그 돈(가해자의 벌금)이 저한테 오는 것도 아닌데 저는 국가를 위해서 일을 해주고.

　동종 업계 내 선배에게 성추행 피해를 입고 대책위를 꾸리는 등 공동체에서의 해결을 모색했지만 가해자가 교육이수 권고를 이행하지 않자 결국 고소를 결심한 **선아**에게 검사는 수사 과정에서 재차 형사조정의 의사가 있는지 물었다. "합의금을 받는 게 저한테 훨씬 실리적일" 것이라는 판단을 하면서도 결국 합의를 하지 않은 이유는 "마지막 자존심"이었다고 말한다. 물론 그간 쓴 돈을 생각하면 합의금을 받는 것이 나쁘지는 않지만, 꽃뱀으로 "퉁쳐져"버릴까 봐 걱정이 되었고 더군다나 합의를 하면 가해자의 처벌이 "기소유예 정도로 끝날 수도 있다"는 말을 들었기 때문이다.[10] **선아**는 결국 형사조정을 거부했고 가해자는 약식기소가 되어 벌금 300만 원의 형을 받았다. 그리고 이후 민사소송을 진행했는데 "형사는 제가 들이는 품과 모든 것에 비해 너무 허무하고 그 돈(가해자의 벌금)이 저한테 오는 것도 아니"기 때문에 "민사를 같이 하길 잘했다"는 평가를 내린다. 여기에서 **선아**에게 형사조정은 금전적 보상을 받기 위해 가해자의 법적 처벌을 포기하는 것으로 인식되는 한편, 형사과정을 끝까지 거쳐 비록 벌금형이지만 유죄판결을 받은 후 다시 제기한 민사소송은 좀 더 정당한 것으로 인식되고 있다.

그러나 한편 아래의 인터뷰이는 성폭력 피해에 대한 민사상의 손해배상에 여전히 존재하는 왜곡된 통념을 지적한다.

> 정희(피해자)　　　　사람들이 성폭력 피해자는 분명히 돈을 노리고 한 것이라고 해요. 제가 그 얘기를 처음부터 들었기 때문에 그 말에 더 민감한 걸 수도 있는데 다른 성폭력 피해자도 만약에 민사 손해배상으로 돈을 받잖아요. 그러면은 저 봐, 돈 받으려고 그런(고소한) 거야 다 그렇게 얘기가 나오거든요. 근데 사실상 그 돈이 큰돈도 아니에요. 몇백만 원이거든요. 그 몇 년 간의 상처를 몇백만 원으로는 치유가 안 돼요. 사실 마이너스란 말이에요. 그걸 몰라요 사람들이. 그냥 눈앞에 있는 숫자에만 연연해 가지고. 아 800만 원 때문에? 600만 원 때문에? 다 그렇게 얘기를 하더라구요. 저는 이 시선을 바꾸고 싶어요.

정희는 가해자의 무고 역고소뿐 아니라 민사소송도 진행하고 있었는데, 그 과정에서 성폭력의 금전적 손해배상에 대한 인식들을 경험한다. 이미 그간의 수사·재판 과정에서 "피해자는 분

명히 돈을 노리고 한 것"이라는 말을 들어왔던 정희는 민사상 손
해배상으로 돈을 받는다 해도 "돈 받으려고 그런(고소한) 거야"라
는 이야기가 나오게 된다고 말한다. 그러나 그렇게 "큰돈도" 아니
고, "몇 년간의 상처를 몇백만 원으로는 치유가 안" 되는 것임에
도 불구하고 사람들은 "숫자에만 연연"한다는 것이다.

　이처럼 성폭력 피해에 대한 금전적 보상의 과정에서 피해자
는 흥정되는 피해 금액, 합의와 감형 사이에서의 갈등, 숫자로 환
산되는 피해의 정도, 의심받는 피해의 진정성 등 속에서 상황에
따라 때로는 형사에서, 때로는 민사에서도 금전적 보상/배상의
공간과 의미를 통제하기 어렵고 오히려 이로 인해 또 다른 방식
으로 피해자화되는 경험을 겪고 있다.

　형사절차에서 피해자들은 피해 회복을 위하여 가해자의 잘
못을 인정받으려는 '정의의 경험'을 요구한다. 이는 형사처벌이
나 형사합의 과정에 모두 적용되며 형사합의 과정에서 가해자의
진지한 반성과 물질적 배상을 요구하는 것은 정의의 경험에 대한
피해자의 요구들이다.[11] 수사·재판 과정에서 피해자들의 이러한
정의에 대한 요구는 피해의 인정을 위한 자기정당화의 요구들
이기도 하지만 법적 절차 속에서 피해자는 그 요구들의 의미와
이행 과정을 통제할 수 없게 되면서 피해자의 위치는 흔들리게
된다.

　위에서 살펴본 바와 같이 성폭력의 법적 해결 과정에서 피

해자들은 수사·재판 과정에서는 고통을 입증하기 위해 고통을 '수행(performance)'하거나, 감정과 행동을 관리해야 했다. 더불어 적절한 금전적 보상/배상도 받으면서 그 배상이 의미 있는 것으로 구성되기를 원했지만 그 과정을 통제하기 어려웠다. 그리고 재판부는 피해 상황에서 피해자가 처할 수밖에 없었던 무력함과 법적 공간의 주체로서 피해자의 모습이 공존할 수 있다는 것을 인정하지 않았는데, 이러한 과정들 속에서 피해자는 스스로를 '재피해자화'함으로써 피해자의 위치를 지켜내야 했다.

#3

역전되는 피해자의 위치성과 법적 종속화

역고소에 맞서는 피해자의 위치성

성폭력 피해자는 피해 이후 사건의 해결을 위한 방법으로 개인적으로 사과를 받기 위해 노력하거나, 조직 내의 신고 절차를 밟거나, 경찰에 고소하거나, 때로 이 모든 것이 여의치 않으면 미투운동과 같은 'speak out', 일명 폭로나 공론화의 방식으로 문제를 제기하기도 한다. 그러나 가해자는 이 과정에서 무고, 명예훼손 등의 역고소를 통해 피해자에 대한 주변인들의 지지를 막고, 피해자의 대응을 무력화하거나 보복의 일환으로 활용하고 있다.[1] 이때 역고소는 무고에 대한 남성중심적 의심을 바탕으로 법시장에서 기획되는 상품일 뿐만 아니라 성폭력 가해자가 될 수도 있는 리스크를 관리하기 위한 '자기-경영' 방식 중 하나다.

그중에서도 성폭력 명예훼손 역고소는 가해 사실을 부인하고, 가해자에게도 인권이 있음을 환기시키고 피해자 증언의 신빙성을 흔드는 효과를 만들어왔다.[2] 이에 더하여 명예훼손 역고소는 가해자가 자신의 사회적 위치를 유지하기 위한 평판 관리의 일환으로 활용되고 있다.

은정(피해자)　　　　　목사님들을 불러다 놓고, 저거(피해자가) ○○○라고. 저랑 엄마랑. ○○○라고 말하는 게 제일 빠르잖아요. 그렇게 말하면 우리는 교회에서 고립될 테고, 쟤네는 이단이라 이 교회를 흔들고 담임목사를 흔들러 왔어. 너무 쉽게 저희를 교회에서 배척할 수 있는 가장 좋은 방법이잖아요. … 쟤(피해자) 때문에 내가 피해를 봤다, 쟤가 날 끌어내리려고 그런 거다, 목적을 가지고 온 거다, 그걸 계속 주장하고. 처음에도, 그날 당일 찾아갔을 때도, 이건 자기가 분명히 밝히겠다. 무슨 의도로 무슨 목적을 가지고 왔는지 자기가 밝히겠다고.

보라(피해자)　　　　　(가해자가 역고소한 이유는) 자신의 가해 사실을 인정하지 않으려고요. 저는 그걸 가해자 지인이자 상사였던 사람을 만나면서 알았어요. 이 사람의 태도가 어떤 건지 그때 파악했는데, 공개적인 사과를 못 하겠다고 해서 그 이유를 물어봤어요. 그랬더니 공개적인 사과를 하게 되면 자기가 했던 사실을 인정하는 꼴이, 자기 지인들한테 인정하는 꼴이 된다는 거죠. 그러니까 저는 그때 그걸 어떻게 파악했냐면, 걔가 나를 주변 사람들에게 이미 미친년으로 만들어놨는데, 자신의 가해

사실을 인정하게 되면 스스로 거짓말쟁이밖에 안 되잖아요. 그래서 그걸 하기 싫었던 거예요. 개인적으로 만나서는 자기가 잘못했고, 그때의 잘못을 인정한다고 이야기했어요. 개인적으로 만나서는 어떤 사과라도 하겠다, 그런데 공개적인 사과는 못 한다는 거였어요. 자기 지인들에 대한 사회적인 평판, 자기가 거짓말쟁이라는 것을 자인하는 꼴, 죽어도 하기 싫었던 거죠.

은정은 담임목사의 성추행에 대해 사과받으려고 어머니와 함께 장로님과 목사님이 있는 자리에서 사과를 요구했는데, 어머니가 명예훼손으로 역고소를 당했다. 이때 **은정**의 가해자는 피해자와 어머니가 "이단"이기 때문에 본인을 음해할 "의도"로 성폭력을 꾸며낸 것처럼 주장했다. 가해자는 피해자와 어머니를 "담임목사를 흔들러" 온 존재로 묘사하는데, 이때 명예훼손 역고소는 "이단"으로부터 교회를 지키기 위한 목사의 이미지를 구축하기 위해 활용된다.

보라는 가해자가 자신에게 수많은 역고소를 진행한 이유는 "가해 사실을 인정하지 않으려"는 행동이었다고 생각한다. "개인적으로 만나서는 어떤 사과라도 하겠"지만 "공개적인 사과는 못 한다"는 것이었는데 이것은 "지인들에 대한 사회적인 평판" 때문에 "죽어도 하기 싫었던" 것으로 이해된다. 이처럼 평판 관리로서의 역고소는 나름 사회적 위치가 있었던 가해자들에게 자기 경영의 일부로서 실행되고 활용되고 있는데, 피해자들의 피해 경험을 불법으로 만들어내는 이들의 역고소는 피해자에 대한 보복과 위축, 입막음의 효과를 가져온다.

찬희(피해자)　　　　　(기존 역고소의 의미가) 역으로 고소한다. 가해자 주제에 네가 뭔데. 이런 맥락들이 있는 거라면 저는 거기에 더 담아서 '여러 사법 시스템으로 조지겠어.' 이런 맥락의 의도까지 포괄해야 한다고 생각했고, 특히 SNS가 발달하면서 폭로 이후에 나오는 역고소의 패턴들은 분명히 보복의 의도가 있거든요. 입을 틀어막고, 그다음에 모든 것을 끊어버리는. 말의 씨를 끊어버리는 맥락으로 가고 있어서 저는 좀 강한 워딩이 필요하다고 생각을 했어요.

인경(활동가)　　　　　일단 너무 힘든 데다 시간적으로, 개인적으로 해야 되고. 제일 큰 문제는 위축되는 거죠. 그런 나 자신이 두렵더라고요. 그러지 않으려고 노력하지만 위축돼요. 절차상의 서류 같은 거라도 잘 해놔야 된다. 이런 것들도 있고 … 다른 지역의 모 ○○○은 중요한 성희롱 사건이 있어서 조사를 했는데, 이게 사실은 조례나 이런 것도 해석의 문제가 있는데, 우리는 피해자를 구제하는 쪽으로 해석하려고 하잖아요. 근데 무리하게 안 하는 쪽으로 해석을 하면서 이 조사를 방해하는 거예요. 우리 조례에 따르면 조사 범위가 아니라는 식으로 말하는데, 누가 그러는데 (내 사건)같이 휘말릴까 봐 몸을 사리는 행동이라고 해석을 하더라고요.

은정(피해자)　　　　(역고소 당한 후에) 주변 사람들도 같이 말섞는 것을 굉장히 부담스러워하고, 뭔가에 대해서 나도 저렇게 고소당하는 거 아니야? 그러면서 우리에 대해서 말하는 것도 무척 껄끄러워하고 … 그러니까 말을 안 하게 되고. 그렇게 지내다 보면 그 결과가 나기까지 한 3, 4개월 지나잖아요. 이렇게 시간이 흘러버리고 사람들 사이에서 잊히다가 조용히 묻혀버리는 역할을 하는 것 같아요.

보라(피해자)　　　　그때 저는 방어적인 경험을 굉장히 많이 했어요. 제 주변인들이 갑자기 입을 닫거나, 모르는 척하거나. … 너무 진흙탕이어서 드럽잖아, 이런 얘기도 들었어요, 제 사건이 너무 진흙탕이고 지저분한 사건이라는 얘기를 듣는 순간, 내 사건이 그렇게 보이는 것에 충격을 받았어요. 가해자의 의도가 그대로 들어맞았구나. 그러니까 건드리고 싶지 않은 사건이 되었다는 피드백을 몇 명으로부터 들었고, 그래서 그걸 바탕으로 제 지인들이 침묵하는 것에 대해 해석을 했고 저도 방어적으로 행동을 하게 된 거죠.

강간과 스토킹으로 고소한 가해자에게 4년여에 걸쳐서 형사 명예훼손, 모욕, 강요, 협박, 위증, 무고로 역고소 피해를 입었고 현재 개인적으로 피해자들을 돕는 활동을 하고 있는 **찬희**는 가해자들의 역고소가 보복성이라는 것을 강조해야 한다면서 최근 SNS를 통한 공론화가 많아지는 상황에서 이에 대한 "역고소의 패턴들은 분명히 보복의 의도"가 있다고 강조한다. 가해자들은 역고소를 통해 피해자의 "입을 틀어막고", "말의 씨를 끊어버리는" 방법으로 "여러 사법 시스템으로 조지겠"다는 의지를 가지고 있다는 것이다. 그리고 공공기관의 사건처리 담당자라는 이유로 가해자에게 민사소송을 당한 **인경**은 역고소를 당하면서 "위축"되고 "자신이 두렵"다고 호소한다. 또한 해당 사건으로 인해 다른 지역이나 유사기관에서 "무리하게" 성희롱으로 판단하지 않는 현상이 일어나고 있다는데, 이러한 연쇄 반응들은 본인처럼 가해자의 소송에 "휘말릴까 봐 몸을 사리는 행동"이라고 해석하고 있다.

더불어 **은정**은 주변인들도 가해자에게 고소당할까 봐 몸을 사렸다고 말하는데, 가해자의 역고소는 "시간이 흘러버리고 사람들 사이에서 잊히다가 조용히 묻혀버리는 역할"을 하고 있다고 말한다. 특히 **보라**는 주변인들이 본인의 사건을 "너무 진흙탕이고 지저분한 사건"으로 생각하면서 "침묵"하는 상황들을 보게 되었다고 말한다. 그 과정에서 무차별적인 역고소를 진행한 "가해자의 의도가 그대로 들어맞았"다는 것을 깨닫고 그 이후부터는 "방어적으로 행동"하게 되었다는 것이다. 이처럼 가해자의 역고소는 피해자의 문제제기에 대한 일종의 보복이자 피해자 주변인들의 지지를 끊어버리면서 피해자를 철저히 고립시키고 위축시키는 효과를 가져온다.

이러한 가해자의 역고소들은 피해자를 전과자로 만들어버리는 위험에 노출시킴으로써 가해자와 피해자의 위치가 역전되기도 한다.

정희(피해자)　　　　혹시 누가 뒤에서 개입한 건가 하는 생각까지 드는 거예요. 근데 저는 뭐 그냥 일반인인데, 만약에 누군가 개입되어 있다면 어떻게 싸우겠나 하는 생각까지 들고. 이 싸움에서 이길 수 없는 게 확실하다면 결국엔 유죄 처리가 나고 민사에서도 돈을 줘야 될 텐데 전 줄 수가 없고. 안 좋은 생각, 희망이 안 보이는 그런 생각을 많이 하게 되네요.

은정(피해자)　　　　딸이 그렇게 당하고 온 것도 너무 화나고 충격적이고, 엄마니까 당연히 마음이 쓰이고 아프잖아요. 그래서 스트레스를 받는데, 거기에 고소 건이라는 어떤 법적인 걸로 불려 다니면서 뭔가 잘못되면 전과 하나 생기는 건데, 그런 걸로 심리적인 압박과 스트레스를 계속 받고, 그렇게 하니까 범죄자 취급당하는 것도 되게 기분이 나쁘잖아요, 사실은 … 괜히 그렇게 해서 법적인 문제로까지 되고 있는데 명예훼손으로 전과 기록이 남아서 좋을 게 없잖아요.

보라(피해자)　　　　오히려 가해자들은 역고소를 시작하면서부터 기고만장이거든요. 전세가 완전히 역전되는 거죠. 피의자와 피해자의 위치가 바뀌는 거잖아요, 역고소의 그 과정이. 가해자의 위치가 되는 거죠. 그리고 이후의 처분 결과에 대해서도 가해자들이 왜곡하고 악용할 여지가 많아지는 거죠. 사실 고소가 시작되면 사회적인 결과든 법적인 결과든 대부분 가해자들에게 유리하게 해석되고 전파돼요. 그렇기 때문에 사실적시 명예훼손이라는 것은 피해자한테 절대적으로 불리하죠. 실제로 폭로한다거나 실제 직장 내에서 제소를 하는 것만으로도 명예훼손으로 걸리잖아요. … 그런 정보가 더 많이 공유될수록 피해자들이 더 망설이게 되는 거잖아요. … 가해자들이 명예훼손 고소를 하면서 태도가 돌변하더라고요. 형사고소를 하면서 자기는 떳떳하니까 명예훼손 고소를 한다는 거죠. 그러니까 명예훼손이 사실, 진짜 말 그대로, 사실관계 여부와 상관없이, 폭로자들의 피해 사실의 여부와 상관없이 그냥 실명을 거론하거나 아니면 누구를 지목할 수 있는 정보를 넣어서 그 사람에 대한 글을 올렸을 때에는 다 명예훼손에 해당되는 거예요. 그런데 마치

시장으로 간 성폭력

이걸 자신이 떳떳하다는 것의 근거로 이용하기 위해 명예훼손 고소를 하고.

2심까지 무고 유죄판결을 받았던 **정희**는 "결국 유죄 처리가 나고 민사에서도 돈을 줘야" 되는 상황을 걱정하고 **은정**은 본인 때문에 엄마가 "잘못되면 전과 하나 생기"고 "범죄자 취급"을 받을까 봐 걱정했다. 특히 **보라**는 "가해자들은 역고소를 시작하면서부터 기고만장"하고 태도가 완전히 바뀐다고 말하는데 그때부터 "전세가 완전히 역전"된다는 것이다. 그리고 가해자와 가해자 측 법인은 "피해자의 위치가", "가해자의 위치가" 됨으로써 오는 효과를 "악용할" 것이고 다른 피해자들도 고소나 공론화를 "망설이게" 될 것이라고 우려한다. 이러한 상황에서 수사·재판 과정에서 피의자·피고인이 된 피해자들에게 법은 더 이상 의지할 곳이 되기 어렵다.

> 정희(피해자)　　　　　근데 대질신문할 때도 차분하게 얘기를 해야 된다고 해서 그렇게 했더니 성추행 피해자 같지 않다. 그래서 무고를 좀 받아야겠다 … 그런 거 생각하기도 힘든데, 어떻게 내가 증거를 수집하겠어요. 제가 그 정도로 철두철미하게 증거를 수집할 수 있었으면 여기까지 오지도 않았겠지만, 제가 또 그렇게 증거 수집했으면 검찰이나 판사님은 뭐 이상하게 생

각했을 거 아니에요. 무고하려고 작정한 거 아니냐, 그러지 않겠어요? 어느 장단에 맞춰야 하는지 모르겠어요. 증거는 다 수집하되 피해자처럼 수집을 해야 되는 건지, 그게 뭔지도 모르겠고 솔직히 … 가해자 쪽에서는 나한테서 거짓이 나왔다며 무고 증거로 쓰기도 하는데, 그렇게 쓰라고 제가 거짓말탐지기 한 것도 아닌데. 그런 걸 보면 피해자가 거짓말탐지기도 하면 안 되고, 증거도 적극적으로 나서서 찾으면 안 되고, 피해자처럼 찾아야 되는 거 같아요.

보라(피해자)　　　　갑자기 이젠 제가 피의자로 된 거잖아요. 피해자가 아니라 피의자가 되면서 피해 사실을 다 증명해야 하는 조사 과정이, 나는 이런 피해를 당해서 이런 글을 쓸 수밖에 없었다라는 거였는데, 수사관이나 판사나 검사가 계속해서 저한테 주지를 한 게, 선생님은 피의자 신분이라고 끊임없이 반복해서 주지시켜주셨어요. 한마디로 선생님은 지금 피해 사실을 여기에 얘기하기 위해서 나온 게 아니다.

정희는 가해자에 대한 고소가 진행되고 있던 중에 급히 경찰서로 오라는 연락을 받고 갔다가 무고 조사를 받게 되었다. 이후 수사 과정에서 "성추행 피해자 같지 않다"면서 "무고를 좀 받아야겠다"는 말을 들었고 그때부터 무고 조사가 시작되었다.[3] '성추행 피해자 같은 것'이 무엇인지에 대한 감각이 없었던 **정희**는 그 이후 증거도 "철두철미하게" 하면 안 되고 "피해자처럼 수집" 해야 되고, "피해자처럼 찾아야" 된다고 생각하게 된다.

보라는 명예훼손 등으로 역고소를 당해 수없이 경찰서와 법원을 오가게 되는데 본인은 실제로 어떤 피해를 입었고, SNS에 쓴 글은 허위가 아니라 사실임을 강조하지만 수사관들은 "선생님은 피의자 신분이라고 끊임없이 반복해서 주지"시켰다고 한다. 명예훼손의 성립 여부를 판단하기 위해서는 해당 내용의 사실 여부를 확인해야 하고, 그러기 위해서는 피해 사실을 얘기할 수밖에 없지만 이 과정에서 피해자는 "피의자 신분"으로 역전되면서 피해를 말할 수 있는 위치에서 배제되는 것이다.

2020년 말, 국내에서 처음으로 '한국성범죄무고상담센터'가 발족했다. 센터 측은 "단순히 가해자로 지목되는 것만으로도 한순간에 성범죄자로 몰려 인생이 나락으로 떨어지는 수많은 무고 피해자들이 하루에도 수 명씩 생겨나고 있다"며 "지금도 억울하게 성범죄자로 몰려 고통받고 있는 수많은 무고 피해자들을 위해 센터를 발족한다"고 밝혔다.[4] 이러한 활동은 2018년 미투운동이 활발하게 진행되고 있을 때, 일부 온라인 남성 커뮤니티에서 "미투운동의 결론은 남성 약자를 위협하는 '무고가 넘치는 세상'"이라는 주장을 펼치면서, 무고죄 처벌 강화 청원과 펜스룰 강화[5]를 주장해왔던 논리와 궤를 같이한다.[6] 그리고 이들은 '곰탕집 성추행 사건'[7]처럼 특정한 성폭력 사건에서 유죄판결의 부당함을 담론화하였는데 이를 통해 젠더권력관계를 무력화하고 오히려 자신의 활동들을 약자를 돕는 정의로운 남성성으로 구축하고자 했다.[8] 이렇게 성폭력 무고와 역차별 담론은 사회적으로 역고소에 대한 가해자의 정당화를 부여하는 역할을 하고 있다.

지난 몇 년간 본격화된 한국의 미투운동에서 볼 수 있듯이, 권력관계에서 피해자의 위치, 고소하기 어려운 피해 유형과 관계 등으로 그동안 해결되지 못한 사건들이 임계치를 넘어 누적되고 있었고, 피해자들은 과거 자신의 피해 원인을 분석하면서 변화된 미디어, 온라인 환경을 배경으로 미투를 실천했다.[9] 그러나 법의 한계가 드러나는 바로 그 지점에 가해자들이 오히려 '피해자를 처벌'[10]하고, 최상의 공격 전력을 활용할 수 있는 법적 토대가 마련되어 있었다. '기업가적 자아'[11]로서 자신을 경영해야 하는 가해자들에게 역고소는 평판을 관리하고, 피해자의 말하기를 중단시키고, 사회적 지지망으로부터 고립시킬 뿐 아니라 공적인 방식의 보복을 실행하면서 피해자의 자리를 탈환하는 효과를 가져온다. 그리고 역차별 담론의 강화와 정의를 실현하겠다는 일부 남성들의 활동에 힘입어 최악의 경우 '가해자는 일상으로', '피해자는 감옥으로'[12] 가게 되는 역설을 마주하게 되기도 한다.

시장으로 간 성폭력

장기화되는 소송과 종속되는 법적 과정

성폭력 사건의 사법적 해결 과정이 역고소의 형태로 이어지
거나 피해자와 가해자뿐 아니라 주변인과 조직/공동체까지 얽혀
장기화될 때 피해자의 위치는 계속해서 도전받기 때문에, 피해자
는 사법 처리 과정에 매몰되기도 한다.

혜진(활동가)　　　　상담하면 피해자들 중에 내가 잘못한 게
아니라 가해자가 잘못했다는 것을 법적으로 인정받고 싶다는
의미에서 법적 대응을 하는 분이 많이 있는데, 특히 주변인에게
자기의 피해 사실을 지지받지 못하거나 인정받지 못할 때 법적
대응을 하게 되면 그 결과에만 신경쓰고 매달리게 되는 경우도
있는 거 같아요. 그래서 법적으로는 굉장히 어렵고 심지어 이미
불기소 처분이 나서 항고 과정 중인데, 사실 항고도 굉장히 가
능성이 낮기 때문에 그렇게 어려운 상황에서 이거 안 되면 죽고
싶을 거다. 이거 안 되면 안 된다. 법적으로 인정받아야 된다.
너무 그 결과에 매몰되어 있는 피해자도 많은 거 같아요.

활동가 **혜진**은 피해자의 주변인들이 피해를 인정하지 않을
때 법적 대응을 하게 되면 피해자가 "결과에만 신경쓰고 매달리
게 되는 경우도 있"다고 말한다. 법적으로 이기기 어려운 상황임

에도 불구하고 "이거 안 되면 죽고 싶을 거다"라면서 "결과에 매몰되어 있는" 피해자들을 많이 보게 된다는 것이다. 그러나 일부 피해자들이 법적 결과에 매몰될 수밖에 없는 데에는 여러 가지 맥락이 존재한다.

수민(피해자)   이 핑계 저 핑계 대면서 출석을 미루고 사실은 그 기간 동안 저한테 고소취하하라는 공작을 했죠. 직원들이 저와 친한 사람들을 이용해서 고소 좀 취하하게 하라고 압력을 넣더라구요. … 그 이후에는 본인이(가해자가) 나서서 자기가 잘못했다는 식으로 얘기를 하려고 그러더라구요. 그때도 직접적인 사과는 아닌 식으로 계속 얘기를 했어요. 마음이 닫힌 부분이 있으면 위로해주겠다는 식으로 얘기를 하는데 … 그렇게 사과를 하는 거같이 얘기하고 회복하는 걸 도와주겠다는 식으로 얘기를 해서. 근데 제가 고소하고 2주 있다가 고소취하를 했었는데. 그게 너무 힘들었던 거예요. 이제 회사를 다녀야 되는데 한 공간에 있으면서 누가 적이고 누가 친구인지도 모르겠고, 사람들이 도와주려고 얘기를 할 때마다 이 사람이 나를 도와주려고 하는 건지 나한테 정보를 캐서 어디다 보고하려고 하는 건지 구분이 안 되더라구요. 그때 너무 힘들어서 사실 고소를 취하하고 싶기는 했어요. … 취하했는데 그다음에 볼 일이 있어서 만났는데 그때 한두 시간에 걸쳐서 자기가 했던 모든 사과를 꼼꼼하게 철회했어요. … 자기가 그때 고소취하 직전에 했던 모든 말을 취소하고 저는 다시 열받는 상태가 되었죠. … 고소를 취하했던 이유는 경찰이 무혐의가 나올 수 있다는 말을 하더라구요. 그게 굉장히 무서웠어요. 무혐의가 나오면 나는 피해를 입어서 미치겠는데 이 사람은 증거불충분이라고, 나는 법에서 인정하는 무혐의자야라며 다닐 수 있는 게 너무 무서웠어요. … 이게 소송이 하나로 안 끝나더라구요. 이런 사건이 있었을 때 소송 한 번으로 모든 걸 파악해주면 좋은데 저만 해도 걸려 있는 게 서너 건일 때도 있었으니까. 지금 대법원까지 가 있는 사건 같은 경우에는 재판을 하려면 인지대 총괄료라는 게 있잖아요. 대법원 가니까 40만 원인데 그걸 못 내겠더라구요. 40만 원을 정부에서 내달라. 사법부에서 처리를 해달라. 그 요청이 또 소송으로 처리가 돼요.

피해자 **수민**은 친고죄가 폐지되기 전 해인 2012년에 직장 상사에게 강제추행 피해를 입은 후 사과를 요청했으나 받아들여지지 않아 고소를 했지만, 가해자를 비롯해 직장 상사들의 괴롭힘과 고소취하 압력 등으로 결국 고소를 취하한 경험이 있다. 특히 경찰을 통해 가해자가 무혐의를 받을 수도 있다는 말을 들었는데, 만약 가해자가 진짜 무혐의 처분을 받으면 "나는 법에서 인정하는 무혐의자야라며" 다닐 수도 있는 상황이 무서워서 고소를 취하한 것이라고도 말한다. 그러나 가해자는 피해자의 고소취하 이후 "모든 사과를 꼼꼼하게 철회"했다. 그리고 2018년 미투운동 시기에 **수민**은 당시의 사건을 은폐하거나 방관했던 관련자들이 미투운동에 대해 관심 갖는 척하는 것을 보고 SNS에 가해자의 실명을 적시하고 해당 사건을 공론화했다. 이에 대하여 가해자에게 명예훼손 역고소를 당했지만 무혐의 처분을 받았고 회사는 공론화된 사건에 대한 감사를 시작했지만 고소가 진행되었다는 이유로 중단했다. 그리고 결국 가해자에 대한 사내 징계는 징계시효가 지났다며 주의 조치 정도로 마무리되었다고 한다. **수민**은 이 과정에 불복하며 사내 감사실에 조사자료를 요청했지만 받지 못했고 이에 대한 행정소송과 그 과정에서 발생하는 법원 상대 인지대소송, 가해자의 명예훼손에 대한 무고 고소, 회사 상대 민사소송을 진행했고, 일부는 현재도 진행 중이다. 이처럼 일부의 피해자들이 계속 소송을 이어갈 수밖에 없는 이유는 법적 고소를 중단했을 때 가해자의 태도 돌변을 비롯해 본인이 거짓말한 사람이 될 수도 있음을 경험했기 때문이다.

더군다나 그러한 피해자의 싸움이 가해자 한 명을 넘어 회사나 조직과 연결되어 있을 때 사건은 장기화되기도 한다.

민정(활동가)　　　　　가해자들은 뭐 동료도 있지만 대부분 상사들이잖아요. 그러니까 당연히 경제적으로나 다른 여건에서 차이가 날 수밖에 없고, 또 알고 있는 사회적인 지식이나 정보도 차이가 나잖아요. 그런 상황에서 피해자가 법적 대응을 한다면 경제적인 것도 그렇고 회사 사람들에게 받는 스트레스도 엄청 다르죠. 우리가 가끔 안타깝게 생각하는 게 가해자들은 꼭 회사에서 중요한 일을 하는 사람들이야 … 법적으로 봤을 때 우리가 해줄 수 있는 게 무료법률지원, 활동가가 옆에서 같이 있어주고 아는 정보를 주는 정도밖에 안 되는데 … 근데 또 그게 1심에서 끝나냐고요. 한 번으로 끝나면 빚을 내서라도 하겠는데 1심, 2심, 대법원 그때마다 변호사 비용도 추가되고 민사소송까지 가게 되면 그 과정에서 일도 못하고요. 한 번 잘못 발을 들여놓으면 몇 년간 허송세월하게 되고 상처는 상처대로 입고, 현실로 복귀하는 것도 쉽지 않잖아요. 그리고 대응한다고 해도 저쪽에서는 보란 듯이 엄청 큰 변호사 법무법인을 고용하고 변호사 명단도 보면 쭉 적어놓고 하잖아요. 그거 하나로 피해자는 완전히 기죽죠.

정희(피해자)　　　　　(같이 일하던 사람이) 한 번 인터뷰를 해보라고 하더라구요. 그래서 인터뷰도 했었거든요. 그 언니(다른 피해자)랑 같이. 근데 그 기사 나오자마자 회사에서 전화가 엄청 많이 왔어요. 무슨 짓 하는 거냐고. 그러니 내가 싸울 수 없는 상대랑 싸우는 것 같다는 생각이 들더라구요. 이건 단순히 성추행 피해자, 가해자가 아니구요. 제가 지금 회사랑 싸우는 건지 성추행 가해자랑 싸우는 건지도 잘 모르겠고. 그 남자는 여전히 회사에서 일을 하면서 ○○에도 이름이 나오고 있는데, 저는 사회생활도 제대로 못 하는 지경이니까. 솔직히 이렇게 맨날 재판 받고 이래야 되는데, 일이 제대로 되겠냐구요. … 뭔가를 꾸준히 해야 되는 걸 전혀 못 하고 그냥 단기적으로 하다 보니까 삶이 다 무너지더라구요.

활동가 **민정**은 직장 내 성폭력에서 가해자들은 "대부분 상사들"이고 "당연히 경제적으로나 다른 여건에서 차이가 날 수밖에 없"는 상황에서 피해자가 고소 등의 법적 대응을 하면 불리해지는 경우가 많다고 말한다. 특히 "가해자들은 꼭 회사에서 중요한 일을 하는 사람들"이라서 회사에 도움을 받는 경우도 많기 때문에 "한번 잘못 발을 들여놓으면 몇 년간 허송세월하게 되고" "현실로 복귀하는 것도" 어려운 경우가 많다는 것이다. 이러한 상황은 여러 인터뷰이의 경험에서 볼 수 있는데 직장 상사를 고소했다가 민형사상의 역고소를 당한 **정희**는 주변인의 추천으로 자신의 사례를 언론사에 알리는 인터뷰를 하게 되었는데 회사에서 "무슨 짓 하는 거냐고" 전화를 많이 받았다고 한다. 그런 경험들 속에서 **정희**는 "내가 싸울 수 없는 상대랑 싸우는 것 같다는 생각"이 들었다고 말한다. 자신이 "회사랑 싸우는 건지 성추행 가해

자랑 싸우는 건지" 헷갈리는 상황에서 계속되는 수사·재판 과정
으로 "사회생활도 제대로 못 하는 지경"에 이르게 되었다는 것이
다. **정희**가 당한 무고 역고소는 다행히도 3심에 이르러서야 "성추
행이 있던 걸로 보인다"며 파기환송되었고, 민사 역시 승소하였
는데, 2014년부터 시작된 고소와 역고소, 그리고 민사상의 소송
들이 2021년에 이르러서야 일단의 마침표를 찍게 된 것이다.

　　위 피해자들은 이러한 오랜 소송의 과정에서 직장생활과 사
회생활을 하기 어려웠고 특히 **수민**은 관련 업종에 수백 건의 이
력서를 넣었지만 현재까지 취업이 되지 않았는데, 아마도 해당
직종에 자신이 알려져서 그런 거라고 짐작하고 있다. 이렇게 피
해에 대한 문제제기가 민형사상의 역고소로 돌아오고 회사나 주
변인과의 소송이나 싸움으로까지 이어질 때 성폭력의 법적 처리
과정은 피해자의 생존 자체를 위협하게 되기도 한다.

　　이처럼 가해자에게 사과받고, 조직의 변화를 만들고 싶었
던 피해자들은 주체적으로 개인적인 사과 요구, 공론화, 조직 내
신고, 고소에 이르기까지 다양한 방법을 시도해보지만 결국 원
하든 원하지 않든 사법절차에 편입하게 되는 경우가 많다. 이러
한 성폭력 사건 해결의 사법화 속에서 피해자가 선택할 수 있는
경우의 수는 점점 줄어들고, 일상의 공간을 바꾸고자 했던 문제
제기는 법적 절차와 결과에 집착하게 되면서 언어를 잃게 되기
도 한다. 이에 따라 법적 공간에서 피해자들은 '피해와 생계 사

이'[13]에서 인정되지도 회복되지도 해결되지도 못한 채로 법적 처리 과정에 종속되면서 생존을 위협받기도 한다.

이상의 내용에서는 성폭력의 사법적 처리 과정에서 피해자의 책임논리가 강화되고 피해자로 인정받기 위한 증명의 방식과 과정 및 역고소로 역전되는 피해자의 위치성과 피해자가 법적 과정에 종속되는 과정을 살펴보았다. 이 중에서도 특히 아래의 몇몇 지점들이 반성폭력운동과 담론에 미치는 영향을 좀 더 주의 깊게 살펴볼 필요가 있다.

첫째, 성폭력의 법적 해결 과정에서 피해자가 스스로 피해를 예방하고, 대처하고, 성적 자기결정권을 행사해야 하는 신피해자론이 강화되면서 성폭력을 둘러싼 권력과 구조의 문제가 탈젠더화되고 있는 지점이다. 신자유주의적 개인화 담론에 관한 논의들은 피해자가 되지 않아야 하는 책임과 가해자가 되지 않기 위한 노력을 리스크 관리의 영역으로 이동시키는 과정을 보여준다. 신자유주의 통치 질서하에서 국가는 개인화라는 형태를 통해 개인적 주체가 자기책임, 자기계발, 자기조직, 자기존중의 형태로 주체화하도록 고취하고 유인해왔다.[14] 이때 신자유주의적 주체[15]로서의 여성은 성적 쾌감을 즐길 수 있는 주체로 재현되면서 섹스조차 기술을 단련해야 하는 자기관리의 영역으로 배치되는데,[16] 여성/개인은 자기계발 담론 속에서 실천적 성관계를 구축해야 한다는 압박을 느끼는 한편, 사회적·구조적 제약 없이 무한한 선택

시장으로 간 성폭력

권을 가질 수 있다는 신자유주의적 가치 속에서 결과에 대한 책임을 부여받고 있다.[17] 여기에서 개인화된 생존원리에 여성을 성별 역할에 따라 그룹화해온 가부장제는 방해 요인이 되었기 때문에 개인화는 페미니즘 대중화의 물적 기반이 되기도 했는데,[18] 페미니즘은 전근대적 질서로부터 탈출을 넘어 성공이라는 신자유주의적 개념과 결합되는 측면이 있다.[19]

이처럼 페미니즘의 대중화와 더불어 미투운동 등과 같이 전 세계적인 반성폭력운동의 흐름 속에서 신자유주의적 질서를 내면화한 피해자는 경쟁사회에서 더 이상 성폭력으로 인한 불이익을 참지 않고 신고와 고소의 방식으로 문제를 제기하기 시작했다. 그리고 고소당한 가해자들은 가해자 중심적 지식과 상품 들을 구입함으로써 가해자가 될지도 모르는 리스크를 관리하고 있다. 그러나 사법절차에 진입한 피해자는 피해 상황에서 주체성을 발휘하지 못한 책임을 추궁받는 대상이 되고 있고, 가해자에 대한 적절한 처벌은 작동되지 않고 있다. 이러한 상황에서 피해자는 피해자로 인정받기 위해 법의 요구들을 수행하는 위치로, 가해자는 가해자가 되지 않기 위한 방법들을 계발하는 위치로 법시장에서 사법화된 새로운 주체화 양식이 구성되고 있다.

둘째, 성폭력의 법적 처리 과정에서 피해자의 고통이 강조됨으로써 피해자는 병리적 존재로 재현되기를 강요받고 처리의 방식은 개인화되는 지점이다. 피해의 증명을 정신과적·심리학

적 진단명과 진단의 정도로 판단하는 인식과 판례 들은 피해 이
후 사법 절차 과정에서, 또는 잘못된 판단 결과로 인해, 혹은 사회
적으로 발생하는 추가적인 피해들을 삭제한다. 이 과정에서 피해
자들은 고통을 증명해야 하는 고통을 겪게 되고 피해자의 치유와
회복은 사회적 연대와 투쟁이 아닌 치료가 필요한 영역으로 이동
하고 있다. 법적 판단은 동의, 합의, 권리, 책임, 치유를 둘러싼 페
미니즘의 이슈들을 개인화된 고통의 언어로 소급시키고 이 사이
에서 결국 피해자는 스스로를 재피해자화함으로써 피해자의 위
치를 지켜내고 있다. 그러나 피해자라는 정체성은 피해의 경험
직후 실행되는 것이 아니라 피해자가 처해 있는 조건에 따라 다
르게 발현되는 것으로 수많은 상황이 경합하고, 갈등하는 유동적
인 정체성이다. 하지만 단일한 경험으로서 성폭력 피해자에 대한
고통이나 감정의 강조는 피해자 내부의 차이를 무화한다. 그리고
피해자를 역동하는 주체가 아니라 반드시 아파야만 하는, 더 나
아가 아프지 않으면 '진짜' 피해자가 아닌 것으로 바라보면서 피
해자의 고통을 둘러싼 사회구조적 내용과 정치적 의미들을 배제
하는 효과를 가져온다.

한편 앞에서 살펴본 것과 같이 가해자의 정신과 치료는 감
형의 사유가 되고 있는데 가해자는 반성을 증명하는 용도로, 피
해자는 고통을 증명하는 용도로 정신과 치료와 진단이 경쟁하게
된다. 이러한 상황에서 성폭력의 법적 판단은 피해자의 권리에

시장으로 간 성폭력

대한 침해가 아니라 피해자의 정신적 고통의 정도를 반영하고 있고 피해자의 고통은 피해를 입증하기 위한 도구로 활용되고 있다.

일루즈(Illouz)는 심리학자들이 건강과 자아실현을 동일시하고 자아를 실현하지 못한 사람들을 보살핌과 치료학이 필요한 사람으로 호명함으로써 치료학은 평범한 삶들을 병리화했다고 비판한 바 있다. 치료의 내러티브에서 자기계발과 고통의 내러티브는 분리될 수 없으며, 특히 인권 영역의 확장, 제약회사·보험회사·국가 개입의 확대 등은 피해자 내러티브에 큰 영향력을 행사하면서 감정은 상품화되었다는 것이다. 이 과정에서 결핍, 섹스, 공포, 분노, 불안 등은 계급과 상관없이 민주적 질병으로 대중화되면서 고통과 트라우마를 특권화하였고 정신 치유는 번창하는 산업이 되었다고 주장한다.[20] 현대사회에서 요법(therapeutic)은 질병과 치료의 수사학을 중심으로 정신분석학의 모습을 통해 인성의 병리와 싸우는 수단으로서 자아의 성찰적 기획과 관련된 하나의 전문가 체계다.[21] 그리고 점차 개인의 직관과 통찰은 전문지식에 의해 약화되고 전문가에 대한 의존도를 높이면서, 취약한 주체가 계발되고 타인과의 의존적 관계는 적대화된다.[22] 여기에서 감정은 관리해야 할 영역이 되고 개인화가 진행될수록 감정에 종속된다.[23] 이러한 배경에서 피해자가 고통을 입증하지 않으면 피해 사실을 인정하지 않거나, 성폭력 가해를 치료의 문제로 접근

하며 이를 감형의 도구로 삼는 사법적 판단과 피해자의 진술을 믿지 못하는 사법적 불신, 피해자들에게 진단명을 만들어줄 수 있는 치료산업의 이해는 공명하며, 이때 피해자의 경험은 타자화되고 개인화된다. 그리고 이 사이에서 피해자는 법시장에 적합한 피해자의 모습을 수행하게 된다. 결국 피해자의 고통을 둘러싼 맥락과 의미는 논의되지 못하고 가해자의 위치가 탈범죄화되는 역설이 발생하는 것이다.

셋째, 피해자에 대한 역고소와 그에 대한 대응 등으로 인해 성폭력 사건 해결의 과정과 의미는 끊임없이 법적 영역 안으로 소환되고 있는 지점이다. 성폭력 가해자는 문제제기를 받은 이후 신자유주의 통치 프로그램의 결과로서 스스로를 계발하는 '기업가적 자아'로 이동되는데, 법적 주체로서 가해자는 역고소와 각종 법률 상품의 구입을 통해 리스크를 관리함으로써 가해자의 위치를 이탈하고 있다. 이때 성폭력 역고소 현장에서 공론화 등 개인적, 공동체적인 사건의 해결을 위한 피해자의 정치적인 행동들은 불법적인 것으로 상정되면서 공간과 언어를 빼앗기고 여성폭력에 대한 공공성의 의미는 법의 이름으로 처벌되고 있다. 이제 성폭력의 법적 대응은 단순히 정의나 인정의 문제를 넘어 새로운 의미화가 필요하다.

이상에서 살펴본 것과 같이 적극적으로 피해를 알리고 문제제기를 하는 피해자들이 등장하고 있지만, 성폭력 피해자에 대한

시장으로 간 성폭력

법적 권리는 사회적으로 보장해야 되는 것에서 개인적으로 행사되어야만 하는 것으로 이동되고, 피해자의 고통은 의료화된 영역으로 전치되면서 신자유주의적 가치를 내면화한 주체로서 피해자와 가해자가 경쟁해야 하는 것으로 개인화되고 있다. 즉 성폭력이 사회구조적인 문제가 아니라 동등한 위치에 있는 개인들의 이익다툼으로 이해되고 법시장 안으로 소급되면서 성폭력 사건의 해결은 위험 관리의 개인화를 추동하고 있다. 따라서 성폭력의 법적 해결 과정은 피해자의 치유를 산업화하고 가해자의 보복성 역고소를 용인하면서 법인들의 역할을 강화하는 방식으로 탈정치화*되고 있음을 주의깊게 살펴봐야 한다.

---

* 브라운(Brown)에 따르면 탈정치화는 "불평등, 종속, 주변화, 사회갈등과 같이 정치적인 분석과 해결책을 필요로 하는 문제들을 한편으로는 개인적인 문제로, 다른 한편으로는 자연적, 종교적, 문화적인 문제로 이해하려는 시도"를 말한다. 탈정치화의 공통된 방식 중 하나는 정치 현상을 이해하는 데 그 현상이 등장하게 된 역사적 배경과 그 현상을 조건 짓는 권력의 문제를 배제하는 것이다. 웬디 브라운 지음, 이승철 옮김,《관용: 다문화제국의 새로운 통치전략》, 갈무리, 2010, 39~40쪽.

Chapter 4

성폭력 사건의 해결이란 무엇인가

성폭력 사건의 '해결'이란 가해자가 합당한 징계/처벌을 받고
반성/성찰하고, 피해자는 피해의 경험을 재구성하는 가운데 일상으로
회복하고, 그로 인해 공동체/사회의 인식과 문화, 때로는 구조적 틀과
내용이 피해자에게 공감할 수 있도록 변화하는 것을 의미한다. 따라서
성폭력 사건의 완성된 해결은 사실상 존재하기 어렵다. 성폭력 사건의
해결은 여러 사람, 관계, 경험 들이 모여 그것의 의미가 역동적으로
재구성되는 과정으로서 하나의 성폭력 사건이 발생할 때마다, 모든
피해자마다, 모든 가해자마다 그들이 처한 공간과 조건에 따라
새로운 지도를 그려야 하는 장이기 때문이다. 그러나 법적 해결은
성폭력 피해의 유형이나 가해자와의 관계 등에 따라 처벌의 가능성을
선별하고, 수사·재판의 과정과 결과는 치유와 회복을 위한 피해자의
기대를 담보하지 못하고 있다. 그리고 국가는 피해자 지원을 몇 가지
유형으로 한정하고, 여성운동단체들의 활동 내용을 통제하고 있다.
이처럼 법은 특정한 성폭력을 배제하고, 국가는 특정한 방식의 피해자
지원을 강조하면서 성폭력 사건 해결의 장을 관리하고 있다.

#1

법·제도가 관리하는
성폭력

사법절차에서 누락되는 성폭력 피해

친밀한/아는 관계에서의 성폭력 피해를 입은 본 연구의 인 터뷰이들[●]은 피해의 유형과 가해자와의 관계에 따라 일부는 아예

● 본 연구는 친밀한/아는 관계에서 성폭력 피해를 입은 후 법적 고소를 했거나, 공동체 내에서 사건 해결을 시도했거나, 사건을 공론화한 이후 역고소 피해를 입었거나, 스스로 가 미투운동에 참여했다고 생각하는 피해자들을 인터뷰했다. 이러한 경험을 모두 한 피해자뿐 아니라 이 중 한두 가지를 경험한 피해자도 면접함으로써 이들이 상황과 조건에 따라 법을 넘나들면서 어떠한 실천을 하고 있으며, 그 과정에서 재구성되는 사건 해결의 의미를 살펴보고자 했다. 친밀한/아는 관계에서 피해를 입은 사례들을 선정한 이유는 가해자가 아는 사람일 때와 모르는 사람일 때 법적 대응과 사건 해결의 과정에서 피해자들이 선택하는 방법과 인식의 차이가 크기 때문이다. 대검찰청의 범죄 분석에 따르면, 2019년 수사기관에 형사입건이 된 성폭력 사건 중 총 25,947명의 범죄자와 피해자의 관계는 타인이 61.9%(16,065명), 직장, 친구, 애인, 친족 등 아는 사람이 32.5%(8,445명), 기타가 5.5%(1,437명)로 나타났다. 대검찰청, 《범죄 분석》, 대검찰청, 2020. 반면에 한국성폭력 상담소의 상담통계에 따르면 2020년 총 715건의 성폭력 상담 중 모르는 사람에 의한 피해는 5.6%(40건), 아는 사람에 의한 피해는 89.1%(637건), 미상이 5.3%(38건)으로 나타났다. 한국성폭력상담소, 〈2020년 한국성폭력상담소 상담통계 분석〉, 한국성폭력상담소, 2021. 이처럼 경찰에 고소된 사건과 여성단체에 상담을 의뢰하는 사건은 가해자와 피해

고소를 할 수 있는 조건에서 누락되기도 했는데, 형사고소를 진행하지 않았던 인터뷰이들의 주된 피해 유형은 친족성폭력과 데이트성/폭력이다.

고소의 시간을 통제하는 친족성폭력

2019년 한국성폭력상담소의 상담통계에 따르면 성폭력 상담 중에 친족에 의한 피해는 전체 상담 중 8.6%를 차지하는데, 특히 청소년(14~19세) 피해 중에서는 14.7%, 어린이(8~13세) 피해 중에서는 45.2%, 유아(7세 이하) 피해에서는 72.7%로 나타났

자의 관계 유형에 차이가 크다. 성폭력 피해자라는 정체성은 주로 친밀한 관계, 직장, 공동체 내 관계에서 동의와 비동의, 존경과 권위, 호의와 집착, 통념과 자책감의 경계에서 발생한 불편한 경험들을 폭력/피해로 언어화하고, 이를 둘러싼 정보들을 취합하고, 이를 알렸을 때 발생할 수 있는 모든 불이익과 관계 및 위치의 변화를 가늠한 후 판단된다. 따라서 모르는 사람의 경우에는 상대적으로 큰 고민 없이 고소를 하기도 하지만, 아는 사람의 경우는 경험을 곱씹고, 주변인과 전문가에게 상담을 의뢰하고, 자신이 가지고 있는 자원과 해결의 방법 들을 살펴보는 과정을 거친다. 그럼에도 불구하고 피해자가 '되기'로 결심했다면, 많은 피해자는 먼저 개인적·조직적 해결방식을 모색해보지만 예상과 달리 좌절의 경험들을 겪으면서 결국 사법적 해결을 고민하기도 한다. 그러므로 친밀한/아는 관계에서 피해를 입은 피해자들이 사건 해결 과정에서 겪는 고민은 가족, 직장, 공동체 등과 이에 관련된 수많은 사람과 기관으로까지 확대되기 때문에 복잡한 내러티브와 각고의 재해석 과정이 동반된다. 이에 본 연구에서는 모르는 사람에 의한 피해보다 아는/친밀한 관계에서 피해를 입은 피해자들을 인터뷰이로 선정함으로써 해결 과정에서의 복잡한 맥락을 드러내고자 했다. 또한 인터뷰이들은 현재 성인, 여성, 비장애인, 선주민, 수도권 거주자로 한정했는데, 피해자의 사회적 위치에 따라 법적 구성요건과 절차, 성폭력 사건에서 자원이 행사되는 조건과 피해 의미의 구성에 큰 차이가 존재하기 때문이다.

시장으로 간 성폭력

다. 이 중 가해자는 사촌 이내 친족이 33.3%로 가장 많고, 친부가 23%로 그다음을 차지하며, 피해자들이 피해 이후 상담까지 걸리는 시간은 10년 이상이 55.2%로 가장 높은 비율을 차지한다. 또한 친족성폭력 피해자들 중에 법적 지원을 의뢰하는 경우는 32.2%로 다른 피해 유형보다 낮은데, 법적으로도 개인적으로도 문제제기를 하기 어려운 경우가 많아 48.3%가 의료지원 및 심리상담을 요청하고 있다.[1] 이처럼 친족성폭력 피해는 대부분 어린 시절에 피해를 입고, 사촌과 친부에 의한 피해가 많으며, 피해를 입은 후 상담을 요청하기까지 오랜 시간이 걸리고, 고소하기가 어려울 뿐만 아니라 말하지 못한 시간이 긴 만큼 심리적·정신적 상담 및 지원을 필요로 하는 경우가 많다는 특징을 보인다.

이런 상황에서 본 연구에서 친족성폭력 피해를 입은 인터뷰들이 가해자의 법적 처벌을 고민할 때 주로 언급되는 문제는 공소시효[2]다. 2011년 성폭력범죄의 처벌 등에 관한 특례법과 청소년 성보호법의 개정으로 현재는 만 13세 미만 미성년자에 대한 성폭력의 경우 공소시효가 없지만, 2011년 이전 피해의 경우 피해 유형에 따라서 마지막 피해일로부터 10년 또는 15년 안에 고소해야만 하는 공소시효가 존재했다. 대부분의 범죄에 공소시효가 존재하지만 친족성폭력의 경우 위 통계에서 드러나듯이 주로 어릴 때 피해를 입은 피해자들은 성인이 되어서야 문제제기를 고민하게 되고 그래서 가해자의 처벌을 생각할 수 있는 상황이 되었을 때는 이미 공소시효가 지나버린 경우가 대부분이다.

> 지영(피해자)　　　　　　저는 7세 때 사촌 오빠한테 성추행을 당했고 초등학교 5학년 때도 성추행을 당했고, 사촌 오빠 말고 이번에는 피시방 사장에게 성추행을 당했고 중학교 3학년 때도 지하철에서 성추행을 당했고 22세 때 강간을 당했어요, 준강간. 인터넷에서 알게 된 사람한테 … 7세 때는 (그때는 성폭력인지) 몰랐고 초등학교 올라가면서 성교육을 받으면서 알게 됐어요. … (고소를 생각했는데) 공소시효가 다 지나버려서 … 엄마한테는 19세 때 얘기를 했고 아빠한테는 준강간(치상) 사건 있고 나서 그런 일이 있었다고 얘기했는데 이제 와서 얘기해서 어떻게 하냐. 이런 식이었죠.

인터뷰 당시 29세였던 **지영**은 지금까지 여러 번의 성폭력 피해를 경험했다. 최초의 피해는 7세 때 사촌 오빠에게 성추행 피해를 입은 것이었는데, 초등학생 때 성교육을 받으면서 그것이 피해였음을 인식하게 되었다. 이후 여러 차례의 피해를 입고 19세가 되어서야 엄마한테 과거의 피해를 얘기했지만 반응이 없었고, 22세 때 준강간치상 피해를 입고 나서 아빠한테도 얘기했지만 "이제 와서 얘기해서 어떻게 하냐"는 반응을 보여 실망했는데, 만약 그때 공소시효가 남아 있었다면 고소했을 것이라고 말한다.

성폭력 피해자들은 단 한 번의 피해가 아니라 여러 번의 피해를 입는 경우가 많은데, 특히 어린 시절에 친족 등 친밀한 관계에서 발생하는 피해는 지속적, 반복적으로 일어나기 때문이다. 그러나 본 연구에서의 인터뷰이들은 한 사람에게 지속적으로 피해를 입기보다 생애적으로 여러 사람에게 피해를 입는 경우가 더 많았는데, 이는 성폭력이 특수한 일부 여성들에게 일어나는 일이라기보다 한국사회의 여성들에게 그만큼 일상적이고 연속적으로 발생하고 있다는 의미로 해석할 수 있다. **지영**도 성장기에 여러 번의 성추행 피해를 입었고, 용기를 내어 부모님께 도움을 요청했지만 이미 시간이 많이 지나서 해결할 수 없는 일로 치부되었다. 7세, 11세, 16세의 아동·청소년이 성폭력 피해를 입은 후 사건을 빠르게, '잘' 처리하는 것은 매우 어려운 일이다. 그러나 성폭력 사건에서 공소시효는 바로 신고나 고소하지 않은 피해자의 탓으로 돌리면서 피해를 해결할 수 없는 것으로 정당화하고 본인 스스로도 어쩔 수 없는 것으로 체념하게 만드는 한 요소로 작용하고 있다.

그러나 아래의 인터뷰이들에게 공소시효와 법적 고소는 좀 더 복잡하게 인식되고 있다.

혜경(피해자) 이건 굉장히 심각한 피해잖아요. 애기 때부터니까. 근데 내용증명을 뗄 수 있다고 하더라구요. 근데도 그 법적인 게 두렵더라구요. 왜 두려운가 생각했더니 아버지,

어머니라는 가해자뿐만 아니라 아직은 내가 동생들을 사랑하
니까 동생들하고까지 끊어지는 건 싫더라구요. 글을 잘 쓰는 편
이니까 내용증명이 어려운 게 아닌데도 나도 이렇게 학대받았
는데도 끊질 못하는데 집안에서 도움을 받고 어떻게 보면 겉모
습이라도 번드르르한 집안은 더더욱 못 하겠구나 하는 생각이
드는 거예요. … 내가 직접 공격은 못 하겠다. 내가 하려면 온
갖 에너지를 다 쏟아부어야 돼. 만약에 내용증명 한 줄 한 줄 쓰
면서 그 후폭풍을 염두에 두려면 내가 감당해야 하잖아요. 근데
직장생활을 하고 딸아이 졸업시키면서 하기는 좀 어렵고, 이걸
했다고 이 사람들이 분명 용서를 빌 것도 아니고 어떤 소득도
없어요. 제가 계산을 해봐도 … 저같이 50년 뒤에 기억이 올라
올 수도 있으면, 저는 만약 지금 되더라도 저는 안 되지만 후에
다른 생존자가 저처럼 50년 뒤에 나오면 그때는 어떻게 할 거
예요? 법령이 있어야 하잖아요. 그리고 공소시효가 없어야 되는
게 가족이니까 더 없어야 해요.

진희(피해자)   사과를 받는 게 전혀 의미가 없어요. 왜
냐면 사과라는 게 자신의 잘못을 깨닫고 자기가 무슨 짓을 했
는지 알고 그거에 대해 정말 죄책감을 느껴서 한다면 모르겠지
만 전혀 그럴 것 같지가 않기 때문에 … 고소를 하게 되면 엄마
가 알게 된다는 게 큰일인 거예요. 근데 나는 괜찮은데 사실은

엄마가 언젠가 알게 될 수도 있지 하는 방만한 마음도 좀 있기는 한데, 그다음에 수습해야 되는 과정이 너무 지난한 거예요. 그걸 엄마한테 나 이런 ○○을 그렸어 하며 보여주면서 나는 지금 아무렇지 않은 상태고 다 지나간 일이라고 얘기해도 충격을 받을 엄마를 케어해서 잘 넘어가야 되는 거잖아요. 그게 너무 일인 거죠. 난 지금 되게 바쁜데 그걸 할 시간이 없는 거예요. 굳이 그래야 하나 생각도 들고 엄마가 한 40대면 모르겠는데 60이나 되시는데 뭘 굳이 … 만약 엄마는 돌아가셨는데 가해자가 살아 있다고 하면 진행해볼 생각도 있어요. 이런 걸 공개하는 사람이 별로 없잖아요, 자신의 피해 사실을. 근데 그런 피해자가 자기 얘기를 하고 그다음에 잘 살고 있다는 거 보여주고 그다음에는 가해자를 처벌받게 하는 걸 보여주는 일이 중요하다고 생각해서 … 만약에 엄마가 안 계시고 굉장히 늙어 있는 그 가해자를 고소한다면 그에 대한 처벌을 잘 받겠다? 이런 거보다는 퍼포먼스인 거죠. 이렇게 나이를 먹어도 용서하지 않겠다는 걸 보여주는. 접수하는 것 자체에 의미가 있는. 접수를 하고 그것을 알리는 것에. 그런 정도의 생각은 하고 있는데.

혜경은 친부인 줄 알았지만 의부였던 아버지에게 8세 때부터 20대 초반까지 유사강간, 추행 등의 피해를 입었다. 인터뷰 당시 50대였던 **혜경**은 결혼 후 남편에게 가정폭력 피해를 입다가 46세 때 가정폭력 쉼터를 찾아갔는데, 치유 과정에서 그동안 잊고 있었던 어릴 때의 성폭력 피해가 떠올랐다. 그러나 이미 공소시효는 지나버렸고 공식적인 의견 전달의 방법으로 "내용증명"을 생각해보지만 그것을 위해 쓸 에너지도 부족하고, 동생들과의 관계가 끊어질까 봐 포기한다.

10세경부터 19세까지 친부에 의해 성폭력 피해를 입었던 **진희**는 만약 법적 처리 방법이 있다고 하더라도 엄마 때문에 고소하기 어려울 것 같다고 말한다. 이 일로 인해 엄마가 충격을 받으면 그것에 대한 "케어"도 본인의 몫이 되기 때문에 "너무 일"이고, "할 시간"도 없다는 것이다. 그러나 만약 엄마가 돌아가시면 법적으로 안 되더라도 "나이를 먹어도 용서하지 않겠다는" 차원에서 고소를 해볼 수도 있겠다는 생각을 한다. 사과할 것 같지도 않은 가해자에게 들여야 하는 품과 엄마가 사건을 알게 되었을 때의 후폭풍을 비교했을 때 고소하지 않는 것이 더 낫다는 판단을 하는 것이다. 따라서 만약 **진희**가 고소를 하게 된다면 "엄마는 돌아가셨는데 가해자가 살아 있다"는 조건하에서 상상 가능하며 그 행동은 불법적 행동에 대한 법적 심판이나 사과를 받기 위해서라기보다 "퍼포먼스"로서 의미를 갖게 될 것이라고 말한다.

이처럼 아버지에 의해 성폭력 피해를 입은 위 인터뷰이들은 공소시효 문제로 법적 고소를 하기도 어렵지만 고소한다고 하더라도 가해자가 사과하지 않을 것이라고 확신한다. **혜경**의 말처럼 공소시효 폐지는 필요하지만 친족성폭력의 가해자들은 피해자가 고소한다고 해서 "용서를 빌 것도 아니고 어떤 소득도 없"다는 회의적인 생각 또한 존재하고 있는 것이다.

친족성폭력은 가중처벌이 되는 범죄임에도 불구하고 위의 사례들과 같이 실질적인 법적 처벌을 요구하기 어렵거나 포기하게 되는 데에는 여러 요소가 맞물려 있다. 먼저 주로 어린 시절에 발생하기 때문에 그것을 피해로 인식했을 때는 공소시효가 지나버렸을 가능성이 크다. 그리고 친족성폭력이 알려졌을 때 그 일을 예방하거나 중단시키기 못한 어머니에 대한 사회적 비난 또한 크기 때문에 어머니나 다른 가족이 받을 충격을 원치 않는 피해자는 스스로 사건을 알리지 않기로 결심하기도 한다. 더불어 아버지가 가해자인 경우 한국사회의 정서상 가부장인 아버지가 딸에게 사과를 하거나 용서를 구하는 것은 기대하기 어려운 지점이 있고 가해자는 가정폭력 등을 동반하는 경우가 많기 때문에 학습된 두려움으로 법적 해결을 시도하지 못하기도 한다. 이처럼 친족성폭력 피해자가 법적 해결을 상상하는 것은 많은 위험을 감수해야 하는 일이기 때문에 피해를 드러내지 않는 것은 일종의 생존전략이다. 피해자의 고소는 다른 가족 구성원들과의 이해, 협상 등이 필요하고 가족과 관계가 끊어질 수도 있음을 예상해야 하고, 가해자에 대한 두려움을 견딜 수 있는 힘과 조건 등이 겸비되어야 생각해볼 수 있는 어려운 부분이다. 그러나 이러한 친족성폭력에 대한 특성을 이해하지 못하는 법은 어릴 때 피해를 입었으나 수십 년이 지나서야 문제해결을 고민하기 시작한 많은 피해자의 경험을 누락하고 공소시효를 방패삼아 해결할 수 없는 것으로 정당화하고 있다.[3] 이는 여전히 가족을 사적인 공간으로 치부하고 가족 내에 발생하는 폭력과 피해를 은폐함으로써 가족해체를 막고 '건강가정'[4]을 육성하기 위한 국가의 통치전략으로 볼 수 있다.

탈범죄화되는 데이트성/폭력

성폭력 피해자가 사법적 해결을 고려하기 어려운 또 다른 유형은 데이트성/폭력*이다. 아래의 인터뷰이들은 폭언, 스토킹, 물건 던지기, 가스라이팅, 성폭력 등의 데이트성/폭력을 경험한 후 고소할 수 있는 방법을 찾아보지만 여의치 않다는 현실에 직면한다.

---

* "데이트폭력: 데이트 관계에서 발생하는 신체적, 정서적, 경제적, 성적 폭력으로, 다양하고 복합적인 폭력(감시, 통제, 폭언, 갈취, 협박, 폭행, 상해, 감금, 납치, 살인미수 등)을 말합니다. 데이트 관계는 데이트 또는 연애를 목적으로 만나고 있거나 만난 적이 있는 관계와 넓게는 맞선·부킹·채팅을 통해 그 가능성을 인정하고 만나는 관계까지 포괄하며, 사귀는 것은 아니나 호감을 갖고 있는 상태까지 포함합니다." 여성가족부·한국여성의전화, 〈데이트폭력·스토킹 피해자지원을 위한 안내서〉, 여성가족부·한국여성의전화, 2018 참고. 더불어 본 연구에서 데이트 관계에서의 폭력이나 성폭력을 데이트성/폭력으로 표기한 이유는 데이트 관계에서 물리적·언어적 폭력과 성적 폭력을 분리하기 어렵기 때문이다. 평상시에 다정한 애인이 약간의 힘을 사용하여 성관계를 유도하거나, 계속되는 요구에 어

보라(피해자)　　　　　가해자가 왜 그렇게 나에게 함부로 대할 수 있었는지를 공론화한 이후에 아주 오랜 시간에 걸쳐서 머리가 아니고 진짜로 내가 받아들이게 되었거든요. 그러니까 내가 약자인데, 가해자한테 책임을 물을 방법이 없는 거예요. 그 일이 발생했을 당시에 고소 시도를 한 번 했었는데, 어떤 경찰이나 변호사가 처벌이 거의 미미하다고 얘기를 했으니 방법이 없잖아요. 개한테 책임을 물을 방법이 없잖아요. 그러니까 이런 공론화가 오히려 약자들이 그 상대적인 강자에게, 그리고 저는 그때까지도 그 가해자가 너무 큰 사람, 무서운 사람이라고 생각을 했었거든요. 무서운 사람이어서 사실 공론화할 때도 두려움이 컸어요.

경수(피해자)　　　　　지금은 어쨌든 경찰에서 데이트폭력에 관해 알고 있잖아요. 그때만 해도 그런 게 전혀 없었고, 저도 이제 20××년에 신고를 할까 생각을 했었거든요. 집 앞에 찾아온다고 해서 열 몇 시간을 사정했어요, 오지 말아달라고. 스토킹으로 신고할까 해서 그때 알아봤었어요. 신고하면 어떻게 되는지. 그런데 제재를 할 수 있는 게 거의 없더라고요. 고소를 해도

쩔 수 없이 성관계에 응했거나, 혹은 동의하에 성관계를 했으나 성관계 전후에 다소 거친 언행들이 있었다면 집착과 관심, 사랑과 폭력, 친밀함과 강간을 구분하기 어렵다. 피해의 언어에서 사랑, 폭력, 친밀함, 강간, 연민, 보살핌은 통합되어 있기 때문이다.

처벌을 할 정도의 수위라는 게 굉장히 높구나, 이런 게 안 되어 있구나 생각을 했었던 것 같아요. … 그런데 신고를 안 하고 공론화하는 데에는 이유가 있잖아요. 그거 말고도 방법이 있으면 왜 공론화를 하겠어요. 공론화라는 것 자체가 힘든 일인데.

은지(피해자)　　　　　그래서 (가해자는) 저한테 그렇게 권력적으로 굴 수 있는? 왜냐면 아는 게 많으니까. 성폭력은 이렇게 고소해도 잘 안 돼라고 저한테 계속 얘기를 했었으니까. 이렇게 연인관계에서는 그게 성폭력도 아니고 고소도 못 해. 그런 얘기를 계속 했었어요. … 제가 마지막에 이제는 나도 법률적으로 대응하겠다고 했지만 사실은 법률적으로 대응해서 할 수 있는 게 아무것도 없다는 걸 스스로 너무 잘 알고 있어서 그 상황까지 가면 큰일 난다는 생각은 있었지만.

보라는 수년간 데이트폭력 피해를 입고 신체적, 심리적으로 극심한 후유증에 시달리다가 데이트폭력이라는 단어를 알게 되고 자신의 피해를 명명할 수 있는 힘을 얻었다. 당시 경찰과 변호사를 찾아갔지만 "처벌이 거의 미미하다"는 말을 듣고, "책임을 물을 방법"을 찾다가 SNS를 통한 공론화를 선택하게 되었다고 말한다. **경수**는 데이트폭력을 경험하고, 스토킹에 대한 신고를 알아봤지만 "제재를 할 수 있는 게 거의 없"다는 사실을 알고 신고를 포기했다고 말한다. 이후 헤어졌으나 몇 년 뒤 우연히 만난 가해자에게 또다시 성추행 피해를 입은 후 결국 공론화를 결심했는데, 당시 **경수**는 공론화 외에 다른 해결 방법이 없었고, 다른 식으로 말할 수 있는 창구가 없었기 때문에 공론화했다고 읍소한다. 또한 데이트폭력 피해를 입었던 **은지**의 가해자는 "그게 성폭력도 아니고 고소도 못 해"라면서 세뇌시켰고 **은지**는 법적인 대응을 하고 싶었지만 "할 수 있는 게 아무것도 없다"는 것을 알았다고 말한다. 오히려 사건이 법적으로 가게 되면 역고소 등으로 인해 "큰일 난다는 생각"을 하기에 이르면서, 공론화와 조직 내 신고로 사건을 진행하게 되었다는 것이다.

데이트성/폭력 피해자들은 자신의 피해를 폭력으로 명명하기까지 오랜 시간이 걸리는 경우가 많다. 때리면서도 사랑한다고 말하는 가해자의 반복적 행동은 사랑하기 때문에 때리는 것이라고 믿게 만들고, 반복되는 가스라이팅 등으로 '때리는 거 하나만 빼면 참 괜찮은 사람'이라는 생각을 갖게 되기 때문에 폭력으로부터 벗어나는 데 어려움이 있다.[5] 그뿐만 아니라 그것이 피해임을 인지하게 되었더라도 상대에 대한 복잡한 감정과 체화된 무력감으로 문제제기의 방법을 찾는 데 어려움을 겪는다. 데이트폭력의 유형 중 스토킹,[6] 가스라이팅, 일상적 통제와 같은 피해는 법적 규정이 없거나 실효성이 부족하다. 그리고 지속적·일상적·장기적인 폭력적 관계에서 이미 심리적으로 위축되어 있는 피해자에게 발생하는 성폭력은 주로 비동의의 형태를 띠는 경우가 많아 고소에 이르기까지는 어려움이 따른다.

친밀한 관계에서 성폭력은 사랑/동의/합의/거래/협상/위협 등의 경계에서 단순히 동의의 여부를 넘어 몸의 경험과 정서적 경험을 오가기 때문에 복합적인 양상을 띤다. 동의하지 않았으나 거절하지도 않은 성적 행위들이 일상적으로 이루어져 법적으로 폭행과 협박을 증명하기가 매우 어렵고, 그 과정에서 성적 자기 결정권의 침해 여부를 판단하기도 쉽지 않다. 따라서 데이트성/폭력이 법적 해결에서 누락되는 주된 이유는 법적 언어로 피해를 증명하기 어렵기 때문이다. 여전히 성폭력은 주로 모르는 사람에 의해 발생한다거나, 저항하지 않았으면 성폭력이 아니라거나, 진짜 피해자라면 진작에 데이트 관계를 종료했을 것이라는 법적·사회적 통념은 친밀한 관계에서 발생하는 데이트성/폭력 피해의 특성을 이해하지 못하고 있다. 이에 따라 법은 데이트성/폭력 피해의 내용을 부정하면서 법적 해결의 조건에서 누락시키고 가해자의 가해행위는 탈범죄화된다.

결국 데이트성/폭력 피해자들에게 법적 고소는 선택지에 없는 경우가 많고, 법적으로 해결할 수 있는 규정이 없거나 규제가 너무 미미해서 고소의 의미가 없을 때, 사과를 받고 책임을 묻고 싶은 피해자들에게 공론화는 어쩔 수 없는 선택지이기도 하다. 그러나 이들이 숨겨온 피해를 드러냈을 때 가해자로부터 명예훼손 등의 보복성 역고소 피해를 입게 되는데 법은 인터뷰이 본인들에게 아무런 도움이 되지 못하고 오로지 가해자의 언어와 경험을 뒷받침해주는 거대한 장벽처럼 인식된다.

한편 위와 같이 피해 유형에 따라 선택적인 법의 구성은 피해자들이 오히려 법적 절차를 자발적으로 거부하는 이유가 되기도 한다. 아래의 인터뷰이들은 만약 고소가 가능했다고 하더라도 법적 해결이 피해자의 치유와 회복에 도움을 주는지에 대해 근본적 물음을 던진다.

은지(피해자)　　　　　이 사람을 처벌하는 거, 이 사람을 처벌해서 감옥에 가게 하는 게 내가 회복되는 건지 좀 고민했던 거 같아요. … 사회적으로 해결한다고 했을 때나 법적으로 해결한다고 했을 때나 이것은 이 사람이 경험한 건 피해고 저 사람이 한 건 가해라는 걸 명확하게 진실로 만드는 과정인 거 같은데, 논의되는 걸 정리하자면 근데 그렇다고 했을 때 그걸 누가 판단하지? 그 권력이 누구한테 있지? 저는 둘 다 핵심인 거 같은데 법이 판단하고 재판부가 판단한다고 하는데 그게 너무 남성중심적으로 서술되어 있고 남성중심적인 판례들이 쌓여서 계속 가해자들한테 더 좋은 판결이 날 수밖에 없는 토양이 문제인 거 같고, 사회적으로는 그 권력을 누가 갖고 있는지 모르겠다는 생각이 많이 들었거든요.

도경(피해자)　　　　　　어떻게 보면 저한테는 법정 싸움이 크게 의미가 있지 않았어요. 법이 그 사람에게 너는 유죄야, 너는 감방 가서 몇 년 살아라 해서 저의 분노나 아팠던 시간이 치유되지는 않아요. … 그 부당함들이 있었기 때문에 법이 공평하다고 전혀 생각이 안 들었는데, 사람들이 너무나 당연하게 마치 법원만 가면 공평하게 해결될 거 같은 환상을 갖는 거 자체가 저는 되게 문제라고 생각해요. … 법으로 싸우는 게 너무나 중요한 거 맞는데, (피해자인 친구한테) 너 스스로가 과연 법으로 싸워서 그 사람이 처벌을 받으면 정말로 네 삶이 편안해질까 하는 질문을 차마 못 했어요. … 법이 자기 자신에게 어떤 위안 같은 걸 줄 거라 생각하고 시작하지 않으면 좋겠다고 생각하는데, 그렇게 싸움을 시작했다가 처참하게 깨지는 사례들을 보면서 너무 안타까웠어요. 그게 어쩌면 제가 생각하는 법에 대한 불신이라면 불신이죠.

전 남자 친구에게 데이트폭력 피해를 입고, 함께 활동하는 동료에게도 성폭력 피해를 입은 **은지**는 각각의 피해를 공론화와 공동체 내 신고의 방식으로 처리했는데, **은지**는 법적으로 피해와 가해를 판단하는 "권력" 자체를 의문시한다. 남성중심적인 법은 "가해자들한테 더 좋은 판결이 날 수밖에 없는 토양" 속에 있기 때문에 고소를 거부할 수밖에 없었다는 것이다. 그리고 어릴 때 삼촌으로부터 성폭력 피해를 입었던 **도경**에게도 "법정 싸움"은 "크게 의미가 있지 않았"는데, 가해자가 법적 처벌을 받는다고 해서 "분노나 아팠던 시간이 치유되지는 않"는다는 것이다. 물론 이들은 법적 처벌을 하기 어려운 유형과 관계의 피해를 입기도 했지만, 오히려 그렇기 때문에 사법기관이 보호하고 인정해주는 피해는 매우 일부에 불과하며, 그렇게 불합리한 시스템에 굳이 선택받을 필요가 있는 것인지를 질문한다. 이처럼 일부 인터뷰이들은 이미 성폭력의 법적 해결의 한계, 즉 사회적 권력구조의 문제가 다뤄지지 않고 고소를 통해 치유와 회복이 어렵다는 것을 간파하면서 자신이 처한 법적 배제와 누락을 그것의 부정과 다른 실천들로 전유하기도 한다.

이상에서 살펴본 것과 같이 법은 친족성폭력과 데이트성/폭력 피해의 특성을 이해하지 못하거나 하지 않음으로써 법적 처벌을 고민할 수 있는 기회 자체를 배제하고 있다. 이렇게 불법이거나 폭력이지만 처벌하지 못하는 성폭력들은 피해자는 있지만 가해자는 없고, 피해는 있지만 처벌은 할 수 없는 어떤 것으로 누락되고 있다. 이는 법이 허용 가능한 관계와 내용의 성폭력을 선별함으로써 사회적 질서나 통념에 어긋나는 피해들을 은폐하는 사법화의 통치전략으로 볼 수 있다.

처벌과 치유를 담보하지 못하는 사법절차

복불복의 재판 결과

사법절차에 진입한 피해자들이 법적 해결을 통해 크게 기대하는 것 중 하나는 가해자에 대한 처벌이다. 이는 단순히 복수심에 의한 처벌이라기보다 유죄판결로 피해가 인정됨으로써 심리적 보상을 얻고 가해자가 피의자로 조사를 받는 과정 등이 치유와 회복에 도움이 될 것이라고 생각하기 때문이다.

지영(피해자)　　　　　거의 1년 동안 제 잘못이라고 탓하면서 살았어요. 2차 가해도 많이 듣기도 했었고, 근데 1년 뒤에 자아가 완전히 무너지면서 알코올중독이 시작됐고, 그러던 어느 날 한국성폭력상담소 글을 봤어요. 거기서 제 잘못이 아니라는 걸 깨닫고 홈페이지 글 같은 걸 보면서, 다른 위민넷 등에서 상담을 받고 고소를 진행해보면 어떻겠냐 해서 경찰 같은 데 알아보다가 고소를 하게 됐죠.

찬희(피해자)　　　　　저는 (피해자분이) 저 사람이 한 행동이 범죄일 수 있다는 걸 규정내리고 싶다, 고소를 해보고 싶다 하면 하라고 해요. 그것도 일종의 치유더라고요. 저 사람을 피의자로 불러서, 그 행동이 가해행위임을 수사기관에서 조사라도 받는 그 자체. 그거로도 내가 당한 게 피해였다라는 걸 이제 스스로 받아들이게 되고, 그 행위가 가해였다라는 것도 규정할 수 있어서 너무 좋았다고 한 피해자분들도 있어요. 그래서 고소를 하는 게 결과적 측면이 아니라 행위 자체도 피해자들한테는 회복의 한 방법일 수 있음을. 또 그런 게 있다라는 거죠.

지영은 어릴 때 여러 번의 성폭력 피해를 입었다. 이후 스스로를 탓하면서 힘든 시간을 보내다가 우연히 여성운동단체의 홈페이지에서 성폭력을 설명하는 글을 보고 자신의 "잘못이 아니라는 걸 깨닫고" 고소를 하게 되었다. 그리고 여성운동단체에서 진행하는 피해자 자조모임이나 집회 등에 나가면서 회복의 과정들을 거쳤는데, **지영**에게 고소는 자책감을 덜고 일상으로 회복하기 위한 하나의 방편이었다. 그리고 **찬희**는 고소도 "일종의 치유"라고 설명한다. "피의자로 불러서", "조사라도 받는 그 자체"에 대하여 "결과적 측면"을 떠나서 그러한 "행위 자체도 피해자들한테는 회복의 한 방법"일 수 있다는 것이다. 이처럼 고소는 피해자의 자책감을 덜고, 분노를 공적인 방식으로 표출하는 치유의 한 방법으로 인식되기도 한다. 그러나 이러한 기대와 달리 고소의 결과는 이를 담보하지 못하는 경우가 많다. 즉 성폭력 피해자들은 법적 규정과 객관성, 합리성을 통한 가해자의 처벌을 기대하며 법적 절차에 임하지만 앞에서 살펴본 바와 같이 법적으로 피해를 인정받을 수 있는 범위와 유형은 제한적이다.

그뿐만 아니라 법적 판단기준과 그 판단에 이르는 과정은 불확실해서 아래와 같이 역설적으로 운에 의지해야 하는 영역이기도 하다.

보라(피해자)　　　　그러니까 얘기 들을 태도가 준비되어 있는 수사관이나 재판부, 형사나 검사를 만나느냐 아니냐에 따라서 너무 천지 차이였고, 실제로 저한테 훈계하던 판사 앞에서는 제가 뭐 항변할 의지도 안 생겼었거든요. 얘기를 해봤자 소용없다는 걸 금방 알아차리게 돼요. 그 자리에서 … 그래서 사실 조사 과정도 복불복인 거 같아요. 그래서 이게 정말 먹히는 검사를 만나야 되는 게 우선이고, 두 번째는 이게 별 것 아닌 사건으로 취급받기 때문에 비슷한 사례가 있으면 그대로 복사해서 처분을 내린다는 게 사법시스템을 경험한 제 결론이에요. 그래서 선례가 중요해요.

성훈(변호사)　　　　우리나라는 성범죄라 짜다기보다 정신적 피해에 대한 위자료 자체가 되게 짜요. 재산연동을 안 해서 그래요. … 판사 마음이 되어버렸죠. … 그게 또 뭘 생각해야 되냐면 애초에 기준을 만들긴 힘들어요. 기준을 만들 수 없는 부분을 뭉뚱그려서 위자료라는 말로 해놓은 거거든요. 그래서 사

　　　　시장으로 간 성폭력

실상 민사소송의 기준은 없죠. 게다가 공유도 안 되고 만들기도 애매한데 그런 게 판례로 쌓이면 기준이 좀 될 텐데, 성범죄의 경우는 스펙트럼이 너무 개별적이에요. 예를 들어 가해자의 행위는 똑같은데 받아들이는 양식이 정신적 고통의 양이 너무 차이가 커요. … 어떤 사람은 강간을 당해도 툴툴 털고 일어나는가 하면, 누가 지나가다 엉덩이를 만지면 그 트라우마에 평생 시달리는 사람도 있어요. 그래서 이걸 일률적으로 하기가 굉장히 애매해요. 근데 어쨌든 법원에서는 다 자기가 제일 힘들다고 주장하니까 법원 입장에서는 일반적인 법 감정으로 생각하게 되는데, 일반인의 평균적인 법 감정이 어느 정도인지는 재판부마다 너무 다른 거죠. 어떤 판사를 만나느냐에 따라 복불복이에요. 그리고 언론에 보도된다거나 해서 유명해지면 더 이렇게 하고 이런 것들이.

위 인터뷰이들은 수사·재판의 과정과 결과가 "복불복"임을 토로했는데, **보라**는 법적 해결 과정에서 어떤 검사를 만나느냐가 가장 중요하고, "비슷한 사례가 있으면 그대로 복사해서 처분을 내"리는 경우들을 보면서 "선례"가 중요하다는 생각을 하게 된다. **성훈**은 성폭력 피해에 대한 민사소송의 문제점을 말하면서 한국의 성범죄 위자료 기준이 "판사 마음이 되어버렸"다고 말하는데, 물론 개인에 따라 "정신적 고통의 양"에 차이가 있기 때문에 "일률적으로 하기가 굉장히 애매"한 영역이기도 하다는 것이다. 따라서 어떤 판사를 만나냐에 따라, 그리고 해당 사건이 언론에 얼마나 노출되느냐에 따라서도 차이가 크기 때문에 판례가 쌓이는 것이 중요하다고 강조한다.

일례로 현재 가해자에 의한 무고나 명예훼손이 불기소 처분을 받아도 그러한 고소 남용에 대한 무고 인정은 드물며, 형법 제307조 1항의 사실적시 명예훼손의 경우, 제310조(위법성의 조각)에 의하여 "제307조 제1항의 행위가 진실한 사실로서 오로지 공공의 이익에 관한 때에는 처벌하지 아니한다"고 되어 있지만 "공공의 이익"에 대한 판단이 재판부마다 달라 가해자들은 일단 고소를 하는 경향이 있다. 성폭력 피해를 공론화한 많은 피해자가 명예훼손으로 역고소를 당했을 때 실제 실형을 받는 경우는 드문 편이지만, 아래의 사례와 같이 역고소 판단의 불균등한 기준은 법의 의미를 되묻게 한다.

찬희(피해자)　　　　무고죄 적용이라는 것도 성폭력 피해자한테 가혹하게 고소가 되지, 가해자가 보복성 고소를 했을 때 보복성 고소에 대한 무고 인정은 많지 않잖아요. 저는 그런 케이스였어요. 혼자서 무혐의를 받아냈지만 진짜 맨땅에 헤딩하는, 지속적으로. 그게 아마 20××년까지 갔었죠. … 허위사실 적시 명예훼손으로 고소가 되셨던 두분의 피해자가 사실적시가 인정돼서 모두 유죄 선고를 받았는데, 그 이유가 달라요. 그 공공의 이익에 대한 판단이 재판부마다 너무 다른 게, 어떠냐면 특정성에 대한 판단이 다른 거예요. 한쪽은 이름을 특정했기 때문에 공공의 이익이 안 된다고 봤고, 한쪽은 '공공의 이익을 주장하려면 이름을 특정해서 얘기해야 되지 않니?'라고 해서 재판부가 이런 판단을 내려버리는 거예요. 뭐 하자는 건지. 그러니까 공공의 이익이라는 거 자체가 이현령비현령의 케이스가 되어버리는 거고, 그것도 수사기관에 따라서 다르기도 하고요. 그래서 아시겠지만 이게 약자를 위한 법안이 될 수가 없는 쪽으로 가서. 가해자들이 일단 허위사실적시 명예훼손으로 고소를 하죠.

경수(피해자)　　　　　제가 느끼기에는 어땠냐면. 그 이후에 공론화를 하겠다는 사람이 있으면 일단 말렸고, 공공의 이익에 부합한다는 게 우리가 생각하는 공공의 이익이 아닌 거 같아요. 우리는 공공의 이익이라고 생각하지만 이 사람들은 굉장히 사적인 이유라고 생각하는 거예요. 예를 들어 진보 운동에서 이런 문제들이 많이 발생하니까 이런 일들이 더는 없기를 바라면서 공론화를 했다. 이게 우리가 생각할 때는 공공의 이익에 부합하는데 재판부 생각에는 굉장히 사적인 일이에요. 포인트가 좀 다른 것 같아요. 재판부는 가해자가 공인이고 유명한 사람이면,

이 사람이 이런 짓을 하지 않은 것처럼 살아가면 안 된다. 이런 걸 공공의 이익에 부합한다고 생각하는 거 같아요.

찬희는 명예훼손 역고소와 관련해 공공의 이익 판단에서 "특정성에 대한 판단" 기준이 모호함을 지적한다. "한쪽은 이름을 특정했기 때문에" 유죄판결을 받았고, 또 다른 피해자는 "공공의 이익을 주장하려면 이름을 특정"해야 되는데 하지 않아서 유죄판결을 받았다는 것이다. 이에 따라 명예훼손은 위법성의 조각사유 조항이 있다고 해도 "약자를 위한 법안이" 되기 어렵다고 인식된다.

그리고 데이트폭력을 공론화했다가 명예훼손 역고소를 당한 **경수**는 위법성 조각사유에서 명시하고 있는 공공의 이익이 본인의 생각과 달랐다고 말한다. 자신이 생각한 공공의 이익은 진보운동사회에서 "이런 문제들이 많이 발생하니까 이런 일들이 더는 없기를 바라"는 것이었지만, 그러한 이유는 수사·재판 담당자들 생각에는 "굉장히 사적인 일"로 인식되고, "가해자가 공인이고 유명한 사람"인 경우 "이런 짓을 하지 않은 것처럼 살아가면 안" 되는 것에 초점을 맞춘다는 것이다. 이처럼 피해자들은 법의 사각지대에 있는 여성에 대한 폭력이 사회적인 문제이자 공적인 문제라고 인식하면서 공론화하지만, 법원에서는 그러한 문제의식이 사적인 일로 인식되면서 가해자의 사회적 인지도를 중심으로 공공의 이익이 판단되기도 한다. 그리고 이때 여성폭력에 대한 공적 의제는 법적 공간에서 사적화(私的化)되는 경향을 보이고 있다.

치유와 회복을 무력화하는 수사·재판 과정

성폭력 피해자들이 힘든 이유는 성폭력 피해를 입은 그 순간의 기억과 충격 때문이기도 하지만, 피해 이후에 발생하는 사건 처리의 과정, 사회적 관계망의 파괴, 내/외적인 비난과 자책으로 인한 자존감의 하락, 경제활동의 어려움으로 인한 생존의 문제 등에서 기인하는 경우가 많다. 특히 수사·재판 과정에서의 힘든 경험들은 치유와 회복에 대한 피해자의 기대를 무력화하기도 한다.

보라(피해자)　　　　　왜 여성들은 무기력하게 이토록 완고하고 강력한 시스템 안에서 살아남지 못하고 죽는가. 그때 그런 일들을 보면서 가해자와 가해자 주변인, 가해자가 속해 있던 법인에 대한 분노가 너무 커서 관련 글을 한동안 보지 못했어요. 그게 내 사건에 대한 트라우마는 아니잖아요. 이후의 과정들을 거치면서 생기는 거거든요. 그런 정보들에도 접근할 수 없는 상태가 되는 거예요. 그러다 보니까 나는 소송 과정이나 그 과정에서 벌어진 일들 때문에 받은 심리치료의 이슈가 대부분 그거

였거든요. 이후에 추가적으로 생기는 트라우마들. 아니면 공격에 대한 방어? 그런 과정들이 내 몸을 병들게 했죠.

경수(피해자)　　　진짜 여러 가지 생각을 많이 했었는데, 고소당하고 나서 더 무서운 것도 있었죠. … 얘는 진짜 제정신이 아니구나. 내가 잘못 밟은 것 같아서. 초반에는 얘가 무서웠고요, 그리고 나서는 솔직히 말하면 사람들의 시선도 오랫동안 무서웠던 것 같고. 사건 이후에 공황장애가 생겼었어요. 지금도 좀 있어요. 대중교통도 못 타고. 사람 많은 데도 못 가고. 페북에 글도 못 올리겠어요. 올릴까 생각하다 보면 스트레스를 받는다고 해야 되나. 뭘 드러내서 말을 하거나 이런 걸 못 하겠고. 사람이 좀 무서워진 것 같아요. 본래 이런 성격이 아닌데 인간관계에서 굉장히 폐쇄적이 된 거죠. 활동적이었는데 이젠 부끄러워하는 성격이 되어버린 거죠.

위 사례들은 데이트폭력 피해를 공론화한 이후 역고소 피해를 입으면서 힘든 시간들을 보냈는데 **보라**는 가해자로부터 2년에 걸쳐 여러 개의 역고소 피해를 입으면서 정신적으로 힘들었던 것은 "내 사건에 대한 트라우마" 때문이 아니라 "이후의 과정들을 거치면서 생기는 거"였고 "소송 과정이나 그 과정에서 벌어진 일들 때문에" 심리치료를 받았다고 회고한다. **경수** 역시 역고소 피해를 입고 나서 가해자와 사람들의 시선이 무서워졌는데 이로 인해 "공황장애"가 생겼고, 성격 자체도 "부끄러워하는 성격이" 되어버렸다고 말한다. 가해자들의 반성하지 않음에 용기를 내어 피해를 공론화한 그들에게 이후 법의 이름으로 일어난 역고소들은 피해의 질과 내용, 사건 해결에 투여되는 시간과 공간까지도 바꾸어버린 것이다. 즉 이들의 심리적 어려움은 피해 당시의 순간들 때문이 아니라 공론화 이후 가해자들의 무차별적인 공격으로 인한 것이었는데, 이는 피해 이후 어떠한 해결 과정을 거치느냐에 따라 피해자의 치유에 큰 차이가 있음을 보여준다.

정희(피해자)　　　　저는 처음에 법이 정의를 실현시켜줄 거라고 믿었어요. 근데 오히려 저를 얽매이니까 이걸 괜히 시작한 거 아니냐고 말을 하는 사람이 많더라구요. 저는 제가 잘못한 게 없으니까 괜히 시작했다는 생각을 단 한 번도 안 했거든요. 근데 그런 얘기를 끊임없이 들으니까 내가 잘못됐나? 혹시 내가 진짜 무고를 했나? 이런 생각까지 드는 거예요. 다른 사람들의 말에 세뇌가 되는 거예요. 그리고 검사나 경찰이 하도 저보고 계속 너 이렇게 하지 않았냐, 무고한 거 아니냐 얘기하니까 진짜 혼란스러웠어요. … 그때 정신병에 걸릴 것 같았어요. 그러면서 약을 먹기 시작했죠. 약을 먹으면 좋은 건 멍해지는데 사람이 멍청해지잖아요. 그니까 사건이 잘 생각나지 않는 거예요. 나중에는 사건을 기억하려고 약을 임의로 끊었어요. 부작용이 되게 심하더라구요. 우울증이 급격하게 와요. 너무 다운이 돼요. 그래서 그냥 걔네 집 가서 목을 매달까 하는 생각을 계속하게 되는 거예요. 사법부가 저한테 준 게 그거예요, 정신병.

현아(활동가)　　　　　　　(지원했던 피해자 사건에서) 2심에서는 새로운 증거들과 얘기들도 나오고 검사도 그렇게 얘기하니까, 역시 사법기관이 완전 죽은 건 아니었구나 하는 희망이 있었어요. 희망이 있으니 뭔가 바뀌겠지 생각했는데, 또 그걸 들면서 무죄를 내린 걸 보고 자기는 이 사회에 환멸이 느껴지고 너무 싫고, 이건 너무 현실이 아닌 것 같은 생각이 들어서 자살충동이 드는데, 자살하는 게 너무 무서우니까 자살을 안 하기 위해서 자해를 계속했다는 거예요.

정희는 가해자를 성추행으로 고소했을 당시만 해도 "법이 정의를 실현시켜줄 거라고 믿었"지만 일이 계속 잘못되고 있다는 걸 느끼면서 "내가 진짜 무고를 했나?"라고 혼란스러워지면서 무고를 추궁하는 검사나 경찰의 말에 "세뇌"가 되기도 했다고 한다. 그런 과정들을 거치면서 약물을 복용하게 되었는데, 사법부가 자신에게 준 것은 정의의 실현이 아니라 "정신병"이었다고 말한다. 피해 이후 사과도 요구하고 당당하게 고소도 했지만, 국민참여재판까지 거쳐서 2심까지 무고 유죄를 받고, 1억 5,000만 원의 민사소송까지 당했던 **정희**에게 고통은 사법절차를 거치면서 생겨났고, "정의"에 대한 믿음은 사라졌다. 그러나 아직 여러 재판이 끝나지 않았기 때문에 "사건을 기억하려고 약을 임의로 끊었"다가 "부작용"을 겪는 일이 반복되고 있었다.

활동가 **현아**가 지원한 사건 중에는 CCTV 등 증거도 확실했고, 또 피해자에게 유리한 "새로운 증거들"이 나오고 있는 상황이었음에도 2심 재판에서 가해자는 무죄판결을 받았고 피해자는 "자살충동"을 느끼지만 "자살을 안 하기 위해서 자해를 계속"하는 사건이 있었다고 한다. 이처럼 사법절차에 대한 피해자들의 기대는 결코 당연한 것이 아니었고, 많은 피해자가 고소를 후회하기도 한다. 위의 인터뷰이들에게 힘든 것은 사건 발생 순간에 대한 충격이라기보다 사법처리 과정에서 법에 대한 실망에서 비롯되지만, 수사·재판 과정에서 피해자는 피해를 입증하기 위해 고통을 증명해야 할 뿐, 고통의 이유와 내용에 대해서는 말할 기회가 없다.

한편 때로는 법적으로 승소했다고 하더라도 피해자에게 큰 위로가 되지 못하기도 한다.

정희(피해자)　　　　　　결국 대법원에서 결론이 난 거예요. 파기환송을 받았고 대법원에서는 성추행이 있었던 것으로 보인다는 문구가 돌려돌려 있어가지고 결국 파기환송심에서도 성추행이 있던 걸로 보인다고 아예 결론을 지었더라구요. … 사실 파기환송도 7월에 됐는데 파기환송심 결론이 12월에 났어요. 그것마저도 5개월이 지난 거죠. 그래가지고 뭐 한 2년은 그냥 3심 때문에 공중에 날린 느낌? 후련하다기보다는 뭘 이렇게 돌아돌아 왔을까 하는 생각이 컸어요.

지영(피해자)   이겨도 힘들더라구요. 항소한 것도 나중에 알았고 아무도 알려주는 사람이 없으니까 … 그래서 경찰에 전화해보니까 알려줄 의무가 없다고 하더라구요. 법정에서의 주인공은 검사랑 가해자, 피고인이라면서. 저한테 알려줄 권리가 없대요. 의무가 없대요. 황당했죠. 화도 나고 … 이긴 건 좋은데 힘든 건 여전하더라구요.

정희는 무고 역고소가 시작된 지 6년째인 2020년에 되어서야 대법원에서 "성추행이 있던 걸로 보인다"며 파기환송되면서 승소하였고, 민사 역고소 역시 가해자가 피해자에게 적지 않은 금액을 배상하는 것으로 마무리되었다. 결과적으로 민형사상 승소한 셈이지만 "후련하다기보다는 뭘 이렇게 돌아돌아 왔을까"라는 생각을 하게 되었다고 말한다. 피해 이후 사회생활도 제대로 못 하는 상황에서 2,000만 원을 써야 했던 **정희**에게 이 시간들은

"공중에 날린 느낌"으로 인식되고, 승소는 결코 기쁘지만은 않은 결과로 인식되는 것이다. 그리고 **지영**의 가해자는 3년 징역형을 선고받았지만 "이겨도 힘들"었다고 회고한다. 1심이 끝난 후 가해자의 항소 사실을 몰랐던 **지영**은 급히 상황을 알아보려고 했으나 "법정에서의 주인공은 검사랑 가해자, 피고인"이기 때문에 "알려 줄 의무가 없다"는 대답을 들었다. 결과적으로 가해자의 항소는 기각되었지만, 자신이 법적 진행 절차를 확인하거나 진행 과정에 개입할 수 없다는 답답함은 계속 남았고, 사건에 대한 기억과 힘든 시기에 생겨난 술에 대한 의존도 쉽게 고쳐지지 않았다.

위와 같이 피해자들은 사법절차의 과정에서 자신이 생각했던 정의에 대한 실망과 좌절을 경험하면서 피해에 대해 문제제기를 했던 이유와 법적 해결의 의미를 회의적으로 인식하게 되기도 한다. 피해자들은 가해자 처벌, 피해의 공적 인정, 그로 인한 치유와 회복을 기대하면서 법적 절차에 임하게 되지만, 이러한 기대에 대한 좌절로 힘듦을 호소하고, 재판부에 따라 다르게 적용되는 법적 판단은 일관성이 부족하여 신뢰하기 어려운 것으로 인식되고 있다.

관리되는 여성단체와 보수화되는 언어

현재 성폭력 피해자에 대한 정부의 주된 지원 방향은 성폭력방지 및 피해자보호 등에 관한 법률에 근거하고 있는데, 피해자 의료 지원, 돌봄 비용 지원, 치료회복프로그램 지원, 법률 지원, 주거 지원, 보호 지원, 디지털 성범죄 지원 등으로 구성되어 있다.[7] 특히 주된 지원의 영역은 의료/치료, 법률 지원에 집중되어 있는데, 물론 이는 기본적이고 당연한 지원이지만 개별적 차원에 머물러 있기 때문에 사회 변화를 지향하는 여성운동단체의 활동과는 긴장감이 존재할 수밖에 없다.

따라서 점차 개인화되는 정부의 지원시스템 속에서 단체의 활동가들은 아래와 같이 답답함을 호소한다.

혜진(활동가)　　　　　지원자로서의 고민은 아까도 잠깐 얘기했지만 피해자가 원하는 것도 그렇고 약간 저희도 뭔가 의료 지원, 법률 지원 업무를 하다 보니까 약간의 서비스를 제공하고 끝나는 거 아닌가 고민이 들 때가 많아요. … 그렇다고 어떤 심리적인 고통을 호소하고 약물치료나 정신과 상담을 받고 싶다고 호소하는 내담자에게 저희가 할 수 있는 건 의료 지원과 의료기관에 연계를 하는 건데 일회성으로 끝나게 되거든요. 아까 제가 맨 처음 얘기했던 사례의 경우는 법적인 결과는 좋지 않았지만 지금 상담소 후원도 해주시고 있고 그 외에도 작은 말하기 같은 걸 하면서 나눔터에도 글을 쓰시고 상담소 활동에 연계되는 사람도 있는가 하면 그렇게 연결되지 못하고 그냥 일회성,

일회성 상담만 하고 의료 지원 연계가 되는 그런 경우들, 이런 게 좀 지원자로서 고민이에요. 약물치료나 상담을 받는다고 해서 모든 게 치유되지는 않는 것 같은? 그런 피해자들을 보면? … 치유라는 키워드에 약물치료나 트라우마 상담만이 영향을 줄 수 있는 변수는 아닌데, 아까 국가의 지원체계도 그렇고 좀 모든 게 약간 의료 지원으로 연결돼 있는 거 같긴 해요.

선영(활동가) 　　　사실 피해자의 법적인 지원, 의료적인 지원도 물론 중요하지만 국가가 해줄 수 있는 게 그 두 가지밖에 없다고 했을 때 마치 법적으로 의료적으로 해결되면 되는 문제처럼, 피해자에게 그런 식의 메시지로 다가가기도 하는 거라는 생각이 들거든요. 그니까 그 두 가지가 해결되면 끝나는 문제. 진짜 국가 입장과 마찬가지로 결국 회복되어야 되는 것은 피해자의 주변에 있는 관계망들이고 그러기 위해서 교육이 필요하고, 성폭력 근절이 불가능한 것을 알지만 어쨌든 사회를 유지해야 된다? 저는 여태까지 어떤 성격의 사회를 만들어야 된다는 전망을 가지고 교육을 하는 거라고 생각했거든요. … 복귀할 수 있는 어떤 수준의 공동체를, 그 사회를 어떤 수준으로 유지하기 위해서 필요한 걸 국가가 해야 할 거 같은데.

활동가 **혜진**에 따르면 여성운동단체에서 "약물치료나 정신과 상담"을 원하는 피해자들에게 하는 지원은 의료기관에 연계하는 것인데, 이는 연속적 지원을 할 수 있는 성격도 아니고 때로는 피해자들이 치료를 받는다고 해서 "모든 게 치유되지 않는 것" 같다는 생각을 하게 된다. 치료는 개인의 환경과 자원에 따라 다른 결과를 가져오는데 "국가의 지원체계"는 의료적 차원으로만 이어져 있다는 것이다. 이는 국가가 인식하는 성폭력 피해의 회복은 개인적으로 심리적·정신적 문제를 '치료'하면 되는 일로 인식하고 있음을 드러내는데, 이런 상황에서 운동단체의 역할은 운동이 아니라 "서비스를 제공하고 끝나는 거 아닌가" 의문을 갖게 된다. 그리고 활동가 **선영**은 법적·의료적 지원에 집중되어 있는 지원체계를 통해 피해자의 치유는 "법적으로 의료적으로 해결되면 되는 문제"라는 "메시지"로 전달되는 것 같다고 말한다. 치유와 회복에 필요한 것은 "피해자의 주변에 있는 관계망들"이고 그 관계망들이 유지되기 위해서는 "교육이 필요"하며, 피해자가 피해 이후에 "복귀할 수 있는 어떤 수준의 공동체"를 만드는 것은 국가의 역할인데, 그러지 못하고 있다는 것이다.

2022년 현재 전국 168개의 성폭력상담소 중 정부의 지원금을 받는 104개의 상담소[8]는 여성가족부에 해마다 운영실적을 보고해야 하는데,[9] 시설정보 및 종사자 수, 상담 건수, 상담 방법, 지원 내용, 피해 유형 및 가해자 상세 현황, 형사고소 지원 현황, 성폭력 외 기타 사건 지원 현황 등이 주된 내용이다. 특히 상담소

지원의 범위는 심리·정서 지원, 수사·법적 지원, 의료 지원, 기관 연계, 정보 제공으로 구분되어 있어 그 외의 지원 영역들, 예를 들어 이슈 투쟁이나 사회 변화를 위한 문화운동 등의 활동은 포함되지 않는다. 이러한 운영실적의 보고 방식에서 특히 2018년에는 정량 평가를 진행했는데, 일부 지자체에서는 각 지역의 성폭력 상담소에 지난해보다 더 많은 상담을 목표치로 제시하고 그 수치에 도달하도록 공문을 보내기도 했다.[10] 이러한 보고 방식은 여성운동단체의 거센 반발로 2019년부터는 다시 정성 평가로 돌아가기는 하였으나 이는 국가가 성폭력 피해자 지원과 여성운동단체의 역할을 어떻게 인식하고 있는지를 잘 보여준다.

성폭력 피해자 지원은 양적으로 계산될 수도 가늠될 수도 없으며, 계획할 수도 없는 수많은 변수와 연속선 속에서 진행되는 과정임에도 상담소들의 피해자 지원은 실적으로 관리되고 성폭력 피해의 내용과 피해자의 경험은 수치와 건수로 정박되고 있는 것이다. 이러한 실적 중심의 관리에 따르면 피해자와 나눈 문자 메시지 하나는 한 건의 상담 실적이 되지만, 더 많은 시간과 품이 들어가는 기자회견이나 집회 참여, 1인 시위나 각종 연대활동과 공대위 활동은 실적에 포함되지 못하기 때문에 정부 지원금을 받기 위해서 굳이 필요하지 않은 일이 된다.

그리고 성폭력상담소의 운영비는 각 지자체별로 다소 차이가 있지만 대체로 국비 50%와 지방비 50%로 마련되는데, 일부

지자체에서는 재정 지원을 빌미로 상담소의 활동을 감시하고 대외적인 활동을 하지 않도록 압력을 넣기도 한다. 이렇게 성폭력 상담의 내용과 지원의 과정은 국가 차원에서 관리되고 있는데, 이에 일부 상담소는 개별화된 피해자의 의료·법적 지원에 집중하게 되고 사회구조적 변화를 추구하는 각종 활동은 우선순위에서 미루게 되기도 한다. 여성운동단체는 성폭력 통념과 남성/가해자 중심적인 사회구조의 문제를 다루는 기관이 아닌 피해자 개인의 사후처리를 대리하는 사회복지 차원의 서비스 기관으로 위치되고 있는 것이다.[11]

현아(활동가)　　　　　올해의 추세 역시 N번방 사건이 터지면서 사례들은 미어터지고 쉽게 끝나는 게 대부분 없고, 가해자들은 가해자 전문변호사 쓰면서 전략적으로 나오니까 엄청 길게 가고 역고소는 무조건 들어오고. 우리가 상반기에 무료법률구조를 신청한 게 20건이 넘었더라고요. 그러니까 사례는 너무 힘들고 어떻게 해야 되는지 고민이 너무 많죠. 사례 지원하는 건하겠는데, 아까 얘기한 것처럼 여유가 좀 더 있어야 내가 더 프러스 알파를 해줄 수 있는 걸 고민하고 찾아보게 되는데, 지금 그럴 시간적 여유가 없는 거예요. 그걸 하기 위해서 지금 안 하면 또 마음에 걸리니까 자꾸 주말이나 저녁 시간에 하고 있어요. 그래서 저 지금 고민이 이거예요. 나 지금 제대로 가고 있는 건가? 이 말 하면 눈물날 거 같아요. 나 지금 소진되고 있는 거 아니야? 이러다가 어느 순간 확 놔버릴 거 같아요. 이런 고민이 너무 많아요.

혜진(활동가)   우리 지원의 목적은 이런 법적 절차, 법적 대응에서 승리를 거두는 게 아니라 피해자 옆에 있어주면서 피해자로 하여금 공감받고 지지받는 느낌을 주는 것이다, 이런 비슷한 말을 들었어요. 엄청 인상 깊었는데 사실 그런 거 아닐까 생각이 들어요. 근데 또 그러려면 우리 상담소의 구조적인 문제도 고민해봐야 되는데, 엄청난 업무량을 적은 인원으로 하고 있으니까요. 국가 지원제도도 이런 문제점이 있지만 우리 상담소 역시 인력이 부족해서 서비스화되는 건 아닐까? 좀 더 여유 있고 시간과 인력이 충분하다면 사례에 더 신경쓰고 함께할 수 있는 경험을 할 수 있지 않을까 하는 생각이 들어요.

활동가 **현아**는 최근 들어 "N번방 사건" 등으로 "사례들은 미 어터지고", 가해자들은 "가해자 전문변호사"를 선임하면서 "전략적으로" 대응하니까 과거보다 사건 지원 과정이 길고, 역고소도 "무조건 들어오고", 그런 상황에서 다양한 해결 방법에 대해 고민할 수 없다고 호소한다. 즉 갈수록 사건 지원의 내용도 복잡해지고, 사건도 양적으로 늘어나고, 시간적으로도 길어지는 상황에서 제도화되어 있는 법적·의료적 지원 외의 선택지를 고민하기 어렵다는 것이다. **현아**는 마음이 불편하기 때문에 "주말이나 저녁 시간에" 추가적 지원을 위해 노력하지만, 한정된 시간과 체력으로 결국 "소진"되고 있음을 느낀다고 말한다. 그리고 활동가 **혜진**은 한 포럼에서 여성운동단체가 성폭력 사건을 지원하는 목표는 "법적 대응에서 승리를 거두는" 것이 아니라 피해자에게 "공감받고 지지받는 느낌을 주는 것"이라는 말을 인상 깊게 들었다고 말한다. 그렇지만 현재 성폭력상담소의 활동들은 한정된 인력, 국가의 법·의료 중심의 지원체계 속에서 "서비스화"되고 있는 것 같다고 느끼고 있다. 이처럼 활동가들은 다양한 해결 방법을 모색할 수 없게 만드는 제도화된 지원체계, 부족한 인력, 가해자들의 적극적인 대응, 늘어나는 사건들 속에서 사회 변화를 위한 활동을 하기 어렵고 지원 실적에 포함되는 기본적인 활동에 집중할 수밖에 없는 것이다.

국가는 이러한 실적 관리를 통해 특정한 인구 집단을 관리하는 통치 이성, 즉 '생명 관리 권력'을 행사한다. 이때 사회정책은 개인들을 위험에서 보호하는 것이 아니라 개인들이 위험을 감수하고 대면할 수 있는 일종의 경제적 공간, 즉 의료, 법률, 주거 등의 금전적 지원의 영역을 부여하는 것에 그친다. 이에 점차 구성원들은 개인적·집단적 위험의 문제를 사회에 요구하지 않게 되는데, 이것은 사회보장을 통해 개인들을 위험에서 보호하는 것이 아니라 그 내부에서 위험을 감수하고 대면할 수 있는 공간을 마련해줄 뿐이다.[12] 이러한 상황에서 일부 활동가들은 다양한 지원의 방식들, 운동의 방향에 대해 고민하기 어렵고 법 언어에 익숙해지면서 보수화되는 경향을 보이기도 한다.

유미(활동가)　　　제 말이 어려워졌다고 친구가 말하더라구요. 특히 성폭력 관련해서 얘기할 때, 되게 법적 용어 쓴다고 얘기하는 기자 친구도 있었어요. 저는 현장 단체에서 일하니까 법의 죄목도 잘 알게 되고 그 법과 관련해 다양한 법 언어들에 친숙해졌잖아요. 그러니까 양형인자가 어떻고 특별양형인자가 어떻고 일반양형인자에 이런 게 있다는 등 이런 얘기를 줄줄줄 하면 무슨 말인지 좀 쉽게 얘기해달라고 하더라구요. … 이게 사건화될 수 있을까? 이렇게 시각도 조금씩 변하는 것 같아요. 전화상담을 하면 많은 피해자가 해당 사건을 고소할 수 있냐고 물어보잖아요. 어떤 사건을 봤을 때 이거 성추행으로 인정받을 수 있을까 자꾸 상상하게 되더라구요. 저도 모르게. 일지 같은 걸 읽으면서도 그런 상상을 하게 되니까 더. 예전에 사석에서 편하게 얘기하다 나온 말인데 이 업계에서 일하는 사람들만큼 성폭력 사건에 대해 보수적으로 얘기하는 사람이 없다고. 현실이 보수적이라는 것을 더 잘 아니까 그렇게 얘기하는 거지만, 이런 얘기를 누가 했었는데 그 말에 공감이 가더라구요. 예전에는 애매한 부분이 있어도 한번 싸워보자고 얘기할 수 있었던 것 같은데 지금은 이 사건이, 이 사람이 겪은 일이 법정에 가면 어떤 식의 다툼이 있을지 알게 되니까 시각도 좀 보수적으로 된 것 같고.

3년 차 활동가 **유미**는 여성운동단체에 들어가기 전 대학에서 반성폭력운동을 했던 경험이 있는데, 성폭력상담소에 온 후 주변 친구들로부터 "말이 어려워졌다"는 이야기를 듣기 시작했다고 한다. "법의 죄목도 잘 알게 되고", "법 언어들에 친숙해졌"다는 것이다. 그러다 보니 어떠한 사건을 접할 때 법적으로 인정받을 수 있을지 "자꾸 상상하게" 되었는데 전에는 "애매한 부분이 있어도 한번 싸워보자고 얘기"했다면 이제는 "법정에 가면 어떤 식의 다툼이 있을지" 현실적인 생각이 강해지면서 "시각도 좀 보수적으로" 되는 것 같다고 말한다. 물론 상담소 활동가로서 성폭력 관련 법적 용어에 익숙해지는 것은 자연스러운 일일 수 있지만, 때때로 단체활동가들이 더 "보수적으로 얘기"한다는 **유미**의 지적은 단체의 핵심 지원과 활동이 법적 지원에 집중되어 있는 현실을 보여준다.

이러한 흐름 속에서 아래의 인터뷰이는 여성운동단체의 지원을 받지 못한 이유를 설명한다.

은지(피해자)　　　　　법은 남자들, 가해자들한테 유리한데 피
해자가 원하든 원치 않든 법의 테두리 안으로 계속 끌려 들어가
는 게 있고, 근데 그 법의 테두리 바깥에서 해결해보려고 하면
피해자가 선택할 수 있는 게 너무 없는 거예요. 피해자들을 지
지해줄 수 있는 게 너무 없어요. … 지금 내가 이 일을 하는 건
무슨 의미가 있지? 내가 지금 어디쯤 와 있지? 나한테 회복은 뭐
지? 이런 고민을 해야 할 때라는 생각이 드는데 시간은 너무 빨
리 가고 이 모든 것을 나 혼자 고민하고 나 혼자 해결해야 된다
는 게 너무 힘든 일이더라구요. 근데 또 여성단체 같은 곳의 도
움을 받기에는 너무 많은 성폭력 사건이 발생하고 또 온라인상
에서 공론화를 하거나 경미한 사건으로 보이는 성폭력 사건들
에 사법적인 영역도 아니고 사회적으로 해결하는 방식을 원하
는 사람들이 기존 여성단체의 도움을 받는 게 맞을까, 도움이
될 수 있을까 하는 고민도 좀 있었고, 그런 상황들이었던 것 같
아요.

은지는 성폭력의 법적 해결의 한계를 얘기하면서 법은 "가
해자들한테 유리"한 공간이고 "법의 테두리 바깥"에서 무언가
방법을 찾아보려고 해도 "피해자가 선택할 수 있는 게 너무 없"
다고 아쉬워한다. 이에 공론화 전후의 대응 과정을 스스로 고민
하고 해결해야 했던 상황에서 여성운동단체에 도움을 요청할까

도 생각해봤지만 "온라인상에서 공론화를" 하는 사건 또는 "경미한 사건으로 보이는 성폭력 사건들"에 대해서 지원을 해줄지, 더군다나 "사법적인 영역도 아니고 사회적으로 해결하는 방식"을 취하고 싶은 피해자들에게 여성운동단체는 도움을 줄 수 없을 것 같다는 생각을 했다고 한다.

한편, 아래의 인터뷰이는 여성운동단체가 피해의 내용에만 집중한다고 비판한다.

> 다정(피해자)   제가 진짜 하고 싶은 말은 어떻게 회복을 했는지예요. 이게 가장 필요할 것 같아요. 지금까지 보면 여성단체들이, 성폭단체(성폭력상담소)든 지원단체든 피해에만 너무 얽매여서 얘기를 해요. 이래서 이런 피해가 일어났고 … 이런 피해를 이렇게 입었는데 이 사람이 이렇게 저렇게 해서 지금은 요렇게 살아요, 짜잔! 무슨 디즈니 공주 시리즈도 아니고. 결혼해서 행복하게 살았답니다도 아니고. 결혼한다고 행복한 게 아니잖아요. 행복하지 않은 사람들이 얼마나 많은데 … 저는 피해에만 집중하는 게 싫어요. 피해가 어떻게 일어났냐가 중요한 게 아닌 것 같아요. 그렇게 피해를 입은 사람들이, 저는 이 피해가 성희롱이든, 추행이든, 성폭행이든, 사이버 성범죄든 어떤 게 크고 어떤 게 작다고 얘기할 수는 없는 거 같아요. 그 사람한테는 계속 트라우마로 남는 거기 때문에. 큰 사건이었든 작은 사

건이었든 빨리 회복해서 살아야 될 거 아니에요. 저는 제가 회복한 방법에 대해 말하고 싶다는 생각이 훨씬 더 커졌어요.

다정은 여성운동단체들이 "피해에만 너무 얽매여서 얘기"한다고 평가한다. 어떤 피해를 입은 사람이 "지금은 요렇게 살아요"라는 방식으로 흡사 "디즈니 공주 시리즈"와 같이 피해자를 서술하는 것처럼 보인다는 것이다. **다정**은 "피해가 어떻게 일어났냐"가 아니라 "큰 사건이었든 작은 사건이었든" "회복한 방법에 대해 말하고 싶다"고 강조한다. 즉 단체들의 사건 지원 과정을 보면 피해 유형, 사안의 심각성 등을 중심으로 활동하면서 정작 그 이후의 얘기는 들려주지도 않고, 얘기할 기회도 없다는 것이다. 이처럼 일부 인터뷰이들은 여성운동단체가 법적 절차를 중심으로만 지원하며, 회복 과정보다는 피해 내용을 강조하는 방식으로 활동한다고 인식하기도 한다.

위 내용들은 신자유주의 통치술 속에서 국가의 성폭력 관련 법·제도가 법적·의료적 지원에 한정되고, 그것을 중심으로 감시, 관리되는 상황에서 성폭력 사건 지원을 복지라는 이름으로 축소함으로써 운동의 정치성이 약화되는 과정을 보여준다.[13] 신자유주의적 통치성이 빈민을 만들어내고, 임파워 의지(the will to empower)를 통한 시민성 테크놀로지를 통치 전략으로 삼는 과정을 분석한 크룩생크(Cruikshank)는 복지 관료들이 정치적 위기를 숫자의 위기로 전환하고 위기를 정치적인 것에서 행정 영역으로 전환하면서, 위기를 탈정치화하는 데 성공했다고 주장한다.[14] 즉 현재 국가는 성폭력에 대한 수치적 관리와 피해 지원의 실적화를 통해 성폭력 피해 지원을 정부의 대리 서비스의 일종으로 전락시키면서 여성운동단체의 정치적 활동과 의미를 위협한다. 이때 치유와 회복을 위한 피해자의 요구는 법과 의료적 영역 안으로 한정되고, 때때로 단체활동가와 피해자는 소비자와 서비스 제공자의 위치로 인식되기도 한다. 즉 과거에 국가는 성폭력 피해를 불운한 개인의 문제로 치부하면서 정부의 지원이 필요한 영역으로 생각하지 않았다. 그러나 점차 피해자에 대한 공적 지원은 늘어가고 있지만, 이는 브라운(Brown)의 말대로 피해자가 자신의 요구를 정치적 주장으로 연결시키지 않는 선에서만 관용 가능한 대상이 되며,* 그 내용은 개인화된 해결 방식인 법적·의료적 지원에 한정하고 사회구조적 변화를 추구하는 활동들은 통제함으로써 성폭력을 재사적화하고 있는 것이다. 국가는 성폭력 상담을 계속 더 많이 해야 한다고 강조하면서도 정작 예방과 근절을 위한 사회적 활동들은 인정하지 않음으로써 성폭력 사건 해결을 위한 단체의 활동을 통치성을 정당화하기 위한 방식으로 관리하고 있다.

---

* 브라운(Brown)은 '관용(tolerance)'이라는 개념을 "독립적이고 일관된 원칙이나 실천으로 이해하기보다 강력한 수사적 효과를 가진, 역사적·문화적으로 특수한 권력 담론"으로 정의하고, 관용 담론이 행하고 있는 탈정치화의 기능에 대해 분석한다. 관용은 자유주

이 장에서 살펴본 것과 같이 법과 국가는 사회적 통념 안에서 허용 가능한 특정한 피해를 선별하고, 사법절차는 가해자 처벌과 피해자 치유를 무력화하며 특정한 영역을 중심으로 지원체계를 확장하면서 성폭력 사건 해결을 위한 장들을 관리하고 있다. 그리고 반성폭력을 위한 페미니즘적 의제와 실천 등은 부차화하도록 종용하고 있는데, 이러한 상황은 성폭력을 둘러싼 사회적 투쟁의 언어들을 재사적화하는 신자유주의적 통치 전략으로 볼 수 있다.

의 국가나 법체계와 밀접하게 결합되어 있지만, 법으로 성문화되지는 않은 여러 실천의 결합이라는 점에서 푸코가 얘기한 통치성의 전형적인 사례에 해당될 수 있다는 것이다. 브라운에 따르면 관용의 대상이 되는 이들은 사적이고 탈정치화된 방식으로 자신들의 "차이"를 드러내는 한에서만, 즉 이를 정치적 주장으로 연결시키지 않는 한에서만 관용 가능한 대상이 된다. 웬디 브라운 지음, 이승철 옮김, 앞의 책, 2010.

#2

성폭력 사건 해결을 둘러싼
의미의 재구성

비사법적 해결의 조건

성폭력 사건의 해결은 상황과 맥락에 따라 각기 다른 경험, 감각, 감수성, 자원, 관계망을 통해 시도되는데, 이때 해결을 시도하기 위해 피해자에게 어떠한 조건이 마련되어 있고, 어떠한 기회와 선택지가 주어져 있는지에 따라 다른 결과를 가져온다. 피해자가 다양한 방법을 상상하고 실천하기 위해서는 여러 영역에서 특정 기능을 강요하는 것이 아니라 선택할 기회를 위한 목표를 세우는 것과 더불어, 다른 역량마저 망가뜨리는 역량 실패를 제거하는 것이 필요하다.[1] 그리고 이때 삶의 방식을 이끄는 개인의 역량은 최종 선택지가 아니라 선택에 수반된 과정, 특히 본인의 의사에 따라 고를 수 있었던 다른 선택지, 실제적 기회에 주목하는 폭넓은 접근을 통해 평가될 수 있다.[2]

이는 성폭력 사건의 해결이란 완성된 어떠한 상태를 쟁취하는 것이 아니라 어떤 조건과 맥락에서 어떤 과정을 거치냐에 따라 다른 의미로 재구성될 수 있음을 의미한다. 따라서 피해자들은 선택지들을 하나씩 고민해보고, 시도해보고, 실천해나가는 과정에서 해결의 주체로서 자신의 위치를 재설정하게 된다. 이 과정에서 치유와 회복의 의미는 개인의 언어가 아닌 사회적 언어로 재해석되고, 피해자들의 실천은 정치적 연대의 장으로 이동되기도 한다.

아래의 인터뷰이들에게 치유와 회복은 개인의 상황과 맥락에 따라 다르기 때문에 그것이 가능할 수 있는 조건과 맥락 들이 맞물릴 때 가능한 것으로 언급된다.

혜진(활동가)   저도 상담팀에 있다 보니까 치유에 대한 고민이 많은데 비슷한 사건의 정도가 그 사람의 힘듦을 정하는 건 절대 아닌 것 같고, 어떤 사람은 심리상담이나 약물치료를 받고서 힘이 생기고 치유가 되고 일상을 영위해나가는가 하면, 오랫동안 그걸 받아도 전혀 나아지지 못하는 사람이 있잖아요. 그 차이도 궁금하고. 거기에는 개인적인 환경을 배제할 순 없을 것 같아요. 심리적 고통을 호소하는 분을 만나서 얘기해보면 지금 이 사건뿐만 아니라 과거에도 중복피해가 있고 가족의 문제도 있고 개인적인 그런 것도 배제할 순 없을 것 같고, 또 주변의 지지 자원도 배제할 수는 없을 것 같아요.

현아(활동가)　　　　　요즘 드는 생각은 피해자가 원하는 결과가 무엇인지, 사법적으로 어떻게 처리되었는지가 아니라 피해자가 원하는 것이 무엇인가예요. … 피해자가 폭력이라고 느껴지는 부분에서부터 시작이 되는 거라서 … 해결은 아니지만 우리가 피해자를 위해서 지원할 수 있는 것이 무엇인지 고민하고 피해자가 원하는 어떤 것들에 우리가 조력하는 거라고 생각해요. 그게 법적인 게 아닐 수도 있고 상담이나 의료적인 게 아닐 수도 있고 아까 얘기한 것처럼 일회성으로 나한테 전화를 해서 그냥 당신이라도 들어주는 것만이라도 좋다고 하더라도 이 사람에게는 그게 만족스러운 어떤 것일 수 있고. 어떤 사람은 대법원에서 승소 판결이 나도 여전히 분노 같은 게 남아 있기도 하잖아요. 그래서 나는 피해자가 원하는 결과와 우리 상담소의 지원 역량, 지원체계나 시스템 들이 함께해야겠지만 우리가 할 수 있는 건 시스템 안에서 가능하니까. 법이나 제도 안에서. 그런 것들이 같이 맞닿아서 서로 어느 지점까지 가게 되는 게 사실 해결 아닌 해결이 아닌가 하는 생각이 많이 들어요.

활동가 **혜진**은 피해자들이 각기 다른 힘듦을 경험하는 것에 대해 "어떤 사람은 심리상담이나 약물치료를 받고서 힘이 생기고 치유가 되고 일상을 영위해나가는가 하면, 오랫동안 그걸 받아도 전혀 나아지지 못하는 사람이 있"는데 여기에는 "개인적인 환경",

과거의 "중복피해", "가족의 문제", "주변의 지지 자원" 등에 따라 차이가 있다고 말한다. 이는 피해자들의 치유와 회복을 위한 해결의 방법과 과정이 단일할 수 없음을 의미한다.

활동가 **현아**는 최근 들어 사법적 결과를 넘어 "피해자가 원하는 것이 무엇인지"를 질문하게 된다고 한다. 폭력의 감수성이 개인에 따라 다르고, "폭력이라고 느껴지는 부분에서부터 시작이 되는" 것이므로 피해의 지원은 법적 지원, 상담, 의료 지원에만 국한될 수 없다는 것이다. 하지만 때로는 "일회성"의 상담으로도 만족스러울 수 있고 다른 경우에는 "대법원에서 승소 판결이 나도" 힘든 감정이 계속될 수도 있다. 따라서 지원단체의 역량, 법·제도적 시스템, 개인의 감수성과 맥락의 지점 들이 "맞닿아서" 갈 수 있을 때 "해결 아닌 해결"에 가까워질 수 있다고 진단한다. 이처럼 사건의 해결은 법적 승소나 더 이상 정신과 진료가 필요하지 않은 상태만을 의미하지 않으며, 각기 다른 피해자들의 경험과 맥락이 반영된 조건과 자원 들이 연결될 수 있는 체계와 언어의 구축을 필요로 한다. 이에 아래의 인터뷰이들은 다양한 해결 방법을 상상하고 시도하기도 한다.

현아(활동가)　　　사법적인 단계를 밟지 않더라도, 고소가 아니더라도, 고소하면 훨씬 더 많은 다툼이 일어날 수 있는 건 이었는데 학교 징계위원회에서 사건을 진행하고, 징계위원회가 제대로 절차를 밟으면 (단체 활동가가) 외부 위원도 하고 그런 게 제대로 잘 진행되면 이런(학교에 필요한) 것들을 제시하고 … ○○ 활동가는 어떤 피해자분이 공공기관에서 벌어진 일이니까 국정감사에 내고 싶어 해서 국회 국정감사 때 얘기했었어요.

수민(피해자)   또 다른 루트 하나가 국회의원이에요. 국회의원은 자기들이 감독하고 있으니까 피감기관에 대해 볼 수가 있대요. 그래서 국회의원을 수배하기 시작했죠. … 아무개 국회의원을 안다고 했던 사람들한테 연락해서 국회의원 좀 소개해달라고 얘기했지만 결국 묵살당했고 … 구글에서 국회의원들을 검색해 몇 사람한테 보냈어요. 다 반응이 없더라구요. 그 무렵 ○○○ 사장 청문회가 있었어요. 그때 제가 메시지를 보냈던 의원이 제가 보낸 내용을 가지고 질의하더라구요. … 의원이 질의한 내용은 회사가 징계시효 2년이 넘어서 (가해자) 징계가 안 된다고 했다는데 이게 말이 됩니까. 이 사건에 대해 알고 있냐고 물어본 거예요. 모를 수가 없는 상황인데 몇 건 보고받았다 하고는 넘기더라구요, 사장이. 얘길 좀 해봐야겠다 싶어 ○○○ 의원한테 카톡을 보냈더니 의원회관으로 오라고 했어요. 찾아가서 걔네가 감사 자료를 저한테는 죽어도 안 준다고 얘기했더니 의원실에서 요청을 했나 봐요. 근데 의원실에도 못 주겠다고 버텼대요. … 그래서 처음에는 보여주기만 하겠다고 했다가 실명 때문에 보여줄 수 없다, 그렇게 실랑이가 한참 오갔다가 두 장 정도로 요약해서 줬대요.

활동가 **현아**는 "고소하면 훨씬 더 많은 다툼이 일어날 수 있는 건"이어서 학교 징계위원회를 통해 가해자를 징계한 사례와 공공기관 내에서 피해를 경험한 피해자가 국정감사에서 문제를 제기했던 사례를 소개한다. 그리고 공공기관 내에서 피해를 입었던 **수민** 역시 국정감사를 매우 적극적으로 활용했던 과정을 말하는데, 이처럼 피해자와 가해자가 속해 있는 공간의 특성에 따라 해결 방식은 다양하게 고안된다. 특히 **수민**은 사내에서 해당 사건의 조사자료를 요청했으나 받아들여지지 않자, 먼저 "국회의원을 수배"하고, "구글에서 국회의원들을 검색해"서 자료를 보냈다. 다행히 이 중 한 명의 국회의원이 국정감사에서 질의를 하였고, 그 국회의원과 꾸준한 접촉 과정을 거쳐 결국 회사에서 "두 장 정도로 요약"한 자료를 받았다. 물론 원하는 자료를 모두 받을 수는 없었지만, **수민**은 가해자의 사내 징계라는 자신의 목표를 달성하기 위해, 그리고 공공기관의 특성을 활용하여 비사법적 방법들을 찾기 위해 노력했다. 이처럼 인터뷰이들에게 법과 법 밖의 관계는 유연하게 인식되기도 하는데, 이러한 방법들은 사건 해결에 대한 조직적 책임을 묻고, 공적 문제제기로 논의의 장을 확장하는 실천들이기도 하다.

한편, 아래의 인터뷰이는 각 사건마다 다른 방식의 해결 과
정을 거친다.

연희(피해자)　　　　　미투운동이 있고 나서 주변 친구들이 자
기 피해를 얘기하고 그것이 실패의 경험으로 가는 걸 많이 보
면서 저도 함께 분노하고 데이트폭력에 대한 얘기도 많이 나누
었어요, 이런 공동체 안에서. 가스라이팅 같은 것들? 성폭력에
대한 논의의 스펙트럼이 넓어지는 걸 보면서 확신했던 거 같아
요. 이게 가해가 맞다는 거? … 최근에서야 제가 합의를 봤거든
요, 가해자랑. 신고를 거의 1년 만에 한 거예요. 신고 절차가 매
우 번거롭지는 않았어요. 이런저런 정황을 적고 증거가 될 만한
카톡 내용들 캡처하고, 변호사님 만나서 내가 뭘 원하는지 얘기
하는 건데, 카톡 캡처하는 데만 한 달 넘게 걸리더라구요. … 최
근에 저는 합의를 봤고 게다가 좋은 소식으론 가해자가 가해자
교육도 받기로 했고 자필 사과문도 받았고 합의금도 받았다는
거예요. (웃음) 엄청 다행이에요. 이 합의금에 대한 얘기를 많
은 사람과 나누고 싶어요. 제 주변에 그런 사례가 없어요. 피해
자도 많고 가해자도 많고, 이걸로 단체까지도 안 가요. 학교 내
성평등위원회에 공론화하는, 집단 내에서 공론화하는 일은 봤
어도 가해자로부터 합의금을 받는 경우는 제 주변에 없었던 거
같아요.

연희는 두 번의 성폭력 피해를 경험했는데, 미투운동 이후 주변 사람들과 피해 경험들을 나누면서 자신의 피해에 대한 확신을 하게 되었고 해결 방법을 고민하기 시작했다. 전 남자 친구에 의한 첫 번째 성폭력 피해는 가해자가 사과 요구를 받아들이지 않아 법적 고소를 진행할 수밖에 없었지만, 두 번째 같은 업계 내에서 일하던 선배에 의한 성폭력은 합의를 진행했다. 단체를 통해 상담과 중재를 진행했고 이를 통해 "가해자가 가해자 교육도 받기로 했고 자필 사과문도 받았고 합의금도" 받을 수 있었다고 한다. **연희**는 이러한 자신의 사례를 다른 사람들과 많이 나누고 싶어 했는데 "주변에 그런 사례가 없"기 때문이기도 하고 1,500만 원이라는 적지 않은 금액을 받았기 때문인 것으로 보인다. 그러나 **연희**가 해당 사건이 잘 해결된 것으로 인식하고 주변 사람들과 나누고 싶었던 이유는 합의금뿐 아니라 가해자 교육과 자필 사과문이 동반되었다는 것, 단체의 중재로 좀 더 안전하게 합의를 이행할 수 있었던 맥락들이 존재한다.

더불어 9세 때 삼촌에게 성폭력 피해를 입은 아래 사례의 피해자는 35년이 지난 후 강렬한 사적복수를 감행했다.

도경(피해자)　　　　좀 돌발적인 상황이긴 했지만 돌발적이라 하더라도 그 욱하는 감정이 나오기까지는 나도 믿는 뒷배가 (웃음) 나에게 활동가 친구들도 생겼다는 어떤 … 자신감 같은 게 있었던 것 같아요. 그래서 가해자를 찾아갔죠. … 갑자기 옆에 있던 엄마가 뛰쳐나가시더니 삼촌 뺨을 후려친 거예요. 뭣 모르고 뺨을 맞은 삼촌이 엄마를 밀쳤어요. 엄마를 밀치니까 남동생이 너무 화가 나가지고, 제 남동생은 저보다 당연히 힘이 더 세죠. 삼촌을 밀치면서 멱살을 잡은 거예요. … 만약에 경찰이라도 부르면 삼촌이랑 제 문제로 불거져야지, 삼촌이랑 남동생이 싸움으로 가는 건 원치 않았어요. 맞아도 제가 맞아야지. 그럼 제가 성폭력을 당해서 따지러 갔다 이렇게 될 거 아니에요. 남동생하고 엮이면 안 되겠다 싶어서 동생을 밀치고 삼촌의 멱살을 왼손으로 잡았어요. 근데 근력이 없는데 저도 그 순간에는 약간 돌았어요. 이거 절대 놓으면 안 되겠다, 엄마랑 남동생한테 피해가 안 가게 해야겠다는 생각에 꽉 잡고, 그 사람이 안경을 쓰고 있었는데, 안경만은 안 건드리겠다는 생각으로 밑에서 얼굴 뺨을 오른 주먹으로 한쪽만, 왼손은 잡고 있으니까, 아구창을 미친 듯이 몇십 대를 가격했어요. 내가 여자니까 뭐 어떻게 못 하더라구요. … 그렇게 두드려 패는 순간 해방감이 느껴졌어요. … (저는) 어떠한 폭력이든 용인할 수 없다고 생각해왔는데, 그 순간은 저한테 폭력이라는 게 봉인 해제된 거잖아요. 그런 점에서 해방감이 느껴지고, 이후로 얘가 어떻게 살던 내가 어떻든 중요하지 않더라구요. 내가 이걸 못 해서 곪았나 하는 생각이 들 정도로. 그래서 두드려 패고 ⋯ 현관문 나오면서 마지막으로 한마디 했어요. 내가 이제 널 법적으로 어떻게 못 하는데 도덕적으로는 매장시킬 수 있어. 세상은 이제 그렇게 됐고. 그 말을 듣는 순간 쫓아 나오면서 저희가 탄 엘리베이터 문을 잡으려고 하더라고요. 그냥 닫고 와버렸어요. 그러곤 만난 적 없어요. ⋯ 그 이후에 미투가 미친 듯이 터져 나오고 성폭력 문제가 가시화되고 거기에 대해 기존 담론들 다 뒤엎어야 한다고 했을 때, 신이 나를 돕는구나 ⋯ 치유의 완결이 제가 그 가해자를 만난 시간이었다면, 이미 치유의 시간은 스스로 시작되고 있었던 것 같아요. 상담을 받거나 한 게 아니라 공부를 하면서 생각을 하게 된 거잖아요.

도경은 9세 때 삼촌에게 성폭력 피해를 입은 후 오랫동안 힘든 시간을 보냈다. 그러다가 몇 년 전 자신의 삶을 지지해주는 공동체를 경험하면서 "믿는 뒷배가" 생겨 힘을 얻게 되었고, 어느 날 "돌발적"으로 엄마, 남동생과 함께 가해자를 찾아갔다고 한다. 엄마, 남동생이 가해자와 몸싸움을 벌이게 되자 **도경**은 경찰이 오더라도 "제가 성폭력을 당해서 따지러 갔다"고 말하는 것이 더 낫다는 판단하에 가해자의 멱살을 잡고 "미친 듯이 몇십 대 가격"하기에 이른다. 본인은 평소 어떤 폭력이든 용납하지 않았던 사람이었지만, 그 순간 "해방감"이 느껴졌다고 기억한다. 가해자에게

"내가 이제 널 법적으로 어떻게 못 하는데 도덕적으로는 매장시킬 수 있어. 세상은 이제 그렇게 됐고"라고 말하며 자리를 떴다고 한다. 그다음 해 미투운동을 보면서 "신이 나를 돕는구나"라고 생각하게 되었다고 하는데, 그전까지 성폭력에 대해 공부하고 힘이 되는 공동체들을 만나면서 "치유의 시간"을 시작하고 있었다면, 가해자를 만난 것은 "치유의 완결"이었다고 말한다. 물론 폭력적인 방식의 사적복수를 독려할 수 없지만, 피해자가 사건의 해결을 위해 할 수 있는 공식적인 방법이 없을 때, 다양한 비사법적 실천들은 치유와 회복의 의미를 확장하기도 한다.

위의 인터뷰이들이 자신이 생각하는 치유와 회복에 다가갈 수 있었던 것은 단순히 타고난 개인의 역량에서 기인한 것만은 아니다. 법적 해결 외에 본인의 경험을 드러낼 수 있는 문제제기의 장이 있었고, 자신의 경험을 피해로 명명할 수 있었던 미투운동과 믿고 중재를 맡길 수 있는 단체가 있었다. 그리고 무엇보다 자신을 지지해주는 공동체와 주변인들로 인해 피해자들의 역량이 발휘될 수 있는 조건이 만들어질 수 있었다.

상황을 주도할 때 가능한 치유와 회복

인터뷰이들에게 치유와 회복은 아래와 같이 해결 방법을 스스로 선택할 수 있을 때 가능한 것으로 인식되고 있었다.

혜경(피해자) 　　　　제가 퀴어 퍼레이드(퀴퍼)를 갔는데 너무 부러운 거예요. 처음 시작됐을 때는 몇 명 안 됐었는데 몇 만 명으로 늘어났고, 생존자들이 얼마 안 되지만 나중에 광화문 광장에 나올 것이다. 아 제 꿈이 광화문 광장에 모든 사람, 생존자들이 모이는 게 꿈이거든요. … 계기는 모르겠는데 어쨌든 저는 그동안 말 못 했던 걸 말하게 된 거, 드러낸 것만으로도 행복했고 그걸 누가 들어줬다는 거. ○○○○명이 들어줬다는 거, 동의했다는 거, 그런 사람이 있었다는 거. 어렸을 때는 한 명도 없었죠. 저는 ○○○한테도 얘기했을 때 부끄러우니까 조용히 있으라고 했고, 엄마랑 가해자는 내가 그렇게 태어난 죄라 했고, 다 내 탓인 줄 알았는데 국가 탓이라고 해주는 성폭력상담소가 있어서 너무 고마웠던 게 시발점이 되었죠. 그럼 국가에 얘기하면 되겠다, 가해자들은 얘기 안 들어주니까. 근데 국가에 얘기하는 방법을 이것저것 생각하다 보니 이렇게 된 거고, 저는 실천을 한 거고, 하나하나 실천을 해서 2019년에 거의 다 실천을 한 거죠. 이제 광장에만 나오면 된다 … 저 같은 경우는 법률적으로도 안 되고 내용증명도 못 내는 입장인데도 행복하다는 느낌을 받았잖아요. … 그전에는 슬프게도 마음에도 없는데 상대의 기분을 맞춰주고 왜 나는 늘 을이어야 하는지 속상했는데 지금은 을이 돼도 행복해요. 그 차이예요. 제가 을이 돼도 제가 선택해서 을이 되는 거예요. 그 느낌, 내가 선택한 말, 내가 선택한 삶의 방식? 내가 선택한 목표? 만약에 예전에 나였으면 이거 너무 공상적이고 이상적인 발언 아닌가 하면서 상처받았을 텐데. 그게 어느 날인가 내가 선택하고 있다는 걸 자각했을 때가 회복인 거 같아요. 치유이자 회복 … 어렸을 때 저한테는 아무런 선택이 없었거든요.

어릴 때부터 성인에 이르기까지 아버지에게 성폭력 피해를 입었던 **혜경**은 여성운동단체에서 진행하는 자조모임을 통해 다른 친족성폭력 피해자들과 만나게 되었다. 그리고 친족성폭력 공소시효 폐지를 위한 활동과 더불어 다양한 연대활동에도 함께했는데, 활동의 마지막 목표는 퀴어 퍼레이드처럼 친족성폭력 피해자들이 주체가 되는 광장 퍼레이드를 기획하고 조직하는 것이다. 이는 다른 성폭력 유형보다 친족성폭력은 특히 더 금기시되어왔기 때문에 세상에 존재를 드러내고 피해 당사자들이 주체가 되어 자신들의 목소리를 알리는 적극적인 활동이 필요하다고 인식하고 있는 것으로 보인다. 그리고 **혜경**은 성폭력 피해가 "내 탓"이 아니라 "국가 탓"이라는 걸 알게 되었고 그래서 "국가에 얘기하는 방법" 중 하나로 국민청원운동을 진행했는데 그동안 말하지 못했던 것을 "드러낸 것만으로도 행복"했다고 말한다. **혜경**이 자신의 사건은 "법률적으로도 안 되고 내용증명도 못 내는 입장인데도 행복하다"고 생각하는 이유는 서명으로 응답해 준 몇천 명의 시민들을 통해 누군가 들어주고 동의해주었다는 생각이 들었기 때문이고, 또한 "을이 돼도 제가 선택해서 을이 되는" 것이기 때문이었다. "어렸을 때"는 "아무런 선택이 없었"던 **혜경**은 "내가 선택하고 있다는 걸 자각했을 때"가 "치유이자 회복"이라고 인식하고 있었다. **혜경**에게 치유와 회복은 생존자 퍼레이드, 국민청원운동, 공소시효 폐지운동 등을 실천할 수 있는 다양한 선택지가 있을 때, 그리고 누군가 그러한 실천에 응답했을 때 긍정적인 것으로 재의미화되었다.

한편, 아래와 같이 사법절차 역시 해결을 위한 중요한 선택지로 존재한다.

> 찬희(피해자)　　　　남들이 안 된다 그랬어. 변호사가 그냥 합의하라고 했대. '안 돼요. 우리 무혐의 받아야 되잖아요.' 무혐의 받아내고 '아싸' 이런 거죠. 그런 승리의 경험들이요. 피해자가 피해자라는 말 자체를 패배적으로 위치 짓던데, 저는 객관적으로 만들고 싶어요. 피해를 입은 사람. 그리고 그 피해를 극복이라는 말은 좀 그렇지만 회복될 수 있고 다른 방향으로의 발전이나 전진도 가능하다. 그리고 사법시스템이라는 게 항상 피해자를 억누르고 압박하는 형태로만 있지 않고 피해자들도 이용

할 수 있다. 이런 형태의 다양한 모습들을 보여주고 싶기 때문에, 그런 경험들을 계속 쌓고 있고. 결국 그런 시도가 시각이 조금 다른 것 같기는 해요. … 일단 본인은 피해를 입은 사람인 거고, 그 피해를 입은 것에 대해 본인이 대응하는 방식들은 여러 가지가 있을 테고, 그중 하나가 사법시스템인데 그 사법시스템에도 이길 수 있는 길이 있다라는 거. 그 길들을 많은 사람이 지금 만들고 밟아가고 있으니까, 주변에 도움을 청할 수 있으면 적극적으로 청하시고, 적극적으로 싸우셔도 된다고 말씀드리고 싶어요.

찬희는 법적 싸움에서 "승리의 경험들"이 쌓이면 좋겠다고 생각하는데, 피해자라는 단어를 "패배적"이 아니라 "객관적으로 만들고 싶"다고 말한다. **찬희**에게 성폭력 피해는 "극복"하는 것이 아니라 "회복될 수 있"는 것이기 때문에 사법시스템은 "항상 피해자를 억누르고 압박하는 형태로만 있지 않고 피해자들도 이용할 수 있"는 것으로 인식되기를 희망한다. **찬희**가 피해자들이 대응할 수 있는 방법으로서 사법시스템을 중요하게 생각하는 이유는 본인처럼 "그 길들을 많은 사람이 지금 만들고" 있기 때문이며 그래서 피해자들도 "적극적으로" 도움을 요청하고 싸우기를 독려한다. 이처럼 피해자들은 법적 해결 과정에서 힘을 얻기도 하는데, 가해자를 묵과하지 않고 공적인 방법으로 맞서 싸운 경험은 피해 이후 자신을 주체적인 위치로 재구성하도록 돕기 때문이다.

더불어 인터뷰이들에게 사건의 해결이란 자신이 할 수 있는 일을 다 했을 때, 스스로 상황을 주도할 수 있을 때로 표현된다.

> **보라(피해자)**　　　　사건이 종결되면, 처분이 종결되면, 내가 원했던 과정들이 종결되면 성폭력 사건이 해결되고 끝난 건가 생각해보면 … 정말 사건이 끝났다는 생각이 들었을 때가 언제였냐면 내가 최선을 다했다고 생각했을 때. 내가 할 수 있는 걸 다 했다고 생각했을 때. 뭔가 남아 있지 않고 결과와 상관없이 내가 할 수 있는 모든 것을 다 했다고 생각했을 때가 이 사건이 진짜 끝난 거 같았어요. 나의 경험에서는 마지막 남은 연대자의 소송이 끝났을 때, 재판이 끝났을 때. 그때가 진짜 다 끝난 거 같았어요.

> **경희(변호사)**　　　　제가 느끼기엔 사건이 잘 안 됐어요. 그런데도 형사절차 과정에서 자기가 충분히 권리를 누렸다고 생각하는 피해자들은 만족해요. 그래도 할 수 있는 거 다 해봐서 좋았다고 하기도 하는데 그 과정이 치유의 과정이 될 수 있거든요. 그런 게 좀 많아져야 되는 거 같아요. 형사절차 진행하는 게 추가적인 부담이 아니라 내가 치유될 수 있다는 생각? 도와준다고 하는 것들.

도경(피해자)　　　　　　그건 개인의 위치마다 다를 것 같아요. 스스로가 해결이라고 느낄 수 있는 지점은 사람마다 너무 달라서요. 그러니까 아까 제가 가해자를 만나서 두드려 팬 거만으로 나는 해결된 거 같은, 일단락된 거 같은데, 주변 분들은 성에 차냐는 반응을 보이세요. 아, 이 감각이 이렇게 다를 수 있구나 하는 생각을 하죠. 스스로가 주도하고 컨트롤할 수 있는 힘을 받는 게 중요한 저로서는 그 정도만으로도 해결이 된 것 같지만, 아까 말씀 드렸던 것처럼 피해자를 어떤 담론 속에 가둬버리는 순간, 그 말에 스스로 갇혀 있는 사람은 뭘 어떻게 해도 해결이 안 날 거 같아요. 가해자에게 종신형을 때리지 않는 한. 내 모든 거, 영혼까지 파기한 사람이니까. 그 말에 갇혀버리면, 난 영원히 파괴된 사람이야. 내 영혼을 파괴한 사람을 어떻게 징역 몇 년으로 끝내? 종신형이어야 하는 거 아니야? 그렇게 생각할 수 있잖아요. 그건 결코 해결될 수가 없어요. 그래서 상황마다 다를 거 같아요.

데이트폭력 공론화 이후 여러 역고소에 시달렸던 **보라**에게 사건의 해결은 "내가 최선을 다했다고 생각했을 때", "내가 할 수 있는 걸 다 했다고 생각했을 때"였다. 짧지 않은 시간인 데다 쉽지 않은 대응의 과정들이었지만, 각종 사건들의 승패를 떠나서 "마지막 남은 연대자의 소송이 끝"날 때까지 포기하지 않고 최선을 다했을 때 비로소 "진짜 다 끝난 거" 같았다는 것이다. 변호사 **경희** 역시 법적 해결 과정에서 "사건이 잘 안 됐어"도 피해자들이 만족을 하는 경우는 "자기가 충분히 권리를 누렸다고 생각"할 때, "할 수 있는 거 다 해"봤을 때 좋았다고 생각한다고 말한다. 그리고 그럴 때 형사절차 과정이 "치유의 과정"이 될 수 있다는 것이다.

가해자인 삼촌에게 사적복수를 감행했던 **도경**에게 해결이 란, "스스로가 주도하고 컨트롤할 수 있는 힘"을 받았던 것이었다. 그러나 "피해자를 어떤 담론 속에 가둬버리"거나 가해자에 대한 형량으로 해결의 의미를 가늠한다면 해결이 될 수 없다고 강조 한다. 이는 피해자가 인식하는 성폭력 사건의 해결은 성폭력 피 해에 대한 사회적 통념, 법적 규정 등에 의해서만 좌우되기 어렵 고, 누군가로부터 주어지는 것이 아니라 본인의 적극적이고 주체 적인 참여와 의미의 전환이 이루어질 때 가능하다는 것을 드러낸 다. 그리고 이때 치유와 회복은 완성된 결과로서 존재하는 것이 아니라 해결을 위한 피해자들의 행위성과 실천 속에서 의미화될 수 있다.

연결되어 있음을 자각하는 과정에서 만들어지는 정치적 책임감

앞에서 살펴본 것과 같이 성폭력 사건 해결을 위한 피해자들의 다양한 실천은 법적 언어가 가진 절대성을 해체하면서 진리에 대한 특권적 접근을 폐기하고, 주변적 저항 담론으로 사회 저항의 형태를 구축함으로써[3] 성폭력 사건 해결의 장을 이동시키고 있다. 이 과정에서 인터뷰이들의 실천은 개인적인 사건의 해결을 넘어 타인에 대한 연대의식 속에서 동기화된다.

아래의 인터뷰이는 다른 피해자가 아니라 본인이 피해를 입어서 다행이라고 생각했다고 말한다.

> 선아(피해자)　　　　나뿐 아니라 나보다 늦게 이 업계에 들어온, 대부분 저보다 어렸던 여성들은 이런 일이 있을 때 얘기할 방법이 없겠구나. 나여서 다행이다라는 생각을 그때 했었고, 이런 일이 일어난 거 자체는 전혀 놀랍지가 않았으니까. 누군가에게 언젠가는 일어날 수 있는 일이 일어났구나 이런 생각이었기 때문에 … 어떻게 보면 거꾸로 신기해요. 내가 그만큼 순진했다. 이런 걸 알 만큼 아는 사람이 3차까지 가서 꼬알라 된 사람 옆에 앉았을 때 이놈이 어떤 짓을 할 수 있는 예상이 안 될 만큼, 그게 예상을 하는 게 옳았다가 아니라 약간 뭐랄까. 저의 어떤 사회적 발달에서 사람을 신뢰하는 게 되게 높은 거죠. 최대한 신뢰하는 쪽으로 발달을 한 거죠.

선아는 본인이 속해 있는 업계 내에서 발생한 성추행 피해를 해결하기 위해 노력하는 과정에서 자신보다 "늦게" 취업하고 자신보다 "어렸던 여성"들에게 이런 일이 일어나면 해결할 방법이 없었겠다는 생각을 하면서 "나여서 다행이다"라고 생각했다고 말한다. "누군가에게 언젠가는 일어날 수 있는 일이 일어났"다는 것이다. 하지만 피해를 입었을 당시에는 그런 일이 일어날 거라는 생각을 전혀 못한 것에 대해 자신이 "그만큼 순진했다"고 회고한다. 사람을 "신뢰하는 쪽으로 발달"한 것 같다는 **선아**는 어쩌면 여전히 조직 내 사람들을 믿었기 때문에 피해 이후에도 조직 내에서 해결하기 위해 노력한 것으로 보인다. 그러나 **선아**는 결국 실패를 경험하면서 성폭력 사건의 해결 과정이 얼마나 어렵고 힘든 일인지를 체감하였고, 자신보다 더 힘이 없는 사람은 훨씬 힘들었을 것이라며 안도하는 것이다. 이렇게 다른 피해자를 걱정하는 피해자들의 인식은 아래와 같이 피해를 막기 위한 구체적인 노력들로 이어지기도 한다.

현아(활동가)　　　　　문제제기를 할 때 갖는 생각 중 하나가 어쨌든 더 이상 다른 피해자들은 없어야 한다는 거. 이건 감정이라기보다 책임감이 피해자가 사건을 끌어가거나 말하는 원동력이 된다는 생각을 많이 했어요. 내가 아까 사례에서 경찰이 신변보호 안 했다는 그 건으로 회사에서 부서를 옮기라고 했댔잖아요. 그 피해자가 무슨 말을 했냐면, 내가 자리를 옮기면 금융 쪽이라 그 자리에 여직원이 올 텐데 그럼 또 그 짓을 할 거다, 다른 피해자를 또 만들 수 없다. 이런 말을 하는 거예요. … 다른 피해자들한테 똑같은 말을 몇 번이나 들었어요. 근데 이건 김지은 씨도 했던 얘기잖아요. 이게 어쩌면 내가 미투를 하고 2차 피해가 있음에도 견디는 하나의 책임감이나 힘이기도 하고 내가 힘든 걸 다른 사람한테까지 넘길 수 없다는 그런 것이기도 하고. 뭐라 설명하기는 어려운데 그런 게 있는 거 같아요, 피해자들한테. … 피해자들은 내가 이걸 잘 버텨서 가해자를 꼭 처벌하게 해서 또 다른 피해자가 나오지 않게 하고, 그리고 조직 안에서 일어난 경우에 더 그런 경우가 많은 거 같아요.

유미(활동가)　　　　　　지켜봤을 때 가장 많이 와닿는 이유는 그거인 거 같아요. 나 같은 피해자가 더는 나오지 않았으면 좋겠다. 여러 복잡한 상황이 있겠지만 보통 자기가 하고 싶은 말. 가해자한테 문제제기를 하고 싶고 이 사람이 이런 시각을 갖고 있고 이런 전력이 있다는 걸 알리고 싶어도 참는 사람들이 있잖아요. 그 참는 사람들을 말하게 하는 계기는 말할 수 있는 환경이 만들어지는 것도 물론 중요하지만 이 사람이 이후에 다른 사람들에게도 가해를 할 수 있는 어떤 위치성을 갖게 될까 봐 우려되거나 걱정될 때, 그리고 그런 위치성까지 가게 되는 것이 화나기도 하고 그런 상황일 때 말을 많이 하는 것 같아요.

여성운동단체 활동가 **현아**가 지원한 사건 중에 금융업에 종사하는 한 여성은 어떤 남자 고객으로부터 계속되는 성희롱과 업무방해, 폭력 등의 피해를 입자, 회사에서는 부서 이동을 제시했다고 한다. 그러나 피해자는 그 자리에는 대부분 여직원이 오기 때문에 본인이 타 부서로 가면 또 다른 여직원이 피해를 입을 것이고 그래서 "다른 피해자를 또 만들 수 없다"면서 가해자가 처벌될 때까지 자리를 옮기지 않았다고 한다. **현아**는 "다른 피해자들한테 똑같은 말을 몇 번이나" 들었다고 강조하는데, 조직 내에서 피해를 입은 피해자들은 자신이 그 자리를 모면함으로써 또 다른 피해자를 만들게 되지 않도록 책임감을 느끼는 것으로 보인다. 그리고 활동가 **유미** 역시 피해자들은 "나 같은 피해자가 더는 나오지 않았으면 좋겠다"는 마음으로 문제제기를 하는 경우가 많다고 말한다. 또한 가해자가 "다른 사람에게도 가해를 할 수 있는 어떤 위치성을 갖게" 되었을 때, 그리고 가해자가 "그런 위치성까지 가게 되는 것" 자체가 매우 분노스러울 때 문제제기를 하게 된다고 한다. 이처럼 조직 내에서 피해를 입었던 피해자들은 또 다른 피해를 막기 위한 책임감으로 신고·고소를 했다는 경우가 많았다.•

• 안희정 성폭력 사건의 피해자인 김지은 씨는 사건 해결의 과정에서 겪은 고민과 경험을 책으로 엮어내면서 다음과 같이 말하는데, 김지은 씨의 성폭력 문제제기 역시 다른 피해를 막기 위해 시작되었음을 알 수 있다. "4월의 어느 날, 햇살이 너무 좋은 아침이었다. 작년 이날에 나는 한강을 보며 자살을 시도했었다. 결국 죽지 못하고 다시 살아내기로 다

더불어 아래의 사례는 자신의 가해자로 인해 발생한 다른 피해들에 대해서도 책임감을 느낀다고 말한다.

> 보라(피해자)　　　　제가 그때 제정신이 아니었던 이유 중에 하나는 가해자로 인해 역고소 패턴이 반복되고 학습되고 얘들끼리 뭔가 공유되는 정보가 되는 것 같아서, 그니까 저의 사건 때문에 고소당하지 않아도 되는 수많은 피해자가 생겼다는 생각이 든 거예요. 그 책임감 때문에 제정신이 아니었고, 어찌 됐건 제가 이 사건을 포기하면 이 사람들에 대한 책임도 다 포기하는 거라고 생각했어요. 그래서 끝까지 간 거죠.

보라의 가해자는 수백 건에 다다르는 보복성 기획고소를 한 것으로 추정되는데, **보라**는 다른 가해자들도 자신의 가해자가 한 역고소 방법을 "학습"하고 있다는 생각이 들었다고 말한다. 당시

짐했던 날이다. 일 년이 지난 오늘 나는 흐무러지게 핀 꽃나무와 한강, 하늘, 고운 봄의 색깔들을 보며 아름답다는 생각을 하고 있다. 살아내길 잘했다는 생각이 불현듯 스쳤다. 고발하길 잘했다는 생각도 했다. 힘든 나날이지만 후회하지 않겠다고 다시 생각했다. 해외에서 잘 지내는 옛 동료 생각이 났다. '내가 아끼는 그 후배를 내가 지켰어. 그래 고발, 잘한 거야.' 생각하며 가슴이 아렸다. 내가 좋아하는 나의 동료이자 동생인 그에게도 무슨 일이 있었다면, 나는 정말 스스로를 놓아버렸을지도 모른다. 후회라는 말만으로는 표현할 수 없는 죄책감을 느꼈을 것이다. 축축해진 마음을 꺼내어 햇볕에 말려도 결코 마르지 않았을 것이다", 김지은, 《김지은입니다: 안희정 성폭력 고발 554일간의 기록》, 봄알람, 2020, 311쪽 참고.

보라는 두 달에 하나씩 새로운 역고소를 당하고 있었는데, 이와 더불어 가해자는 전국 각지에서, 온라인/오프라인에서 피해자를 지지했던 사람들을 찾아 명예훼손, 모욕 등으로 역고소하고 있었다. 역고소로 인해 고립되고 위축되었던 상황에서도 **보라**는 사건을 포기하지 않았을 뿐만 아니라 자신과 비슷한 유형의 역고소 피해를 입은 피해자들과 함께 적극적으로 대응했다. 이렇게 할 수 있었던 이유는 자신이 "이 사건을 포기하면" 다른 피해자들에 대한 "책임도 다 포기하는 거"라고 생각했기 때문이었다고 말한다. 가해자로 인한 데이트폭력과 역고소, 그리고 제3자에 대한 무차별적 역고소와 이러한 수법들의 확산은 결코 본인 때문이 아니었지만, **보라**는 "저의 사건 때문"이라고 인식하고 있다. 이러한 **보라**의 인식은 죄책감이 아닌 연대와 책임감으로 이어진다. 이렇게 피해자들이 각기 다른 상황에서도 책임감을 언급하며 사건에 대한 강한 해결 의지를 갖는 것은 사건의 해결이 다른 피해자들과 연루되어 있음을 직관적이고 경험적으로 자각하기 때문인데, 그 과정에서 정치적 책임감이 형성되는 것으로 보인다.

영(Young)에 따르면, 정치적 책임이란 혼자서 무언가를 하는 게 아니라 타인에게 집단행동을 함께할 것을 권하는 것으로, 이때 사회적 연결모델로서 공유된 책임이란 과거에 대한 보상이 아니라 부정의한 결과의 생산과정에 일조한 모든 이들이 부정의한 생산과정을 바꾸기 위해 노력하는 것이다.[4] 따라서 성폭력 사건은 해결'되는' 것이 아니라 구조적 부정의가 만들어지는 과정을 바꾸기 위해 투쟁하는 것이며, 해결은 도달해야 할 상태가 아니라 타인과 함께 공적인 책임을 지는 과정이자 성폭력 경험에 다른 의미를 부여할 수 있는 명명의 시작 단계로 이해할 수 있다.

사회구조적 변화를 위한 싸움

본 연구의 인터뷰이들은 사건의 해결 과정에서 성폭력이 사회구조적인 문제임을 깨닫고, 해결의 의미를 공적 가치로 이동시킨다. 아래의 사례들은 법적 해결 과정에서 성폭력이 무엇과의 싸움인지를 인식한다.

보라(피해자)　　　　사건의 과정이 길기도 했고 그 과정을 겪으면서 여러 가지 것과 순간순간이, 아 이래서 남성 가해자들이 사법시스템 안으로 사건을 끌고 들어가려 하는구나. 일단 유리한 고지를 선점하고 들어가는 것이고 그 과정에서 여성 피해자들은 어려운 과정을 계속 맞닥뜨리게 되니까 나의 연대자가 맡아 지원했던 사건 피해자들 중에도 이런 것들이 너무 견디기가 힘들어서 사건을 중도 포기하는 피해자들이 있어요. 못 견디는 거죠. 2년까지. 왜냐면 내가 지금 당장 못 살겠으니까. 그리고 가해자 1인과 싸우는 게 아닌 거야. 사법시스템 안으로 들어가면 사법시스템 안의 온갖 위치에 있는 남성들과 싸우는 거예요.

연희(피해자)　　　　　(경찰서에 고소한 사건은 법적으로) 100% 질 수도 있다. 이런 마음을 갖고 가는 건데요, 저는 잘 모르겠어요. 제가 법원에 가서 어떤 말을 할지 정말 모르겠지만, 판검사들을 혼내주고 싶은 마음이 너무 큰. (웃음) 너희가 일을 좆같이 하니까 내가 이 지경까지 사적으로 해결하려고 노력한 거고, 어쨌든 세상은 변할 건데, 당신들은 하나도 변하는 게 없는 거 같고, 이런 얘기들이 너무 하고 싶어요. 가해자한테 뭐라 하는 것보다. 그래도 이 결과랑 상관없이 어떤 논의가 오갈 거 아니에요? 제가 무엇을 피해로 규정하는지, 그리고 이게 왜 성폭력이라고 생각하는지를 논의하면서 조금이라도 생각을 바꿀 수 있지 않을까 하는 일말의 기대감 같은 것도 있고, 저도 잘 모르겠어요. 이걸 해도 후회, 안 해도 후회일 거 같아요. 그럴 거면 일단 해보고 후회하자는 마음.

보라는 사법절차 과정에서 "남성 가해자들이 사법시스템 안으로 사건을 끌고 들어가려" 하는 이유를 알게 되었다고 말한다. 역고소로 인한 수년의 사법절차 과정은 "가해자 1인과 싸우는 게" 아니라 "사법시스템 안의 온갖 위치에 있는 남성들과 싸우는" 과정이었고 그래서 "중도 포기하는 피해자들이 있"다는 것이다. 그

300　　　　　　　　　　　　　　　　시장으로 간 성폭력

리고 **연희**는 두 번의 피해 중 한 번의 피해를 고소했던 이유가 법적으로 질 수도 있지만, "판검사들을 혼내주고 싶은 마음이 너무 큰" 상태였기 때문이었다고 말한다. "세상은 변할 건데, 당신들은 하나도 변하는 게 없는 거 같"다는 **연희**는 "가해자한테 뭐라 하는 것보다", "결과랑 상관없이", "제가 무엇을 피해로 규정하는지"를 논의하는 과정에서 법조인들이 "조금이라도 생각을 바꿀 수 있지 않을까" 생각했다고 한다. 쉽지 않겠지만 "일단 해보고 후회"하는 편을 선택하겠다는 것이다. 여기에서 **연희**는 법적 처리 과정을 가해자 처벌이나 결과를 넘어 오히려 법조인들의 인식을 변화시키고자 하는 운동의 과정으로 의미화하고 있음을 알 수 있다.

본 연구에 참여한 피해자들은 이미 사건 해결을 위한 실천을 하고 있거나 사법절차 과정에서 미투운동을 경험한 경우가 많았는데, 몇몇 인터뷰이들은 사회적으로 미투운동이 진행되는 중에 사건을 공론화하였음에도 처음에는 아래와 같이 미투운동과 자신의 피해를 연결 짓지 못하는 경우가 적지 않았다.

다정(피해자)　　　　　　사실 제가 한 걸 미투운동이라고 생각하진 않았어요. 사실 저는 개인주의예요. 시사에 전혀 관심 없는 건 아니지만 그렇다고 깊게 빠져서 보지도 않아요. 분노는 하지만 동화는 되지 않아요. 저는 그런 사람이었기 때문에 미투운동에 대해서 깊게 생각해보지도 않았어요. 뭐야, 이게 왜 이제야 터져, 이런 이슈 중에 하나였어요. 서지현 검사님이 미투 처음 시작했을 때도, 맨날 뉴스로 나올 때도 아니 저게 이제야 터진다고? 아니 그리고 저게 저렇게까지 난리를 필 일이야? 저런 거 있는 줄 몰랐어? 이 사람들 죄다 눈 닫고 귀 막고 살았나, 어쩜 이래? 이러고 말았거든요. 미투운동이 활발할 때 나도 미투를 해야겠다는 것도 아니었고, 저는 뭐 미투 이런 거 써본 적도 없고, 그냥 그런 판이었기 때문에 미투운동이 된 거죠. ⋯ 제가 조금 더 공익적 의미를 생각하게 된 건 재판이 거의 끝날 때쯤이었어요. 어, 그래도 나를 보고 용기를 낸 사람들이 이렇게 많고, 나의 행보가 사회에 뭔가 바람을 불러일으키긴 했다는 걸 보았을 때, 그때서야 뭘 하긴 했네? 하는 생각이 들었던 거죠. ⋯ 제가 악플 고소로 경찰서를 갔는데 ⋯ 책상 앞에 공문이 붙어 있더라구요. 사이버성폭력과 관련해 법률을 어떻게 적용해야 되는지 위에서 내려온 방침이 적혀 있는데 ⋯ 대표 사건에 제 이름 세 글자가 딱 있더라구요. ⋯ 그거 보고 좀 뿌듯했어요. ⋯ 사이버 성범죄에 대해서는, 여전히 그때도 리벤지포르노나 뭐나 성행했는데 그거에 대해서는 어떤 교육도 없었고, 어떤 문제제기도 하지 않았고, 그걸 문제라고 인식도 하지 않았고, 법도 사법부도 그걸 문제라고 받아들이지 않았죠. 그래서 나는 잘했다고 생각해요.

사이버성폭력 피해를 입었던 **다정**은 본인은 원래 "개인주의" 성향인 데다가 시사에 관심도 별로 없고, "미투운동에 대해서도 깊게 생각해보지도 않았"다고 말한다. 그래서 미투를 하려고 한 것이 아니라 미투운동이 진행 중이었기 때문에 "미투운동이 된" 것이었다고 말한다. 그러나 재판이 끝날 때쯤 많은 사람의 지지와 응원을 보면서 자신이 "사회에 뭔가 바람을 불러일으"켰고, "뭘 하긴 했네?"라고 생각하게 되었다고 말한다. 무엇보다 자신에 대한 악플러들을 고소하러 경찰서에 갔다가 사이버성폭력에 대한 설명에 자신의 사건이 쓰여 있는 것을 보고 "뿌듯했"다고 한다. 그전까지 국가는 사이버 성범죄에 대해서는 교육도 하지 않았고, 사회적, 법적으로 문제라고 받아들이지도 않았는데, 자신의 공론화가 해당 범죄의 문제와 심각성을 인식시키는 데 기여했다는 것을 알게 되면서 "잘했다"고 생각하게 되었다는 것이다. 즉 **다정**은 미투운동이 가장 활발했던 2018년 봄에 피해 사실을 공론화했음에도 미투운동을 본인의 삶과 연결해서 생각해보지 못했다. 그러나 자신의 공론화로 많은 피해자가 용기를 얻었을 뿐만 아니라, 수사 과정에도 영향을 미쳤다는 것을 알면서 본인의 행동이 사회 변화에 기여했다는 것을 인식하게 되었다. **다정**은 그 이후 미투운동과 관련된 활동에 적극적으로 참여하고 글을 쓰고 언론 대응활동을 하면서 미투운동의 흐름 안으로 본인의 사건을 위치시켰다. 이는 권리의 침해에 대한 문제제기를 하는 개인화된 신자유주의 주체로서의 피해자가 사회구조의 변화와 연대를 지향하는 페미니즘 주체로 변화하는 과정을 잘 보여준다.

이처럼 피해자들은 사건 해결을 위한 자신들의 행동이 사회를 변화시키는 데 기여하게 되었음을 인식하면서 다른 피해자들을 돕는 활동을 시작하기도 하는데, 이들에게 성폭력 사건의 해결은 공동체와 사회가 변화할 때 가능한 것으로 인식되고 있다.

영주(피해자) 　　어떻게 보면 되게 웃긴 거 같아요. 여성의 삶에서 한 가지 피해만 있을 수는 없고, 연속선상에서 심지어 사건 해결 과정 중에 또 피해가 있을 수 있는데 경중을 가릴 수밖에 없고, 몇 년이나 지난 사건이었는데도 마음에 여전히 남아 있었어요. 이 얘기를 처음 가해자한테 꺼냈을 때 몇 년이나 지났는데 너무 당황스럽다는 말을 들었고, 그럼에도 내 안에서는 미해결이었으니까 해결 과정을 밟을 수밖에 없었어요. 제가 문제제기를 한 이유는 적어도 뭔가 공동체가 변화하는 것이 내 안에 중요하게 연결되어 있었고, 그걸 알고 나서야 이 사건을 놓을 수 있었던 거 같아요.

연희(피해자) 　　여전히 뭔가 찜찜한 건 가해자와 합의는 봤지만 제가 속해 있던 그 ○○계의 시스템이나 분위기를 바꿀 수 있었던 건 아니어서였어요. 이런 사적 합의가. 어쨌든 그때부터 대표님이랑 언젠가 한번 얘기해야겠다는 생각을 하고 있어요.

영주는 공동체 내 선배에게 강간미수의 피해를 입었고, 그 사건에 대한 형사고소의 전후 과정에서 또 다른 피해를 입기도 했는데, 이에 대해서도 공동체 내에서 문제제기를 지속했다. **영주**가 이러한 행보를 할 수밖에 없었던 것은 "여성의 삶에서 한 가지 피해만 있"는 것이 아니고, 여러 피해가 있지만 당시의 "경중"에 따라서 주된 피해에 집중하다 보니 해결되지 못한 다른 사건들이 수년이 지나도 마음속에 "남아 있었"기 때문이다. 그래서 가해자에게 얘기를 했지만 가해자는 "몇 년이나 지났는데 너무 당황스럽다"는 반응을 보였다. **영주**는 계속 문제를 제기하는 자신의 행동에 대해 많이 고민했는데, 그것은 "적어도 뭔가 공동체가 변화하는 것"과 연결된 지점이었다는 것을 깨닫고 그제서야 "이 사건을 놓을 수 있었"다고 말한다. 계속되는 피해와 해결 과정에서 경중을 가릴 수밖에 없었던 상황, 그럼에도 미해결된 사건들의 해결 시도는 공동체의 변화에 대한 기대 때문이었다는 해석을 내리면서야 스스로 그 사건들이 해결되었다고 정리할 수 있었다는 것이다.

연희는 업계 내 선배에게 입었던 피해가 비교적 만족스럽게 합의가 되었음에도 "여전히 뭔가 찜찜한" 것은 "사적 합의"로는 본인이 속해 있던 그 ○○계의 시스템이나 분위기를 바꿀 수는 없었기 때문이었다. 그래서 가해자가 속해 있는 조직의 "대표님"을 만나 조직 내에서 가해자의 위치나 조직 문화와 관련된 얘기를 나눌 생각을 하고 있다.

위의 인터뷰이들은 자신의 사건에 대한 해결과 공동체의 변화를 일정부분 동일시하고 있는데, 이들에게 문제제기의 동기와 변화는 연결되어 있고, 그것은 아래와 같이 다른 피해자, 소수자들을 위한 활동이나 그들과의 연대를 통해 극대화된다.

> 지윤(피해자)　　　　그리고 여기서도 해결한 상태, 극복된 상태가 뭘까 생각하는데, 이런 생각은 안고 가야 할 거 같아요. 완전히 해소되는 상태? 성폭력을 겪은 사람으로서 뭔가 조금씩 해결하거나 혹은 성평등교육 강사를 한다거나 … 또 피해 경험이 있는 분들이 교도소 성범죄자들하고 얘기 나누고 상담하신다는 걸 알게 됐어요. 큰 사람 … 멋있다. 나도 그렇게 될 수 있을 거 같고, 그런 사람들이 많아질수록 어린 친구들한테 더 좀 안전한, 덜 시달리는 그런 사회가 되지 않을까 하는 생각도 해봐요. … (해결의 상태란) 어떤 형식으로든 사회에 조금이라도 기여하는 거? (성평등과 관련한) 전시를 하거나 강사 혹은 상담사? 피해 경험이 있는 사람들과의 연대, 그렇게 연결된 연대가 다양한 형태로 있을 것 같다는 생각이 들어요.

영주(피해자)　　　　　　치유라고 하는 것은 가능할 것 같아요.

… 그런 자매애나 연결고리? 한 피해자를 또다시 사회 밖으로 뚜벅뚜벅 걸어나가게 하는 데 헌신하는 역할을 하지 않았나. 그게 기점이 돼서 나도 다른 여성한테 헌신할 수 있는 사람이 되고 싶다는 생각에 상담 공부를 시작했고, 여성의 연대는 이런 식의 연쇄반응을 일으키는 것 같아요. 그래서 저라는 사람한테도 일상을 영위할 수 있는 뭔가를 줬고, 그 마음에 다른 힘든 여성들에게 힘이 되어주고 싶다. 그런 역할을 하는 사람이 되고 싶다는 마음이 보태지면서 내가 이 여성들한테 받은 것을 또 다른 여성들한테 해야지 하는 그 마음. 이런 것들이 치유의 원동력인 거 같아요.

　　대학 교수, 직장 상사, 의사, 남동생 등에 의해 여러 피해를 입었던 **지윤**은 현재까지도 고소를 고민하고 있다. 그러나 **지윤**에게 사건 해결의 의미는 개인적인 어떤 상태가 아니라 피해자임에도 "성평등교육 강사"나 "교도소 성범죄자들"을 상담하는 활동 등을 하는 사람들이 많아지는 것으로 인식된다. 즉 해결의 상태는 "사회에 조금이라도 기여하는" 활동을 하는 것, "피해 경험이 있는 사람들과의 연대", 즉 피해자들과 "연결된 연대"로 의미화되고 있다. **영주**에게도 치유란 "자매애나 연결고리"로 의미화된다. **영주**가 사건 해결의 과정에서 다른 여성들한테 받았던 도움들은

"나도 다른 여성한테 헌신할 수 있는 사람이 되고 싶다"는 동기로 이어졌고 "여성의 연대는 이런 식의 연쇄반응을 일으키"고 있으며, 그것이 바로 "치유의 원동력"이라는 것이다.

　이처럼 성폭력 피해 후 해결과 치유를 위한 과정에서 피해자들의 분노, 다른 피해자에 대한 연민, 이로 인한 공감 속에서 성폭력에 대한 저항은 정치적인 감정으로 만들어지고 있다. 한국의 미투운동에서 피해자와 지지자, 연대자와 지원자 들이 다양한 방법과 내용으로 연대할 수 있었던 것은 이러한 '공감 정치'가 가능했기 때문이다. 이때 공감 정치는 정치 경험이나 정치적 느낌과 그것에 내재하는 도덕의 중요성을 강조하는 것으로, 도덕적 자기 향상과 사회 변화 정치를 모두 추구하는 감정적 분투 양식이다.[5] 이러한 피해자들의 분투 양식은 무엇보다 사회 변화를 추구한다는 점에서 가해자 한 사람과의 싸움도, 하나의 사건에 대한 것도, 자신의 승리만을 위한 싸움도 아니다. 성폭력 피해자들은 사회적 약자로서 여성에게 발생하는 폭력들에 대항하여 법, 국가, 가족, 사회, 주변인, 조직 등과의 투쟁을 정치적 공론장의 영역으로 이동시키고 있다. 호네트(Honneth)의 말처럼, 피해자들은 정치적 저항 행위에 참여함으로써 상실되었던 자기 존중을 되찾고, 이때 강화된 인정 경험은 정치적 공동체에서 연대를 형성하게 된다.*

---

* 악셀 호네트는 사회적 투쟁이란 개인적 무시 경험이 한 집단 전체의 전형적인 핵심

그리고 이 투쟁은 가해자 개인에 대한 처벌뿐 아니라 공동체적·사회적 책임을 요구하고 변화를 촉구한다는 점에서 피해자 개인에 대한 투쟁을 넘어 소수자/피해자의 집합적 투쟁이기도 하다.

그러나 고통이나 상처를 말하는 것만으로 치유가 일어나는 것은 아니다. 하지만 말하는 것은 목격하는 것으로 이어질 수 있으며, 다른 사람이 듣게끔 한다는 점에서 의미가 있다. 따라서 피해자에게 치유는 상처를 감추는 것이 아니라 상처를 보여주는 것이기에 회복이란 곧 상처를 드러내는 일로, 이처럼 부정의에 대한 상처를 드러내는 작업은 인정을 촉구하므로 정치적인 것이 될 수 있다.[6] 치유와 회복은 상처를 숨기는 것이 아니라 드러낼 때, 연대로 확장될 때, 사회 변화가 동반될 때 가능될 수 있기 때문에 이들의 치유는 정치적이고 공적인 것이며, 반성폭력운동은 정치적인 페미니즘 투쟁이다. 또한 이는 다른 피해자에 대한 위로이자 사회 전체에 대한 책임과 연대의 실천이라는 점에서 단순한

체험으로 해석됨으로써 인정관계의 확장에 대한 집단적 요구로 나아가는 실천적 과정이라고 설명한다. 이때 각 개인은 미래의 의사소통 공동체에서 인정받게 될 것을 예견함으로써 기존 조건에서는 이룰 수 없었던 자신의 능력에 대한 사회적 존중을 발견하게 된다는 것이다. 이렇게 정치적 투쟁에 참여해 각 개인은 모욕을 느낄 만큼 무시당했던 자신의 속성 자체를 공개적으로 보여줌으로써 상실된 자기 존중을 어느 정도 되찾게 된다. 악셀 호네트 지음, 문성훈·이현재 옮김, 《인정투쟁: 사회적 갈등의 도덕적 형식론》, 사월의책, 2011, 299-303쪽. 호네트의 논의를 참고하면 미투운동은 개인의 피해를 드러냄으로써 가해자의 권력에 저항하고, 상실된 존엄성을 되찾는 인정투쟁의 과정으로 명명할 수 있다.

인정에의 '요구'가 아니라 인정의 의미를 '전복'하는 정치적 투쟁이다.

성폭력 사건 해결의 의미는 어떠한 결과로서 정박되거나 종언될 수 있는, 완성된 어떠한 상태로 인식될 수 없다. 오히려 사건 해결의 장들이 경합하는 '틈'[7] 속에서 법의 경계를 넘나들고, 해결과 치유의 의미를 연대와 투쟁의 시공간으로 전유할 수 있는 '성폭력 정치'의 장이 구성되는 경로로서 의미화할 수 있다. 그리고 이때 정치적 투쟁으로서 성폭력 사건의 해결은 개인의 문제가 아닌 사회적 문제로서 신자유주의 통치성에 저항하는 '페미니즘 정치의 공공성'이 구성되는 영역으로 분석할 수 있다.

그리고 성폭력 사건 해결의 의미는 결과가 아닌 투쟁의 경로로서 인식해야 한다. 성폭력 피해자들이 고소나 피해 경험의 공론화 같은 문제제기를 하는 이유는 가해자의 처벌과 반성, 치유와 회복, 공동체의 성찰과 변화를 위한 것이기도 하다. 이것들은 분절적이지 않아서 피해자와 가해자의 자원과 이들의 관계, 피해의 유형과 해결 방법 등에 따라 끊임없이 상호작용하면서 피해와 가해의 의미를 이동시키기 때문이다. 따라서 피해의 경험이 조직 내에서, 혹은 법적 해결의 과정에서 미끄러지고, 왜곡되고, 공격당할 때, 피해자는 패자로서 존재하게 된다. 그러나 피해자들은 이러한 위기들을 경험하면서 사건 해결의 의미가 결과에만 정박되지 않도록 해결의 장을 확장하고 이동시키면서 자신의 상

시장으로 간 성폭력

황과 조건에 맞는 투쟁의 시공간을 재창조한다. 그러므로 성폭력 사건의 해결은 종언될 수 있는, 완성된 상태로 인식하기보다 해결과 치유의 의미를 연대와 투쟁의 언어로서 전유할 수 있는 '성폭력 정치'의 장이 구성되는 하나의 경로로서 의미화해야 한다.

Chapter 5

'성폭력 정치'의 재구성을 위한 제안

#1

이론적
제안

'정치적인 것'으로서 성폭력

본 연구는 성폭력을 정치적인 것으로 재위치시키고, 성폭력 사건 해결의 장을 페미니즘 정치의 실천 공간으로 전략화하기 위하여 '성폭력 정치'의 재구성을 제안한다. 이를 위한 이론적 자원으로서 '정치적인 것(the political)'*에 대한 논의와 피해자의 감정

---

* '정치적인 것'에 대한 논의의 선두주자로서 슈미트(Schmitt)는 '정치적인 것'은 특정한 의미에서 정치적인 행동이 모두 귀착될 수 있는, 고유한 최종적인 구별 속에서 찾아야 하며, 여기서 특정한 정치적 구별이란 적과 동지의 구별임을 말한다. 르포르(Lefort)는 19~20세기 프랑스 혁명 및 주요 정치철학자들의 논의를 분석하면서 '정치적인 것'은 우리가 정치적 행위라고 부르는 것 속에서가 아니라 사회의 제도화 양식의 출현과 엄폐라는 이중적 운동 속에서 드러난다고 주장한다. 따라서 르포르는 민주주의의 발전과 자유에 대해 평가할 수 있는 기회를 갖는 것은 인간 권리의 제도 속에서 새로운 형태의 정당성 표식들을 발견하고 개인이 공론장의 선동자이자 산물로서 인정되는 조건에 한해서라고 주장한다. 칼 슈미트 지음, 정용화 옮김, 《파르티잔 이론》, 인간사랑, 1990; 카를 슈미트 지음, 김효전·정태호 옮김, 《정치적인 것의 개념: 서문과 세 개의 계론을 수록한 1932년판》, 살림, 2012; 클라우드 르포르 지음, 홍태영 옮김, 《19~20세기 정치적인 것에 대한 시론》, 그린비, 2015 참고.

을 정치화할 수 있는 이론들을 살펴보고 성폭력 사건의 해결을 정치적 책임과 페미니즘 정치의 공공성 영역으로 이론화하고자 한다.

기존에 비정치적인 것으로 인식되었던 영역들을 정치화하려는 페미니스트 정치에서 정치적인 것이란 담론적으로 형성되며 복합적으로 존재하는 것으로 이해할 필요가 있다. 무페는 정치적인 것이란, 모든 정체성이 관계적이라는 전제하에 어떤 한 유형의 제도로 제한하거나 사회의 특정 분야, 차원으로 생각할 수 없고, 모든 인간 사회에 본래부터 있으며 제거 불가능한 것으로 설명한다. 그리고 정치적인 것은 항상 갈등 및 적대와 관계하기 때문에 길들여질 수 없는 것으로 정치 분야에서의 개인들은 고립된 개인들이 아니라 집단적 정체성들이며, 그 역동성은 개인적인 계산으로 환원해서 파악할 수 없다. 사회적 행위자는 다양한 주체 위치를 통해 각종 담론적 형성물 속에서 구성되기 때문이다.[1] 이러한 무페의 논의는 국가 혹은 법을 고정적이고 거대한 권력으로 전제하는 것이 아니라 불균등한 집합으로 해체하고, 성폭력 피해자를 고정된 정체성으로 간주하려는 질서에 맞서 이것들을 담론적 형성물로 재구성함으로써 피해자의 정체성을 정치적인 것으로 설명할 수 있는 자원을 제공한다.

한편, 랑시에르는 정치적인 것을 통치의 과정이자 사람들의 자리와 직무를 위계적으로 분배하는 치안과 평등의 과정으로서,

시장으로 간 성폭력

사람 사이의 평등을 입증하려는 두 원리가 마주치는 장소라고 분석한다. 따라서 정치적인 것을 말하는 것은 법, 권력, 공동체의 원리들에 대해 말하는 것이다. 랑시에르는 특히 정치적인 것의 가장자리들에 주목하는데, 이것은 치안과 정치가 만나는 지점에서 형성되는 것으로, 정치가 출현함으로써 치안이 와해될 때 생기는 사회운동과 투쟁의 새로운 공간이다. 랑시에르는 정치적인 것의 단일성을 거부하는데, 그것은 특정한 주체화 형태들의 출현 및 해체의 조건들을 생각하게 되는 사유의 진화를 의미하기 때문이다. 랑시에르에게 민주주의란 통치 형태도 사회생활 방식도 아니며 정치적 주체들이 존재하기 위해 거치는 주체화 양식이고, 주체화 과정은 자기가 아니라 자기가 다른 자기와 관계를 맺어 하나를 형성하는 것이다.[2] 이를 참고하면, 정치적인 것으로서 성폭력 사건의 해결이란 정치적 주체로서 성폭력에 대해 문제제기를 하는 피해자들이 출현하거나 배제될 수밖에 없었던 조건과 맥락에 대해서 생각하도록 하는 사유의 진화 과정이다. 그리고 이들이 신자유주의 주체를 넘어 페미니즘 정치의 주체가 되기 위한 주체화 양식에서 타인과의 관계와 실천의 중요성을 연결하게 한다.

페미니즘 주체화의 과정으로서 성폭력과 싸우는 페미니스트 정치는 남성을 폭력의 행위자 또는 조작자로 전제하거나 여성을 폭력과 공포의 대상으로 서술하는 폭력의 젠더 문법에서 벗어나 자아에 대한 여성의 권리를 주장하는 언어들을 발견하고 체화된 강간 대본(rape script)을 배제하기 위한 정치적 행위다.[3] 특히 매클루어(McClure)는 20세기 후반 페미니스트 혁명은 정치적인 것이라는 용어를 통해 특정한 변화를 가져올 것이라고 주장했다. 이를 통해 전통적으로 정치적 관심사를 벗어난 것으로 간주되었던 질문들을 포함시키고 정치적인 분야가 법의 주권 권력을 위한 경쟁으로 축소되는 것에 반대하면서 투쟁을 만들 수 있기 때문이다. 매클루어는 페미니스트 정치는 변화를 정의하고, 변화에 직면하고 관여하는 중요한 관행들일 뿐만 아니라 이와 관련한 논쟁 과정에 페미니스트들의 비판적 실천도 포함하는 것이라고 주장한다.[4] 이러한 페미니스트 정치의 과정에서 성폭력의 문제는 법적인 것과 법적이지 않은 것의 경계가 뚜렷하지 않은데, 법의 구성은 사회적·문화적 규범, 경제적·실용적 의무, 도덕적·윤리적 열망뿐 아니라 정치적 의제와 밀접하게 관련되어 있기 때문에,[5] 성폭력은 법을 넘나드는 정치적인 것으로 봐야 한다.

피해자 감정의 정치화

한국의 여성운동단체들은 여성운동의 실천 전략으로서 여성주의상담[6]을 지향해왔다. 상담이라는 방식을 여성/피해자들과 만나는 장이며 성차별적 현실에 대한 구체적인 증거들로 보면서,

변화의 언어를 만들어낼 수 있는 정치적인 연구/운동의 대중적인 실천 방식으로 사고한 것이다. 더불어 기존의 상담학이나 심리학과는 일정한 거리를 두었는데, "한 인간을 병리적으로 보는 관점에서는 그 사람을 병리적으로 평가할 수밖에 없기 때문"[7]이었다.

이러한 여성운동의 의미를 이어가며 성폭력 피해자의 실천과 성폭력 사건 해결의 의미를 정치화하기 위해서는 기존의 수동성, 취약함, 병리적인 고통의 언어로 서술된 성폭력 피해와 치유의 의미, 피해자의 감정을 정치적인 언어로 전환할 필요가 있다. 굿윈(Goodwin)과 폴레타(Polletta)는 그동안 저항운동에서 감정은 부정적인 것으로 인식되면서 저항의 감정이나 저항에의 참여 동기는 무시되어왔다고 비판한다. 그들은 특히 합리성과 감정을 대립적으로 보지 않고 감정과 여성이 이분법적으로 평가절하되어온 제도적 과정을 탐구하는 페미니즘으로부터 개념적 도구를 끌어온다. 여성들이 표현하는 사회에서 버림받은 감정은 강력한 정치적 도전의 토대와 전략적 사고의 기반이 될 수 있다는 것이다.[8] 또한 달(Dahl)은 민주주의의 전제로서 정치적 평등을 추구하는 힘은 순수이성이 아니라 동정심이나 시기, 분노, 증오와 같은 정서 또는 감정과 열정이라고 말한다. 불공평함이나 부정의에 대한 인간의 인식은 강렬한 감정을 불러일으키고 기회가 주어지면 이런 감정들은 행동으로 이어진다.[9] 이때 분노는 규범의 불합리성을 깨닫고 잃어버린 통제력의 복구를 목표로 삼아 행동하려고 하기 때문에 미래지향적인 감정으로 볼 수 있다.[10] 그리고 사회적 약자들의 '원통함'은 병리적 증상이 아닌 약자의 억울함을 묵살하는 사회적 차별의 문제이므로 사회적 고통으로 의미의 맥락을 전환할 필요가 있으며, 이들의 감정에 공감하는 것은 윤리적 책임의 문제로 볼 수 있다.[11]

최근 미투운동을 보면서 상담소를 찾은 피해자들에 관한 연구에 따르면,[12] 이들에게 성폭력 피해 경험은 "적응"되는 것이기도 하고, "느낌"처럼 존재하는 것이기도 했다. 때로는 트라우마로 가해자의 신상을 잊었으나 오히려 상처 때문에 기억을 재위치시키는 'Traumatic Paradox'*로 인해 미투운동이라는 사회적 조건 속에서 재현되기도 하는 것이다. 따라서 성폭력 고통과 트라우마에 대한 연구는 피해자들이 고통스러운 경험을 했다는 것뿐 아니라

---

* 캐서린 호지킨(Katharine Hodgkin)과 수재나 래드스톤(Susannah Radstone)에 따르면, 힘든 경험을 한 이후, 그것은 트라우마라고 여겨질 수도 있고 그렇지 않을 수도 있다. 트라우마는 마음의 내적 작업에 대한 생산물일 수도 있고, 발생한 일의 결과일 수도 있다. 즉 트라우마는 무엇을 말할 수 있고 기억할 수 있으며, 어떻게 기억하는가의 문제이기 때문에 표현될 수도 있지만 위조되거나 기억의 실수를 발생시킬 수도 있다. 이것은 단지 오류가 아니라 기억이라고 하는 것을 재위치시키는 것으로서 워커(Walker)는 이를 'traumatic paradox'로 설명한 바 있다. Katharine Hodgkin, Susannah Radstone eds., Contested Pasts: the Politics of memory, Routledge, 2003; Janet Walker, "The traumatic paradox: autobiographical documentary and the psychology of memory", Katharine Hodgkin, Susannah Radstone eds., Contested Pasts: the Politics of memory, Routledge, 2003 참고.

그 경험을 기억하는 방식, 변형되는 과정, 경합하는 기억 들이 취사선택되면서 트라우마를 만들어내는 개인적·사회적 맥락과 조건에 대한 분석으로 확장한다면 성폭력에 대한 기존 통념과 인식의 회로에 저항할 수 있는 가능성이 생긴다. 이때 피해자는 고통을 저항의 전략으로 변화시키고, 트라우마를 피해의 병리화가 아닌 기억의 '정치적인 장'으로 전유할 수 있는 주체로서 위치할 수 있는 것이다. 이렇게 피해자의 감정을 저항의 전략으로 변화시키는 작업은 사건 해결의 주체로서 피해자의 실천을 정치화할 수 있게 한다.

연대와 책임의 언어

2018년을 전후하여 한국의 미투운동에서 주체로 등장한 피해자들의 실천은 공유된 정치적 책임의 실천 양식으로 볼 수 있다. 버틀러(Butler)와 아타나시오우(Athanasiou)는 정치적인 것의 수행성으로서 박탈(Dispossession)을 책임과 연대의 언어로 개념화한다. 아타나시오우는 박탈에 반응하는 성향으로서의 책임감은 단순히 개인의 이익을 넘어서 사회변혁의 정치를 가능하게 하며, 폭력에 대한 민감성으로서의 박탈의 상태는 타자에 대한 우리의 반응성과 책임감의 원천이라고 말한다. 또한 버틀러는 주체가 정치적 주체를 생산하는 한 방법으로서 수행성을 설명한다. 기존에 무시되어왔던 사람들이 자신들의 불안정성을 끝내기를 요구하는 순간에 수행성이 등장한다. 이때 복수적 수행성은 상호의존성과 끈기, 저항, 평등을 상연해내고 이로써 위계적이고 규제적인 권력 체제의 중심으로 대항-공동체를 만들어낸다는 것이다.*

따라서 성폭력 사건 해결을 위한 피해자들의 투쟁은 '수행성의 정치'로 볼 수 있다. 기존에 셈해지지 않았던 이들이 스스로를 중요한 존재로서 셈하기 시작할 때 권리행사로서 수행성이 등장하는데, 이는 정치적 주체를 생산하는 한 방법이며 이러한 과정들은 "정치적인 것에 있어서의 수행성"으로 이해할 수 있다. 즉 투쟁의 장에서 피해자들은 자신의 박탈된 상태를 무력하게 순응하거나 누군가 해결해주기를 기다리는 것이 아니라 자신의 위치와 권리를 인식함으로써 기존의 권력을 박탈한다. 그리고 성폭력 사건의 해결은 개인적인 문제가 아니라 타자와 깊이 관계되어 있음을 인식하게 된다. 이때 기존의 개인화된 신자유주의 주체를 넘어 여성주의적인 정치적 주체로서 피해자가 만들어지는데, 이

---

* 아타나시오우에 따르면 박탈이란, 첫째, 다른 사람에 의해 누군가가 박탈되는 상태를 결정짓는, 이미 구축되어 있으면서도 선취적일 수밖에 없는 상실들을 모두 아우르는 것이고, 둘째는 주체성과 생존, 삶의 가능성을 한정 짓는 규범적이고도 정상화를 유도하는 폭력에 의해 고통스럽게 강제된 어떤 상태로서, 정치적인 것에서의 수행성을 시도하는 과제는 이와 같이 두 개의 서로 다른 가치를 지닌 박탈들을 한데 엮어내고 그에 저항하는 새로운 틀을 엮어내는 것을 의미한다. 주디스 버틀러, 아데나 아타나시오우 지음, 김응산 옮김, 《박탈: 정치적인 것에 있어서의 수행성에 관한 대화》, 자음과모음, 2016.

들의 수행성은 성폭력 사건 해결의 조건과 의미를 재구성하고 연대의 실천으로 확장된다는 점에서 '수행성의 정치'로 볼 수 있다. 이러한 논의는 성폭력 피해자들이 겪는 박탈의 상태는 단지 취약한 상태에서 머무르는 것이 아니라 정치적인 것에서의 수행성을 연대와 책임의 언어로 실천할 수 있는 조건임을 설명한다.

그렇다면 연대와 책임은 어떻게 가능한가? 스캔론(Scanlon)은 '우리는 서로에게 어떤 빚을 지고 있는가' 하는 책임의 문제를 철학적으로 검토한다. 책임의 문제는 자유, 자발성, 선택 등의 문제와 함께 발생하는데, 어떤 행위를 행위자에게 귀속할 수 있는 책임을 귀속 가능성으로서의 책임(responsibility as attributability)이라고 한다면, 다른 의미로 사람들이 서로를 위해 무엇을 해야(또는 하지 않아도) 되는가에 대한 것은 실질적 책임(substantive responsibility)에 대한 판단이다. 이러한 실질적 책임을 논하기 위해서는 선택의 가치가 중요한데, 인간관계에서 다른 선택을 할 수 있는 대안이 없었을 때의 선택이나 동의는 자발성으로만 판단하기 어렵다. 선택의 가치는 조건적이고 상대적이기 때문에 '우리는 서로에게 어떤 빚을 지고 있는가'를 고민할 때 필요한 것은 어떤 행동을 선택했다는 사실 자체보다 이러한 결과를 낳은 여러 가지 방식이나 다른 조건들의 중요성에 주목해야 한다. 따라서 고통받고 비난받는 사람들에 대한 태도는 "결국은 당신이 고통과 비난을 산 것이다"가 아니라 "신의 은총이 없었다면 내가 당신처

럼 되었을 것이다"가 되어야 할 것이다.[13]

　성폭력은 피해자들이 어떤 행동을 선택했기 때문이 아니라 피해를 입을 수밖에 없었던 조건 속에서 발생하며, 이때 공동체는 성폭력 사건의 해결을 개인에 대한 비난이 아닌 사회구조와 조건에 대한 서로 간의 실질적 책임의 문제로, 개인의 선택과 동의의 문제에서 벗어나 서로에 대한 의무와 책임의 문제로 보아야 한다. 이는 사회의 부정의를 구조적 문제로 보기 위하여 사회적 연결 모델을 제안하는 영(Young)의 논의와 연결된다.

　영은 타인과 함께 만드는 집단행동으로서, 미래지향적인 범주로서 정치적 책임의 의미를 확장한다. 여기서 개인적 책임 담론은 타인의 삶의 조건에 대해 개인적으로 어떤 책임을 가져야 하는지 묻는 데 한계가 있으므로 구조화된 제도적 관계 속에서 형성된 다른 이들의 삶의 배경과 조건에 대한 책임을 요청해야 한다. 간접적, 집단적, 누적적인 부정의에 대한 책임을 요구하기 위해서는 그 책임에 관련한 사회적 연결 모델이 필요하다는 것이다. 이러한 모델을 바탕으로 구조적 부정의에 책임을 진다는 것은 구조를 바꾸는 집단행동을 조직하기 위해 다른 일들과 협력하는 것이고, 정치적 책임은 사회제도나 관행에 관련된 공유된 책임을 인정하고 사람들과 연대하는 것을 의미한다.[14] 이처럼 가해자 처벌과 낙인을 목적으로 하는 개인적 책임 담론을 넘어서 피해자 스스로가 주축이 된 연대와 책임의 미투운동은 사법적 판단

　　　　　　　　　시장으로 간 성폭력

에 의해 제한되고, 사회적 통념에 따라 오해받고, 국가의 행정 절차 속에서 시혜의 대상이었던 피해자의 정체성과 피해의 의미를 전복한다. 그리고 성폭력을 구조적 불평등에서 기인한 부정의의 영역으로 확장할 수 있는 가능성을 열어준다.

또한 영은 공유된 책임의 범주에 있어 법적 책임의 한계를 지적한다. 법적 책임 모델에서 용의자의 행위가 자발적이지 않거나 무지에서 근거한 것임이 증명된다면 그 책임은 면제되거나 감면되기 때문에 모든 맥락에 적합한 책임의 방식이 아니라는 것이다. 부정의한 구조는 수많은 사람에 의해 생산, 재상산되기 때문에 특정 행위자의 탓으로 돌리기 어렵고, 법적 책임 모델은 사람들을 방어적으로 만든다.[15] 미투운동과 같은 성폭력 피해 경험 말하기 운동은 이러한 사회적 책임과 법적 책임의 경계를 넘나든다. 신고·고소했으나 해결될 수 없었던 성폭력들을 공론화하는 것은 피해자가 사회적 책임을 요구하는 방식이자 피해자가 스스로의 정치적 책임을 드러내는 방식이다. 반면에 법적 고소를 진행하지 않고 언론이나 SNS를 통해 피해를 공론화한 경우 오히려 가해자에 의해 명예훼손 등의 법적 보복과 위협을 받게 되는 상황은 반성폭력운동과 사법 질서와의 긴장과 모순을 보여준다. 따라서 구조적 부정의에 대항하는 반성폭력 투쟁은 법의 구성과 가치체계에 종속되는 것이 아니라 법적 공간에서 피해의 의미가 어떻게 특정한 방식으로 탈정치화되고 개인화됨으로써 어떠한 권력의 효과를 등장시키고 있는지 분석해야 한다.

페미니즘 정치의 공공성

주체화된 피해자가 성폭력 사건을 해결하기 위한 방식은 피
해자와 가해자의 관계, 피해자의 자원과 조건에 따라 다양하게
실천되는데, 이때 공론장(public sphere)은 법이 정당성을 얻기 위
해서 의회, 정당, 미디어, 시민사회, 사회적 연대가 의사소통할 수
있는 민주적 과정의 절차적 조건이자 토의정치를 위한 공간으로
서 중요한 의미를 갖는다.* 특히 공적 토론은 개인 간의 위치에
따른 객관성을 전제로 하며, 토론 과정에서 최종결과뿐 아니라

---

* 위르겐 하버마스 지음, 한상진·박영도 옮김,《사실성과 타당성: 담론적 법이론과 민주
적 법치국가 이론》, 나남, 2007 참고. 하버마스의 공론장 개념은 서구 부르주아 남성 계급
에 초점이 맞춰져 있고 공/사의 이분법적이고, 자유주의적 시각에 편향되었다는 비판을
받기도 했다. 김수정·김예란,〈사이버 공론장들의 젠더성과 담론구성의 특징〉,《미디어,
젠더 & 문화》, 2008;10:5-36. 그러나 공론장은 현존하는 실체로서 특정한 시기의 사회적·
정치적·경제적·문화적 맥락 안에서 변모, 확장, 세분화, 재구성되는 역동체이며 하나의 규
범적 모델로 정형화하기 어렵고 지배적 공론장과 대항 공론장이 항상 뚜렷하게 구분되는
것도 아니다. 김예란,〈감성공론장: 여성 커뮤니티, 느끼고 말하고 행하다〉,《언론과 사회》,
2010;18(3):146-191. 따라서 사회적 불평등이 공공 영역 내에서 논의되는 방법과 그것
이 대중에게 미치는 영향, 누가 그 권한에서 차별받고 있는지를 바탕으로 분석해야 한다.
Nancy Fraser, "Rethinking the Public Sphere: A Contribution to the Critique of Actually
Existing Democracy", Craig Calhoun edited, *Habermas and the Public Sphere*, Cambridge;
Massachusetts and London; England: The MIT Press, 1992. 그리고 이를 바탕으로 다양한
공론장들의 한계와 가능성에 대한 분석이 이루어져야 할 것이다.

선택의 과정들을 통합하는 포괄적 결과(comprehensive outcomes)에 주목하게 함으로써 기회를 더 폭넓게 정의할 수 있고 개인의 역량을 더 구체적인 개념으로 이행할 수 있게 한다.[16] 이러한 논의는 법 규정 자체를 넘어 다양한 해결의 방식을 상상할 수 있는 공론장의 역할과 그것들의 조건을 강조하고, 사건 해결의 의미를 결과에 머무르기보다 그 과정에서 재구성되는 것으로 인식할 수 있는 이론적 자원이 된다. 한국의 미투운동은 그동안 말해지지 않거나 못했던, 조직/공동체 내 성폭력적 문화, 친밀한 관계에서의 성폭력들과 관련해 단순히 복지, 분배, 평등의 문제를 넘어 일상과 권력의 문제를 제기하는 정치적 공론장의 한 형태로, 이러한 공론장들은 대항 운동의 조건으로서 기능했다. 이 공론장의 형식과 공간은 다양한 방식으로 형성되었으며, 이때 피해 경험의 말하기는 가해자와 사건의 관련자들을 공론장으로 이끌어내고, 법적 공간 자체도 하나의 정치적 공론장으로 만들어내면서 성폭력 정치를 수행한다는 점에서 의의가 있다.

정치적인 투쟁의 공론장으로서 성폭력 사건의 해결은 '페미니즘 정치의 공공성'이 구성되는 영역으로 분석할 수 있다. 브라운(Brown)은 신자유주의는 정치적인 것의 경제화로 인해 역사 속에 존재했던 호모 폴리티쿠스(Homo Politicus, 정치적 인간)를 제거해왔지만 호모 폴리티쿠스는 신자유주의 이성에 대항할 무기이며 인간의 다른 존재 가능성을 보여주는 비전의 원천이라고 주장한다.[17] 따라서 신자유주의 통치에 저항하며 공적 영역과 공공성의 기초를 마련하기 위해서는 인간 존재를 호모 폴리티쿠스로서 위치 짓는 것이 필요하다.[18] 이때 공공성 *은 신자유주의에 대항하는 개념으로 사용될 수 있는데,[19] 민주적 공공성의 이념은 누구의 목소리도 누구의 말도 봉쇄하지 않는 것으로, 공공성에 대한 접근을 비대칭적인 것으로 만들고 있는 자원과 담론의 분배 상황을 문제삼고 그것을 보다 대칭적인 것으로 접근시켜가는 것을 말한다.[20] 또한 계층화된 사회에서 지배와 종속에 대항하는 하위집단의 '하위 대항공공성(subaltern counterpublics)'은 담론적 공간을 확장하고 상호작용하기 위한 과정으로 볼 수 있다.[21] 이러한 공공성의 개념은 신자유주의 통치질서 속에서 성폭력을 개인적으로 경제화된, 법적 분쟁의 문제가 아닌 공적인 책임, 공공의 영역으로 위치시킴으로써 사회구조를 비판하는 페미니즘 투쟁의 장으로

• 사이토 준이치(齋藤純一)는 공공성의 의미를 국가에 관계된 공적인(official) 것, 특정한 누군가가 아니라 모든 사람과 관계된 공통적인 것(common), 누구에게나 열려(open) 있는 것으로 구분하는데, 이 세 가지 의미의 공공성은 서로 항쟁하는 관계에 있다. 사이토 준이치 지음, 윤대석·류수연·윤미란 옮김,《민주적 공공성: 하버마스와 아렌트를 넘어서》, 이음, 2009. 조한상은 공공성의 3요소로 인민, 공공복리, 공개성을 언급하는데, 이들은 서로가 순환적인 것이고, 이때 공공성은 그것을 추구하는 주체, 추구하는 방법에 대한 기본적 사항까지 내포하고 있는 개념의 복합체로 정의된다. 조한상,《공공성이란 무엇인가》, 책세상, 2009. 더불어 임의영(2010)은 공공성을 민주주의적 과정을 통해 추구하는 정의 및 평등 가치로 정의하고 이를 도구적 공공성, 윤리적 공공성, 담화적 공공성, 구조적 공공성으로 유형화하며 공공성 개념을 구체화했다. 임의영, 〈공공성의 유형화〉,《한국행정학보》, 2010;44(2):1-21.

이끌어내고 피해자를 정치적 존재로서 재위치시키기 위한 중요한 자원이 된다.

법의 재상상화와 비판적 재상상

데이비스(Davies)는 기존의 법적 패러다임을 넘어서기 위해 서로 연결되어 있는 공간, 시간, 정체성의 축을 중심으로 구성하는 '법의 재상상화(re-imagine law)', '법의 비판적 재상상(critical re-imagining of law)'을 제안한다. 이는 법을 수직적인 것이 아니라 수평적 차원으로 보면서 법이 우리를 어떻게 주체로 구성하느냐가 아니라 복수적 주체로서의 우리가 복수적 법을 어떻게 구성하고, 살고, 수행하는가로 질문을 이동하는 것이다. 사회적 다양성의 관점에서 보자면 사회적 구성물인 법은 사회적 프로젝트로서 재주장될 수 있는데 주체는 자율적이고 자급자족적인 것이 아니라 복수형으로 재현된다는 것을 이해할 수 있다. 이때 '성적 시민권(sexual citizen)' 개념은 법/비법, 공적/사적 이분법을 넘어 주체가 복수형이라는 사실을 고려하게 함으로써 법적 수행과 형태에 대한 역동적, 민주적, 참여적인 이해로 나아갈 수 있게 해준다. 또한 법을 시간적으로 보는 것은 법의 미래에 개입함으로써 이미 구성되어 있는 법적 관행에 대해 법적 실험과 재건을 시도할 수 있는 길을 열어준다. 이것들의 핵심은 특정하게 정의된 경계, 배제와 포함의 방법, 특정한 본질을 가진 정체성으로서 법 개념을 해체하는 것인데, 이런 방식으로 법이론에서 공간과 시간의 축을 다시 생각해 보면 정의된 정체성으로서 법의 개념은 수행적인 관계의 집합이자 비독립체(non-entity)로서 이해할 수 있다.[22] 따라서 페미니즘과 법의 관계에 대한 연구는 그것의 일관성이나 어떠한 틀을 강요하는 것이 아니라 이 관계의 상호작용을 통한 복잡성과 모호성을 살펴보아야 한다.[23]

이러한 '법의 재상상화/비판적 재상상'은 성폭력 사건 해결의 과정에서 직면하는 법의 폭력성과 절대성을 해체하고 경로와 과정을 중심으로 법적 절차를 재상상하기 위한 본 연구의 중요한 자원이다. 즉 법을 하나의 담론으로서 특정한 질서를 수행하는 것이자 그러한 수행적인 관계들의 집합으로 이해한다면, 성폭력에 대한 법적 인정과 판단기준은 하나의 구축물로서 언제든지 전유될 수 있는 투쟁의 장으로 재구성될 수 있으며, 이 틈새 속에서 피해자들의 경험을 정치화할 수 있는 가능성이 열릴 수 있다. 그리고 이때 성폭력 사건 해결의 의미는 사법 중심적 승패의 문제를 넘어 법을 넘나드는 실천들을 통해 다양한 선택지를 확장하고, 그것이 실행될 수 있는 조건에 대한 것으로 확장될 수 있다.

위와 같은 논의들을 바탕으로 본 연구에서 성폭력은 페미니즘 이론과 실천에서 급진적이고 정치적인 분야 중 하나로서 '성적인 폭력을 둘러싸고 사람의 몸과 인격, 기억과 정체성, 감정과 합리성, 자율성[24]과 관계성, 제도와 문화에 대한 총체적 접근 속에서 구조화되는 개인적 경험이자 한 시대의 담론적 형성물이며, 집단적으로 이해되고 구성되는 정치적 구성물'로 재정의하고자 한다. 기존의 성폭력 개념과 정의 들은 주로 가해자의 행위에 초점을 맞추었으나 본 연구에서 성폭력을 재정의하는 이유는 성폭력의 경험, 판단, 의미 구조, 처리와 해결의 과정이 단일한 방식으로 이해될 수 없으며, 해당 시대의 가치체계나 질서와 역동하는 과정에서 끊임없이 재구성되기 때문이다.

더불어 본 연구에서 '성폭력 정치'란 '성폭력을 탈정치화하는 담론적 질서에 저항하는 정치적인 페미니즘 투쟁으로서 성폭력 사건 해결의 공공성을 확장하기 위한 사회적 조건과 역동적 실천의 양식들'로 개념화하고자 한다. 이는 법시장화, 사적화되는 성폭력의 탈정치화에 맞서 성폭력 사건의 해결을 담론들의 각축장인 정치적인 투쟁의 장으로 이동시키기고 성폭력 사건의 해결을 공적인 책임의 영역으로 상정하면서 해결을 위한 조건들을 가시화하기 위한 수행적 개념이다. 본 연구는 이러한 이론과 개념을 바탕으로 성폭력 사건 해결을 둘러싼 피해자들의 투쟁과 실천 양식을 정치화함으로써 성폭력 사건 해결의 시공간을 관계적, 과정적, 구조적인 관점을 바탕으로 한 '정치적인 것'으로 이동시킬 것을 제안한다.

#2

실천적

제안

성폭력 사건의 해결은 피해자와 가해자의 관계, 발생 공간, 피해 유형, 2차 피해의 여부, 당사자의 자원과 역량 등 상황과 맥락에 따라 다층적으로 고민되어야 한다. 이 과정에서 특히 사법적 해결은 좀 더 피해자 중심적인 하나의 선택지가 되어야 하는 동시에 의존의 대상이 아니라 분석되고 개입할 수 있는 것으로 전환되어야 한다. 이에 본 연구의 분석들을 바탕으로 성폭력 사건 해결의 공공성을 강화하기 위하여 법·제도적·공동체적·운동적인 관점에서 몇 가지 실천적 제언을 하고자 한다.

첫째, 변호사 시장의 무분별한 홍보와 고소 남용에 대한 변호사 업계 차원의 규제와 노력이 필요하다. 변호사법 제23조(광고) 2항에서는 객관적 사실을 과장하거나, 소비자에게 오해를 불러일으킬 우려가 있는 내용의 광고, 변호사의 공공성이나 피해를 줄 우려가 있는 광고 등을 하지 못하도록 규정하고 있다.[1] 변호사법 제88조는 법조윤리를 확립하고 건전한 법조풍토를 조성하기 위하여 법조윤리협의회를 두도록 되어 있고, 제89조(윤리협의회의 기능 및 권한)에는 법조윤리 실태의 분석과 법조윤리 위반행위에 대한 대책 등을 수행하도록 명시하고 있다.[2] 현재 성폭력 가해자의 형량을 낮추거나 무죄를 받아냈던 판결문을 올리는 법인들의 경우는 가해자에게 자신들이 이길 수 있을 것이라는 오해의 여지를 주고 사회적으로 성폭력 근절이라는 공공성을 해칠 우려가 있다. 따라서 변호사 광고 규정이 갈수록 완화되고 변호사의 윤리가 능력으로 대체되며 각종 고소가 남용되고 있는 상황에 대한 자체적인 실태 분석과 대책, 그리고 로펌의 '사회적 책임'[3] 의식과 변호사협회 차원에서의 적극적 개입이 필요하다.

이를 위하여 대한변호사협회 회칙이나, 지방변호사회 내부 지침, 변호사 윤리장전 등에 좀 더 구체적인 윤리적 지침을 적시하는 것도 필요하다. 특히 변호사 윤리장전 제11조(위법행위 협조 금지 등) 2항은 "변호사는 범죄 혐의가 희박한 사건의 고소, 고발 또는 진정 등을 종용하지 아니한다"고 적시하고 있다. 미국의 경우 변호사의 자격요건으로 도덕적 품성 및 적합성(moral character and fitness) 요건 13가지를 충족할 것을 요구하고 있는데, 이 중 여섯 번째가 사법절차의 남용(abuse of legal process)에 대한 부분이다.[4] 성폭력 역고소의 경우 법인에서 가해자들을 부추기거나 고소를 남용하는 사실이 의심되면 이를 협회 차원에서 규제할 필요가 있다. 성폭력은 법의 해석과 판단에서 기존 통념에 영향을 많이 받는 만큼, 법인들 스스로가 자정하고 견제할 수 있는 다양한 방법을 고민해야 한다.

둘째, 성폭력 사건 해결의 법시장화에 저항하기 위한 제도의 도입을 고려해볼 수 있다. 미국, 영국, 일본의 경우 피의자/피고인 변호 과정에서 좀 더 공공적이고 윤리적 가치를 담보하기 위하여 경제적 형편이 어려운 피의자/피고인이 수사·재판 과정에서 국가 소속의 변호사들에게 무료로 법률지원을 받을 수 있는 '형사공공변호인제도(Public Defender System)'[5]를 시행하고 있다. 한국에서도 이에 관한 논의들이 진행 중이긴 하지만[6] 이러한 제도의 도입은 성폭력의 법적 해결 과정에서 피의자/피고인의 방어권만이 아니라 성범죄 전담법인들의 왜곡된 홍보 및 가해자 지원 산업의 확장을 견제하기 위한 공공적 목표와 내용도 포함되어야 할 것이다.

셋째, 법조인들의 성인지감수성 훈련이 필요하다. 로스쿨 과정에서 인권 및 성인지감수성 교육을 필수과목으로 배치해야 하고, 1년에 한 번씩 진행되는 변호사 연수에서도 해당 교육이 필수적으로 이루어져야 한다. 변호사 그룹의 성인지감수성이 전체적으로 높아지면 일부 비윤리적인 성범죄 전담법인들의 확산을 저지할 수 있는 힘이 될 수 있고, 무책임한 피해자 국선변호사에 대한 문제의식을 공유하는 데 도움이 될 것이다. 무엇보다 현재 가해자 변호사들의 사법적 기술들이 강화될 수 있는 것은 재판부가 이를 인정하고 있기 때문이므로 조작될 여지가 있는 감경사유를 배제하는 것은 물론 변호사들이 만들어내는 각종 기술도 승인하지 않아야 한다. 이를 위해 경찰, 검사 등의 수사 담당자들과 더불어 재판부 역시 최신의 판례와 사례를 중심으로 하는 정기적인 성인지감수성 교육이 반드시 필요하다.[7] 그리고 이를 바탕으로 부적절한 가해자 변호사들의 변호 방식 및 내용들에 대한 소송지휘권 등이 적절하게 발휘될 수 있어야 한다.

넷째, 성폭력 역고소 수사와 판단의 과정에서 '적극적 조치'[8]가 필요하다. 먼저 무고 조사시 IACP(국제경찰장협회)의 성폭력 수사지침을 적극적으로 참고하고 훈련해야 한다.[9] 성폭력에 대한 공론화는 본인이 자초한 일임에도 불구하고 명예훼손으로 역고소하는 행위는 당사자들 간의 시간적·경제적·정신적 피해를 초래하고 법관들의 업무를 가중시킨다는 점에서 고소권이 남용될수 있다. 특히 소송 제기자가 패소 판결을 받았으면서도 소를 제기하는 경우 부당제소로 인한 손해배상을 해야 하고 피해자와 관련자들에게 위자료를 지급할 필요가 있다.[10] 또한 성폭력 피해자에 대한 명예훼손 역고소 남용에 대해서는 불기소 처분 시 무고 인지를 원칙으로 하여 억제하고,[11] 형법상 명예훼손의 판단에서 위법성 조각사유를 확대해야 한다. 더불어 현재 민법 제764조(명예훼손의 경우의 특칙)는 타인의 명예를 훼손한 자에 대하여 법원은 피해자의 청구에 의하여 손해배상에 갈음하거나 손해배상과 함께 명예회복에 적당한 처분을 명할 수 있다고 명시하고 있으나

시장으로 간 성폭력

위법성 조각사유에 대한 규정은 없다. 성폭력 가해자들이 민사소송을 통해 피해자에게 금전적 불이익을 주거나 위협하는 사례를 참고하여 공공의 이익에 대한 위법성 조각사유를 민법에까지 확대해야 한다.

다섯째, 성폭력 피해자가 수사·재판 과정에 적극적으로 참여할 수 있는 시스템이 필요하다. 지난 몇 년간 한국의 미투운동에서 목도한 것과 같이 더 이상 피해자들은 성폭력 피해를 수치스럽거나 숨겨야 할 것으로만 인식하지 않는다. 오히려 적극적으로 대응하고, 말하고, 요구할 때 그 과정을 통해 힘을 얻었다고 느끼는 경우가 많았는데, 피해자들은 싸우는 주체로서 자신의 위치를 설정하고 있으며, 적극적으로 자신과 지지자의 재판을 모니터링하면서 법적 공간을 투쟁의 공간으로 만들어가고 있다.[12] 피해자들은 싸울 준비가 되어 있는데, 현재 피해자에 대한 법적 권리보장의 내용들은 피해자의 보호에 초점이 맞춰져 있어 적극적으로 참여할 수 있는 체계가 부족한 편이다. 따라서 일본, 독일 등일부 국가에서 시행하고 있는 피해자참가제도[13] 등을 검토하여재판 과정에서 피해자가 가해자에게 직접 질문하고 가해자의 책임을 추궁할 수 있게 함으로써 말하는 주체의 위치로 피해자를이동시킬 필요가 있다. 이를 통해 정신과적 진단명으로 피해 사실을 증명하기보다 피해자가 자신의 경험을 몸과 인격에 대한 침해로 피해의 맥락을 설명함으로써 피해자의 경험과 언어가 반영된 법적 해결 과정을 상상해볼 수 있다. 법적 해결 과정에서 자신의 경험과 위치를 객관화하는 경험은 피해자들이 성폭력 피해를 자책과 후회가 아니라 정당한 분노와 치유의 언어로 만들어나가는 데 중요한 요소가 된다. 피해자의 치유와 회복을 위한 개인의 역량은 법적인 판단의 승패로 결정되는 최종 선택지가 아니라 본인의 의사에 따라 고를 수 있었던 실제적 기회에 주목할 수 있어야 하고, 피해자참가제도는 그러한 절차적 과정으로서 의의가 있다. 그리고 이 과정에서 피해자 국선변호사의 윤리적 의무를 강화하고, 처우 개선과 관련해서도 시스템 정비가 필요하다.

여섯째, 조직 및 공동체 내 성폭력 사건 해결을 공유된 책임으로 인식하면서 사건 해결 과정을 조직문화의 변화를 위한 과정으로 확장할 필요가 있다. 성폭력에 대한 문제제기는 어떤 방식으로 진행되는가에 따라 절차와 과정, 의미와 판단기준에 적지 않은 차이가 있다. 여러 가지 방식으로 해결이 진행될 수 있다는 것은 피해자의 피해 경험이 그 방식에 맞는 언어로 드러나야 하기 때문에 다양한 전략과 언어로 매번 재구성되어야 함을 의미하며, 그 과정에서 해석의 방식과 내용이 확장되기도 한다. 따라서 가해자를 양산하고 은폐하는 한국사회의 특정한 맥락과 구조에 대한 문제제기의 한 방법으로서 조직 내 성폭력 사건 해결은 법 중심적 절차나 언어와는 그 결을 달리한다. 그러나 점차 대학에서는 법대 교수들을 중심으로 조사 및 징계위원회가 꾸려지고 일부 대학은 조사 과정에 변호사를 반드시 포함하도록 하거나 사실관계 파악이 어려울 경우 신고 사건을 종결할 수 있음을 명문화하기도 했다.[14] 직장의 경우에도 조사·심의 과정에 노무사와 변호사 들의 참여가 선호되면서 사건 처리 과정은 조직 내 구조와 문화 및 인식에 대한 변화를 지향하기보다 해당 기관이 법적으로 책임져야 할 지점은 없는지, 법적으로 허용 가능한 정도의 사건인지, 사실관계를 정확히 파악할 수 있는 사건인지 등의 법적 절차와 언어를 중심으로 재조직되고 있다.

그러나 본 연구에서 살펴본 것과 같이 피해자들은 사건의 해결을 공동체나 사회가 변화할 때로 인식하는 경우가 많았다. 따라서 조직 및 공동체 내 해결을 법으로 가기 전 단계로 인식하기보다 자신이 속한 조직의 한계를 직시하고 감수성을 키워나가기 위한 공유된 책임의 관점으로 인식할 필요가 있다. 이를 위해서는 2차 가해나 피해자 중심주의[15]와 같은 쟁점들을 비롯하여 공동체 내 성폭력 사건 해결을 둘러싼 다양한 의제들이 계속 논의되어야 한다. 이는 담론 투쟁의 일부로서 법적 판단기준을 넘어서고자 하는 시도이자 피해자들의 경험에 새로운 언어를 생산하고 사회적 감수성이 향상되기 위한 과정으로 인식해야 한다. 이를 위해서는 사건 해결에 대한 조직적 훈련과 사건 해결에 대한 정치적이고 여성주의적인 의미화가 뒷받침되어야 할 것이다.

마지막으로, 여성운동에 대한 국가의 통치 질서에 강력한 저항이 필요하다. 한국의 여성운동은 법·제도화 운동과 더불어 이에 대한 꾸준한 모니터링을 통해 문제적인 규정과 해석 등에 대한 비판과 저항활동을 계속해왔다. 그러나 재정지원을 빌미로 상담소들의 활동 내용을 평가하고 관리하면서 운동이 아니라 서비스 기관으로 위치지으려는 시도에 강력한 문제제기를 해야 한다. 성폭력상담소들의 활동은 피해자 개인에 대한 지원뿐 아니라 상담을 주요 활동 방식으로 전략화하는 운동조직임을 주장하면서 운동단체를 사회복지시설화하는 국가의 운영지침에 더욱 적극적으로 개입하고, 급진성을 잃지 않기 위한 방안을 모색해가면서 투쟁을 이어가야 할 것이다.

이 책은 어쩌면 어떤 '말하기'와 '듣기'에 대한 기록이다.

페미니스트 연구자에게 듣기란 연구에 인용하기 위한 인터뷰이의 파편적인 '말들'이 아니라, 그들이 하고 싶은 말, 하지 않거나 못 하는 말 들의 행간을 읽어내는 것이자 금기와 고통의 언어를 정의와 책임, 치유와 연대의 의미로 변화시킬 수 있는 강력한 자원이다. 그래서 나는 인터뷰이들이 나에게 말하기를 선택한 이유와 말하고 싶어하는 내용들 사이에서 그들이 생각하는 말하기의 의미를 찾기 위해 골몰했다. 인터뷰 당일에 바로 필드 노트를 작성하였고, 녹취 과정에서 현장에서의 느낌과 감정 들이 맥락적으로 모아질 수 있도록 메모에 메모를 거듭했다.

그들에게 '말하기'는 어떤 의미였을까.

연구를 위해 만난 피해자들은 인터뷰 후 적극적으로 다른 사람들을 소개해주었고, 소개 받은 피해자들 역시 흔쾌히 응해주었다. 통상 성폭력 피해 경험을 말한다는 것은 불편한 기억을 상기해야 하는 쉽지 않은 과정임에도 그들은 왜 인터뷰에 참여하고 자신이 가지고 있던 자료들을 기꺼이 공유한 것일까. 6년여 동안 가해자와 소송들을 진행했던 정희는 최근에야 민형사상으로 좋은 결과가 나왔는데 "끝까지 포기하지 않으면 된다는 걸 사람들한테 알리고 싶어서 여러 가지 활동도 하고 지금도 이런 인터뷰를 하게 된 것"이라고 말했다. 친족성폭력 피해자인 혜경은 인터뷰를 요청하는 첫 통화에서 "제 얘기가 쓰일 만한 게 많다"고 의기양양하게 말했다. 의기양양한 피해자를 만나는 것은 생소한 기쁨이었는데, 이후 그의 말들을 곱씹어보니 친족성폭력이라고 하는 금기시된 피해 경험의 말하기가 연구에 중요하게 쓰일 수 있다는 것이 그에게 하나의 자부심으로 다가왔던 것 같다. 그는 친족성폭력이 너무 세상에 알려지지 않아서 피해자들이 인터뷰를 많이 해야 한다고 강조했는데 혜경에게 인터뷰는 세상과의 소통 통로이자 적극적인 사회참여의 일환이었다. 만나기로 했으나 결국 만나지 못한 한 피해자는 재판 과정에서 가해자 측이 활용했던 증거자료를 연구에 활용하는 것에 동의하면서 "그것이 나의 첫 여성운동"이라고 강조했다. 그리고 여러 차례의 통화에서 이러한 연구에 참여하는 것은 다른 피해자들에게 "연대"하는 것임을 누차 강조하기도 했다. 이 외에도 많은 피해자가 "나와 같은 피해자가 없기를 바라는 마음으로" 인터뷰에 참여했는데, 피해자인 인터뷰이들에게 인터뷰와 연구를 위한 자료의 제공 등은 다른 피해자에 대한 연대활동이자 하나의 '운동'으로 인식되고 있었다. 그들에게 성폭력 피해 경험의 말하기는 고통스러운 것만이 아니라 어떤 상황에서 누구와 왜, 어떻게 얘기하는지에 따라 다르게 의미화되며, 자신의 피해를 공적인 경험으로 공유하려는 일종의 사회적 책임감으로 실천되는 것이었다. 이 책에서 말했던 '연결되어 있음을 자각하는 과정에서 만들어지는 정치적 책임감'은 그래서 진정 그들의 한 걸음 한 걸음 속에, 일상 속의 크고 작은 실천과 참여 속에 함께하는 것이었음을 여러 날이 지나서야 이해할 수 있었다.

연구자의 '듣기'는 무엇이어야 하는가.

인터뷰 과정에서 나는 피해 당시의 상황을 자세히 묻기보다 피해 이후 어떠한 일들이 일어났고, 어떠한 선택들을 해왔는지에 주목했다. 피해 당시의 상황을 구체적으로 묻지 않았기 때문에 인터뷰이들이 조금은 덜 불편하지 않을까 기대했지만, 결과는 정반대였다. 많은 성폭력 피해자가 힘들어하는 부분은 피해 당시의 상황과 충격, 기억으로 인한 것만이 아니다. 그 이후 벌어진 관계의 파괴와 생계의 어려움, 때로는 2차 피해와 역고소 등으로 인한 경우가 많았다. 그래서 인터뷰이들은 피해 '이후'에 대해 말하기를 더 많이 힘들어했는데, 피해 이후 그때, 그 순간, 또 어떤 시간들에 자신이 했던 선택들을 복기하며 그 선택들을 스스로 이해하고, 다시 나에게 설명해야 하는 재해석의 언어들을 필요로 했기 때문이다. 그렇기에 당시의 분노, 후회, 회한 등의 감정이 뒤얽히면서 얘기의 흐름을 잃곤 했고, 인터뷰 도중에 자주 "제가 맞는 얘기를 하고 있나요?", "필요한 얘기를 하고 있나요?", "이런 얘기도 의미가 있나요?"와 같은 질문들을 반복했다. 몇몇 인터뷰이들은 '정치적으로 올바른' 얘기를 해야 한다는 부담을 느끼는 것처럼 보였는데, 합의금에 관한 얘기나, 여성단체에 대한 아쉬움을 얘기할 때면 연구자의 반응을 살피기도 했다. 또 어떤 인터뷰이는 이제 다 치유된 상태라는 것을 드러내야 한다는 부담을 느끼는 것 같기도 했다. 나는 지금 하고 싶은 얘기를 하면 된다고 독려하면서 인터뷰이가 부담을 느끼지 않기를 바랐다. 피해자 한 명 한 명의 어떤 경험 속으로 들어가 그 기억을 같이 짚어가는 과정은 존중과 경의가 없이는 해내기 어렵다. 피해 '이후' 선택과 침묵 사이에, 후회와 안도 사이에, 자책과 용기 어딘가에 멈춰 있거나 때로는 흐르고 있는 어떤 것들을 잡아내어 말을 만들고, 글쓰는 과정은 서로의 마음이 연결되지 않고는 불가능한 것이다. 그래서 결코 미리 계획하거나 준비한 것이 아니었지만 나는 인터뷰를 마칠 때쯤 언제나 인터뷰 과정에서 느낀 그들의 긍정적 에너지와 장점, 힘 들을 얘기했다. 그러면 그때부터 이제 인터뷰는 또 다른 국면을 맞았다. 연구자의 듣기가 화자의 마음에 가닿는 순간 또 다른 피해 경험들, 미처 말하지 못한 사건, 감정, 관계에 관한 얘기들이 사방으로 펼쳐지며 새롭게 말하기가 시작되기도 했다. 이때쯤이면 인터뷰이들은 사건 해결 과정에서 마주했던 선택들을 후회로 의미화하는 것이 아니라 그 상황과 조건에서 최선이었다고 자부하면서 어조가 바뀌기도 했다. 피해자들은 자신의 피해 경험을 얘기할 때조차 자신의 말들과 경험과 기억을 검열해야만 했다. 피해자다운 말하기는 어디에도 없지만 어딘가에 있는 것처럼 오해되고 있었기에 그들의 검열은 존재의 증명이기도 하다. 상대가 여성단체 활동가라 할지라도 말이다. 그래서 연구자의 듣기는 때로는 침묵 속에 묻혀 살기 위해 잊어야 했고, 잊기 위해서 살아내야 했던 그들의 시간을 공감하고, 그들이 결코 하지 않았을 어떤 말들을 존중할 수밖에 없다.

김은실은 제주 4·3사건 이후 홀어멍(홀어미)들의 기억과 말하기에 대한 연구에서 "가장 중요하게 생각한 것은 듣기이고, 홀어멍들이 어떻게 말하기를 결정하고 말하는 시간을 선택하는가, 그리고 무엇을 말하고 싶어 하는가"를 분석하였다. 그리고 오랫동안 금기시되어온 말하기의 과정에서 홀어멍들은 "누구에게 어떤 얘기를 할 것인가를 선택하고, 결정하고 있다"면서 이를 통해 "어떻게 피해자들의 삶의 과정과 지역 공동체의 노력으로 재현이나 치유의 불가능성이라는 문제를 다룰 수 있을"지를 모색한다.[1] 이 연구에서도 듣기는 가장 핵심적인 연구 방법이자 연구 윤리였다. 그래서 피해자의 말하기를 듣는 행위는 감수성의 다른 이름

시장으로 간 성폭력

이다. 피해자들이 더는 검열하지 않고 의기양양하고 거만하게 말할 수 있는 사회가 올 수 있는 조건은 그들의 얘기를 '잘' 들을 수 있는 감수성이 준비되어 있을 때에야 가능하다.

말하기와 듣기의 현장은 새로운 연대와 관계 맺기의 시작이기도 했다. 한 피해자는 힘들 때 한 번씩 전화를 걸어 자기 얘기를 하곤 했는데 그 자체로 안심이 된다고 했다. 몇몇 인터뷰이들은 이 연구와 관련된 정보들을 접할 때 관련된 제보를 해주기도 했으며, 성폭력에 관련된 궁금증이나 연구가 있으면 문자나 메일 등으로 물어보았다. 인터뷰 과정에서 그들이 자신의 경험을 객관화하면서 이론적 언어에 갈증을 느끼게 하는 계기가 된 듯하다. 때로는 왜 관련 연구가 없냐며 문제제기를 하기도 했고, 때로는 어떤 연구를 해달라고 당부하기도 했다. 이는 당시 단체 활동가이자 연구자이기도 한 나의 위치 때문이기도 한데, 인터뷰이들에게 연구자는 반성폭력운동과 연구를 대표하는 사람이자 때로는 그것을 책임져야 하는 존재로 인식되는 것처럼 보였던 것 같다. 일부 인터뷰이들은 나에게 자신들이 진행하는 연대활동에 참여를 독려하는가 하면 어떠한 활동을 하도록 '조직'하기도 했는데, 이러한 관계들은 여성학 연구에서 연구자와 연구 참여자가 일방향적인 관계가 아니라 서로에게 의미가 될 수 있는 신뢰와 연대의 관계로 이어질 수 있음을 배우게 했다.

이 연구는 이렇게 피해자의 말하기와 이것을 듣는 행위를 하나의 운동, 치유, 연대를 위한 실천의 경로로 의미화하면서 피해자들이 피해 이후의 경험들을 어떻게 해석하고 있는지를 고민한 기록이다. 그 과정은 단지 인터뷰 시간에만 한정되지 않고 인터뷰 약속을 잡는 날부터 인쇄된 논문을 전달하기 위해 만나는 날까지 이어져 있었고, 또 그날부터 어떤 날들까지 우리의 과정은 계속되고 있다. 그래서 학위논문이 인쇄된 후, 연구의 주인공들을 한시라도 빨리 만나고 싶어 마음이 급했다. 짧게는 1년 전, 길게는 수년 전 가장 힘들었을지도 모를 생애 어떤 시기의 경험을 나누어준 분들이 지금은 어떻게 지내고 있는지, 한 명 한 명 인터뷰 때 나누었던 고민들이 떠올랐다. 17명의 피해자 대부분을 직접 만나 논문을 전해주며 연구의 뒷얘기를 나누었다. 수년 동안 그들의 목소리와 얘기를 곱씹다 보니 나 혼자만의 내적 친밀감이 강고해져 그렇게 반가울 수가 없었다.

성폭력 피해자는 피해자이기만 한 것 같지만 사실 피해자는 여러 정체성과 경험 중 하나일 뿐이다. 한 분은 석사논문을 보여주며, 그사이 논문을 써서 졸업을 한 후, 귀촌하여 공동체를 꾸리고 있다고 했다. 어떤 인터뷰이와는 그의 석사논문 주제에 대해 심도 깊게 얘기를 나누었고, 몇몇 친족성폭력 피해자들은 더 격렬하게 공소시효 폐지와 친족성폭력의 실체를 알리는 활동을 하고 있었다. 몇몇은 지난한 법적 싸움에서 이기고, 몇몇은 지고, 누군가는 진로를 바꾸기 위해 공부하고, 누군가는 결혼하고, 출산하고, 누군가는 해당 분야의 전문성을 인정받아 큰 상을 받기도 했다. 피해 경험, 그리고 나와 나누었던 얘기들은 그들의 삶에 스쳐가는 어떤 것이도 했고, 때로는 삶의 방향을 완전히 바꾸어내기도 했다. 그들은 더 강고하게 자신만의 길을 걷고, 때로는 덤덤하게 유턴하거나, 별거 아닌 듯 존재하지 않았던 길을 만들어가고 있었다.

가장 예상치 못했던 것은 이제야 알게 된 인터뷰 후 그들의 마음이었다. 대부분은 인터뷰 후에 힘이 생겼다고 했다. 아무도 알아주지 않았던 힘들고 외로웠던 자신의 경험이 누군가에게 의미 있게 쓰일 수 있다는 것, 다른 사람을 돕는 일에 쓸 수 있다는 것은 그들에게 피해 경험을 다르게 의미화하는 계기가 되었던 것이다. 그래서 인터뷰 후에 몽글몽글 피어난 자긍심과 안정감으로 학업을 다시 시작하고, 오랜 꿈을 위해 이주를 하고, 해보지 않았던 일을 도전할 수 있었다는 것이다. 때로는 논문을 읽으면서 다른 피해자가 한 인터뷰 인용문이지만 꼭 자신의 마음과 같았다는 것, 자신이 하고 싶었던 말들을 논문이 한 글자 한 글자 꾹꾹 눌러 소리치며 말하고 있다는 것이 무엇보다 큰 위로이자 지지였다고 말하기도 했다. 그리고 막 졸업한 나의 진로와 미래를 걱정해주며 한 분은 타로를 봐주며 고민을 나누어주기도 했다. 다시 만난 세계에서 우리는 이제 인터뷰이와 인터뷰어가 아니라 오래된 비밀 얘기를 알고 있는 소꿉친구이거나 거리에서 함께 주먹을 흔드는 굳건한 동지 같았고, 이제 우리가 된 우리들은 더 넓고 새로운 관계로 이어지고 있었다.

또 하나, 그들을 다시 만나면서 연구 내내 궁금했던 한 가지 의문점이 풀렸다. 인터뷰 과정에서 많은 피해자가 "나는 운이 좋았다"고 말했다. 도대체 왜, 무엇이, 어떤 지점에서 운이 좋았다는 것일까. 가해자와 주변인, 2차 피해와 역고소, 그리고 예상치 못했던 반복되는 어려움 속에서도 왜 그들은 운이 좋았다고 말하는 것일까. 다시 만난 뒤에야 다양한 문제제기들로 자신이 속한 공간과 사회를 바꾸고자 했던 그들에게 그 '운'은 이미 그들이 내면에 가지고 있던 힘의 다른 이름이었다는 것을 깨달았다. 또 그 '운'이 모여 연대라는 이름으로 실천되고 이어질 때, 더욱 강력해진 '운'이 만들어졌음을 이해했다. 그런 면에서 '운' 좋은 이들과 함께한 나야말로 운이 좋은 사람일지도 모르겠다.

그리고 또 시간이 흘렀다. 우리를 둘러싼 조건은 어쩌면 조금 더 쇠잔해졌을지도 모르겠다. 2018년 4월, 한국성폭력상담소 부설연구소가 진행한 포럼에서 성폭력 사건 해결의 법시장화 현상이 처음 제기된 후, 정의당에서 법안이 발의되었고,[2] 여러 언론 매체에서[3] 성폭력 가해자를 위한 변호사 광고나 감형 기술, 온라인 카페 등의 문제가 언급되거나 여성단체의 문제제기도 계속되어 왔다. 그럼에도 불구하고 아직 이렇다 할 변화를 체감하기는 힘들다. 더 나아가 무고죄 처벌 강화와 여가부 폐지를 공약으로 내세운 정부가 들어서기까지 했으니 애가 타기도 한다.

그러나 우리를 둘러싼 조건이 어쩌면 조금 더 어두워졌을지 몰라도 우리는 그 조건과 상황에 맞서 그들을 우습게 볼 수 있을 만큼 더 단단해졌다고 확신한다. 적어도 이 책의 화자이자 청자인 당신과 나만큼은 말이다. 그래서 이 책은 공감과 지지의 기록이고 앞으로의 연대와 투쟁의 결의문이다. 세상의 모든 성폭력 피해자들에게, 그리고 그들의 곁에 서고 싶은 이들에게 그동안 드러나지 못했던 말하기와 '함께 듣기'가 만나 어떤 치유, 어떤 실천, 어떤 연대를 꿈꾸는 지지와 투쟁의 기록인 이 글이, 어쩌면 없었을지도 몰랐을 내일을 상상하게 하는 따뜻하고 격한 포옹이 되었으면 좋겠다.

이 책은 이화여자대학교 여성학과 박사학위논문 〈성폭력 사건 해결의 '법시장화' 비판과 '성폭력 정치'의 재구성에 관한 연구〉를 수정·보완한 것이다. 학위논문 하나가 완성되기 위해서는 온 마을이 필요하다는 말이 있다. 그만큼 감사한 분이 이루 헤아리기 힘들 정도로 많다. 먼저 이화여자대학교 여성학과 김은실, 이재경 선생님께 감사드린다. 특히 김은실 선생님의 논문 지도가 없었다면 이 연구는 세상에 나올 수 없었다.

짧지 않은 시간 동안 함께 활동했던 한국성폭력상담소 동료들, 지칠 때마다 먼저 손을 내밀어준 페미니스트 친구들, 박사학위논문의 심사를 맡아주신 김선혜, 장명선, 이미경, 장임다혜 선생님께도 감사를 드린다. 그리고 밤낮없이 물심양면으로 기도해주시고 걱정해주시는 사랑하는 가족들, 그동안의 고뇌와 성장의 시간을 함께 지켜준 파트너에게도 감사를 전한다. 무엇보다 이 연구에 함께 해주신 31명의 인터뷰이, 특히 17명의 피해자에게 마음 다해 감사와 존경을 보낸다. 부족한 연구가 한 권의 책이 되기까지 함께 고민하고 세세하게 다듬어준 휴머니스트 편집부에 무한한 감사를 보내드린다. 미처 다 언급하지 못한 분들께 살아가면서 차차 감사를 갚아나가려 한다.

성폭력은 아주 오래된 폭력이지만, 그 의미와 양상은 계속해서 변화해왔다. 그러나 최근 변화되는 성폭력의 구조와 의미를 여성주의 정치학의 관점에서 분석한 연구는 부족했다. 이 책은 신자유주의적 조건 속에서 성폭력이 다뤄지는 방식을 비판적으로 분석함으로써 그 변화의 양상을 추적하고자 했다. 지난 30여 년간 반성폭력운동의 역사와 쟁점을 바탕으로 성폭력을 둘러싼 오늘날의 지형과 담론을 분석한다는 것은 그것의 개입 지점을 모색하는 과정이자 연구를 하나의 여성주의적 실천으로 위치 짓기 위한 노력이기도 하다. 이에 이 책이 향후 반성폭력 운동과 연구에서 피해자의 경험을 정치화하기 위한 언어들을 마련하는 데 도움이 되기를 바란다. 더불어 반성폭력운동의 현장에 기반하여 성폭력을 둘러싼 의제들을 정치화할 수 있는 후속 연구들이 계속되기를 기대해본다.

부록 1. 연구참여자 목록

<표 8> 성폭력 피해자 연구참여자의 사건 해결 방법과 해결 과정의 특성

가명	가해자	피해 유형	피해 시 나이/ 현재 나이	개인적 해결 시도	조직/ 공동체 신고	미투/ 공론화	법적 고소 (결과)	역고소 유형 (결과)
보라	전 데이트 상대	데이트 폭력	20대/ 30대	×	○	○	형사 협박 (불기소)	민사게시글가처분신청(조정), 민사 명예훼손, 모욕(조정), 형사 명예훼손(불기소), 형사 모욕(불기소)
경수	전 데이트 상대	데이트 폭력	20대/ 20대	×	×	○	×	형사 명예훼손, 모욕, 제3자 모욕 (모두 무혐의)
찬희	전 데이트 상대	강간, 스토킹 등	20대/ 30대	×	×	×	강간, 협박, 스토킹(유죄), 민사(승소)	형사 명예훼손, 모욕, 강요, 협박, 위증, 무고 (모두 무혐의)
혜경	의부	강간, 추행 등	8세~20대 초반/53	×	×	△[1]	×	×
지윤	교수	강간	27세/ 38세	○	×	×	×	×
정희	직장 상사	추행	30세/ 36세	○	○	○	강제추행 (불기소)	무고(3심 파기 환송), 민사(2심 승소)
진희	친부	추행 등	10~19세/ 29세	×	×	△	×	×
은지	운동 동료	강간	20대/ 20대	×	○	○	×	×
도경	삼촌	추행	9세/ 47세	○	×	×	×	×
지영	인터넷에서 알게 된 사람	준강간 치상	22세/ 29세	×	×	×	준강간치상(유죄)	×
영주	운동 선배	강간 미수	27세/ 35세	○	○	○	강간미수 (유죄)	2차 가해자 집단이 형사 명예훼손 (불기소), 민사소송 (피해자 공대위 승소)

수민	직장 상사	강제 추행	27세/35세	○	○	○	성추행고소(취하), 행정소송 3심(진행 중), 법원 상대 인지대소송(진행 중), 가해자 명예훼손에 대한 무고(기각), 회사 상대민사1심(진행 중)	형사명예훼손(무혐의)
다정	촬영감독	불법 촬영, 유포 등	21세/27세	×	×	○	카메라 이용 촬영, 유포(유죄), 민사(진행 중)	×
연희	동종 업계 선배	강제추행	25세/30세	○	○	×	강제추행 (불기소의견으로 검찰 송치)	×
선아	동종 업계 선배	강제추행	35세/41세	○	○	○	강제추행(유죄), 민사(승소)	×
은정	교회 목사	성추행	20대/20대	△	△	○	×	형사명예훼손(무혐의)
수현	다른 사건 가해자	×	40대/40대	×	×	×	×	모욕(형사조정)

<표 9> 여성운동단체 활동가 연구참여자의 일반적 특성

가명	연령	성별	활동 경력	소속 기관
인경	40대 후반	여성	20년 차	A기관
혜진	20대 중반	여성	3년 차	B상담소
유미	20대 중반	여성	2년 차	B상담소
민정	50대 후반	여성	16년 차	B상담소
현아	40대 후반	여성	10년 차	C상담소
선영	30대 초반	여성	5년 차	D상담소

<표 10> 변호사 연구참여자의 일반적 특성

가명	연령	성별	변호사 활동 경력	변호사 자격시험
수진	40대 초반	여성	10년 차	사법고시
경희	30대 후반	여성	8년 차	사법고시
은주	40대 초반	여성	14년 차	사법고시
선미	30대 중반	여성	8년 차	사법고시
유진	20대 후반	여성	8년 차	사법고시
민수	40대 초반	남성	12년 차	사법고시
성훈	30대 후반	남성	6년 차	로스쿨
선희	40대 중반	여성	2년 차	로스쿨

부록 2. 분석대상 판결 목록[2]

<표 11> 분석대상 판결문의 기본 정보

선고일	사건번호	법원	범죄명	피해자/ 가해자 관계
2018. 8. 14.	2018고합75	서울서부지방법원	강제추행, 업무상 위력에 의한 간음 등	아는 사이
2019. 10. 10.	2019노359	대구고등법원	성폭력처벌법[3](13세 미만 미성년자 위계 등 간음)	아는 사이
2019. 8. 14.	2018노3866	서울중앙지방법원	성폭력처벌법 (공중 밀집 장소 추행)	모르는 사이
2019. 6. 19.	2019노83	부산고등법원	강간상해	모르는 사이
2018. 11. 2.	2010고합75	청주지방법원	성폭력처벌법 (13세 미만 미성년자 강제추행)	모르는 사이
2019. 11. 12.	2019노529	서울남부지방법원	성폭력처벌법 (카메라 등 이용 촬영)	모르는 사이
2020. 1. 7.	2019노2263	서울고등법원	성폭력처벌법 (친족관계준강제추행)	아는 사이

시장으로 간 성폭력

2020. 7. 14.	2019노2519	대구지방법원	강제추행, 공연음란	모르는 사이
2019. 11. 21.	2019고합223	서울서부 지방법원	성폭력처벌법 (주거침입 준강간)	아는 사이
2020. 7. 20.	2020노346	서울서부 지방법원	성폭력처벌법 (공중 밀집 장소 추행)	모르는 사이 (추정)[4]
2019. 12. 2.	2019노974	서울서부 지방법원	성폭력처벌법 (카메라 등 이용 촬영)	모르는 사이 (추정)
2020. 5. 29.	2020고단241	수원지방법원 안양지원	강제추행 등	모르는 사이
2019. 11. 22.	2019고합273	대전지방법원	아청법(아동·청소년성착취물의 제작·배포 등), 강제추행 등	모르는 사이 (추정)
2018. 12. 7.	2018노932	서울중앙 지방법원	성폭력처벌법 (카메라 등 이용 촬영)	모르는 사이
2020. 6. 10.	2019노1782	대전지방법원	성폭력처벌법 (카메라 등 이용 촬영)	모르는 사이
2019. 8. 9.	2018고단7140	서울중앙지방법원	강제추행	아는 사이
2020. 7. 2.	2019고단7612	서울중앙지방법원	강제추행	아는 사이
2019. 12. 19.	2019노226	광주고등법원	준강간미수	아는 사이
2019. 11. 1.	2018고합542	서울북부지방법원	준강간	아는 사이
2019. 11. 14.	2019고합460	수원지방법원	강간	아는 사이
2020. 1. 23.	2019노263	수원고등법원	준유사강간	아는 사이
2019. 5. 2.	2018고합178	제주지방법원	강간치상	아는 사이
2019. 11. 1.	2019고합436	부산지방법원	준강간	아는 사이
2020. 5. 7.	2020노292	서울고등법원	준유사강간 등	모르는 사이

프롤로그

1   "성폭행 혐의 이진욱 '무고는 큰 죄'", 〈한겨레〉, 2016. 7. 17., http://www.hani.co.kr/
arti/society/society_general/752665.html.

2   "'성폭행을 무죄로 이끌겠다' 법무법인 광고 논란", 〈YTN 뉴스〉, 2017. 4. 3., http://
www.ytn.co.kr/_ln/0103_201704031624400848.

3   한국성폭력상담소 부설연구소 울림은 이러한 '보복성 역고소' 문제들을 분석하여
2018년 4월 19일 〈의심에서 지지로: 성폭력 역고소를 해체하다〉 연구포럼을 진행했
다. 이 책의 제목 '시장으로 간 성폭력'은 당시 연구자가 발표했던 발표문 〈시장으로
간 성폭력: '기획고소'의 실체〉에서 따왔다.

4   한국성폭력상담소, 〈2018년 한국성폭력상담소 상담통계 분석〉, 한국성폭력상담소,
2019a.

5   한국성폭력상담소에서는 성폭력이 몇몇 사람에게만 일어나는 예외적인 사건이 아
니라 성차별적인 사회에 만연해 있는 문제임을 강조하며 이를 '보통의 경험'으로 표
현하면서 피해자들이 스스로 치유와 회복을 설계하도록 돕는 책을 발간한 바 있다.
한국성폭력상담소, 《보통의 경험: 성폭력 피해자를 위한 DIY 가이드》, 이매진, 2011.

6   "한국, 자살률 1위인데…우울증 약 복용은 OECD 꼴찌 수준", 〈연합뉴스〉, 2015. 11.
18., https://www.yna.co.kr/view/AKR20151114003100009, "자살률 OECD 1위…
우울증약 복용 ½ 수준", 〈한국일보〉, 2018. 7. 12., https://hankookilbo.com/News/
Read/201807121589031854 등 참고.

7   "〈성폭행, 2차 피해를 막자〉 '그날' 이후 수면제 없인 잠 못 자…피해자 80% 이
상 우울증 시달려", 〈헤럴드경제〉, 2012. 9. 7., http://biz.heraldcorp.com/view.
php?ud=20120907000230, "성폭력 트라우마 전쟁터 군인과 유사…충격 크고 오래
가", 〈연합뉴스〉, 2018. 2. 4., https://www.yna.co.kr/view/AKR20180202170900017,
"'성폭력 트라우마' 한 달 넘게 지속되면 PTSD로 판단", 〈국민일보〉, 2018. 3. 7.,

http://news.kmib.co.kr/article/view.asp?arcid=0012181497, "성폭력 피해 여성, 고혈압·수면장애·우울증 확률 크게 '증가'", 〈아시아경제〉, 2018. 10. 11., https://www.asiae.co.kr/article/2018101114155940459 등 참고.

chapter 1 법시장, 성범죄 가해자를 지원하다

#1 성범죄 전담법인의 등장

1 이재협, 〈법의 세계화와 로펌의 성장〉, 《외법논집》, 2007;27:573-614.

2 홍성수, 〈로펌의 성장과 변호사윤리의 변화: 개인윤리에서 조직윤리로, 공익활동에서 사회적 책임으로〉, 《법과 사회》, 2011;41:157.

3 염대성, 〈시장개발에 대한 한국 로펌의 경영전략에 관한 연구〉, 《한국고등직업교육학회논문집》, 2000;1(4):685-695.

4 김순석, 〈법무서비스 시장개방의 주요쟁점〉, 《법조》, 2004;53(12):5-52.

5 2007년 3월 1일자로 대한변호사협회는 광고 규정과 관련된 규칙들을 전면 개정하였는데, 변호사업무광고규정 제3조에는 이전에 없던 '광고의 기본원칙' 규정을 두면서 "변호사는 변호사(구성원 포함) 및 그 업무에 대한 정보와 자료를 제공함으로써 변호사 선택에 도움을 주고, 공정한 경쟁에 의하여 고객을 유치하기 위하여 광고를 할 수 있다"고 언명함으로써 경쟁을 명문화하였고, 종전의 변호사업무광고에 관한 시행세칙을 폐지하고 인터넷 등을 이용한 변호사 업무 광고기준을 신설하여, 규정상 논란이 있었던 인터넷 등을 통한 홍보의 기준과 방식을 확장하고 완화하였다. 더 나아가 2021년 5월 3일자로 대한변호사협회는 변호사업무광고규정 회규의 전부개정을 통하여 다양한 온라인 매체를 통한 광고를 승인하고, '전문'과 '전담'의 용어를 자유롭게 사용할 수 있도록 하는 등의 규정을 개정하였다. 출처: 대한변호사협회 홈페이지, 2006년, 2007년, 2021 법규집 참고.

6 이국운, 〈한국 법조인양성제도의 역사: 로스쿨 제도 이전〉, 《저스티스》, 2015;146-2:167-189; 김창록, 〈한국 로스쿨의 의의와 과제: 로스쿨 시스템을 로스쿨답게 만들어야〉, 《저스티스》, 2015;146-2:190-228; 김정환, 〈로스쿨 제도에 대한 평가-진단/개혁〉, 《민주법학》, 2019;70:89-116; 이국운, 〈법률가의 노동과 로스쿨 개혁〉, 《경제와사회》, 2019;123:76-109 등.

7 "변호사 활동 인구 2만 6000명 넘었다…9년 만에 2배", 〈헤럴드경제〉, 2022. 1. 20., http://news.heraldcorp.com/view.php?ud=20220120000133, "변호사 3만 명 시대…변호사 시험 합격인원 감축 집회 열려", 〈중부일보〉, 2022. 4. 7., http://www.

joongboo.com/news/articleView.html?idxno=363534826 등 참고.

8 "'네트워크 로펌' 고속 성장…변호사 업계 '시끌'", 〈법률신문〉, 2020. 9. 10., https://
www.lawtimes.co.kr/Legal-News/Legal-News-View?serial=164113&kind=AN.

#2 성폭력 법·제도의 변화와 성범죄 전담법인의 확산

1 김지선, 《범죄 피해에 대한 두려움과 여성의 삶: 사회적 구성과 결과》, 한국학술정
보, 2006; 권인숙·이화연, 〈성폭력 두려움과 사회통제: 언론의 아동 성폭력 사건 대
응을 중심으로〉, 《아시아여성연구》, 2011;50(2):85-118; 김은영, 〈범죄 피해에 대한
공포의 원인과 여성: 성폭력 범죄의 두려움과 여성의 범죄에 대한 공포는 관련이 있
는가?〉, 《한국치안행정논집》, 2012;8(4):169-193 등.

2 김한균, 〈법질서 정치(Law and Order Politics)와 형사사법의 왜곡〉, 《민주법학》,
2010;37:311-344.

3 추지현, 〈사법민주화와 엄벌주의〉, 서울대학교 사회학과 박사학위 청구논문, 2017.

4 강태수, 〈성범죄자의 신상공개제도에 관한 헌법적 고찰〉, 《공법학연구》, 2006;
7(2):131-162; 박경철, 〈최근의 성범죄 대응방안의 헌법적 고찰〉, 《강원법학》,
2011;33:1-47; 정철호, 〈강력범죄 피의자의 신상공개에 대한 법적 고찰〉, 《한국콘텐
츠학회논문지》, 2011;12(7):156-168 등.

5 정유석, 〈성폭력 가해자 등록, 공개 시스템-반성폭력운동과 만나는 풍경〉, 《나눔터
62호》, 한국성폭력상담소, 2008; 김보화, 〈성폭력 가해자의 '가해행위' 구성과정에
관한 연구〉, 이화여자대학교 여성학과 석사학위 청구논문, 2011 등.

6 정부24, 성범죄자 취업제한 제도, https://www.gov.kr/portal/service/serviceInfo/
PTR000051470 참고.

7 2012년 3월 아동·청소년 성보호에 관한 법률 개정에 따라 19세 미만 아동·청소
년 성폭력피해자에 대한 법률조력인 제도가 마련되었고, 피해자 국선변호사제도는
2013년 6월, 성폭력범죄의 처벌 등에 관한 특례법 개정으로 모든 성폭력 피해자를
대상으로 확대되었다. 이는 성폭력방지 및 피해자보호 등에 관한 법률 제7조의 2(피
해자에 대한 법률상담 등)에 근거 규정을 두고 있다.

8 김성돈, 〈피해자변호인제도의 도입방안〉, 《被害者學研究》, 2002;10(2):123-142,
김재희, 〈범죄피해자변호인의 역할과 국선피해자변호인제도〉, 《被害者學研究》,
2012;20(1):289-315, 김재중·김좌환, 〈피해자 국선변호사제도의 효율적 운영방안〉,
《법학연구》, 2014;41:167-194, 정지혜, 〈공판과정에서의 국선피해자참가변호사제도
도입을 위한 비교연구: 일본변호사연합회와 법테라스의 운영현황 분석을 통한 시

사〉, 《비교형사법연구》, 2015;17(2):21-44 등.

9   김보화·허민숙·김미순·장주리, 《성폭력피해상담 분석 및 피해자 지원방안 연구》, 여성가족부, 2018.

10 이러한 상황에 대하여 (사)한국여성변호사회는 성명을 통해 문제를 제기한 바 있다. "법무부의 일방적인 피해자 국선변호사 보수 삭감 통지에 대해 유감을 표명한다", 〈(사)한국여성변호사회〉, 2018. 6. 25., http://www.kwla.or.kr/sub0401/1515.

11 가정폭력, 성폭력 피해자에 대한 무료법률지원은 2003년부터 실시된 것으로 성폭력 방지 및 피해자보호 등에 관한 법률 제7조의 2(피해자에 대한 법률상담 등)에 근거 하고 있으며, 성폭력의 경우 여성가족부 장관 및 성폭력상담소, 피해자보호시설, 해 바라기센터의 대리인 등이 대한법률구조공단, 대한변협법률구조재단, 한국성폭력위 기센터와 연계하여 피해자의 법률상담 및 민사·가사 소송대리, 형사소송 지원 등을 하는 제도이다. 2022년 기준으로 변호사에게 지급되는 비용은 각 심급마다 본안사 건은 120만 원, 재정 및 항고 신청, 그밖의 본안소송에 부수되는 신청사건에 대해서 는 40만 원의 비용을 지급하고 있다. 1인당 구조비용은 500만 원이며, 초과 시 심사 위원회에서 추가 지급 여부를 결정한다. 여성가족부, 《여성·아동권익증진사업 운영 지침》, 여성가족부, 2022, 199쪽.

12 법무연수원, 《2020 범죄백서》, 법무부, 2021, 77쪽; 법무연수원, 《2021 범죄백서》, 법 무부, 2022, 77쪽 참고하여 재구성.

13 법무연수원, 《2021 범죄백서》, 법무부, 2022, 247·250쪽 참고하여 재구성.

14 법무연수원, 《2020 범죄백서》, 법무부, 2021, 251쪽; 법무연수원, 《2021 범죄백서》, 법무부, 2022, 254쪽 참고하여 재구성.

15 오승용, 〈한국민주주의의 위기와 법의 지배: 정치의 사법화를 중심으로〉, 《민주주 의와 인권》, 2010;10(3):163-196; 오승용, 〈정치의 사법화와 법조지배체제의 현실〉, 《시민과 세계》, 2013;23:38-55.

16 한상희, 〈통치술로서의 정치의 사법화 1: 통합진보당 사건과 관련하여〉, 《민주법학》, 2014;56:11-56.

17 샹탈 무페 지음, 이행 옮김, 《민주주의의 역설》, 인간사랑, 2006.

18 dislocation은 탈구로 주로 번역되며, 사전적 의미로는 어떠한 시스템이나 과정 이 진행되는 것을 방해하는 상황을 말한다(출처: Collinsdictionary, https://www. collinsdictionary.com/dictionary/english/dislocation). 그리고 disarticulation은 사전적 으로는 관절에서 두 개의 뼈를 분리 또는 절단하는 것으로 설명된다(출처: 위키피디 아, https://en.wikipedia.org/wiki/Disarticulation). 파레냐스(Parreñas)는 필리핀 여성

이주가사노동자들이 이주하고 정착하면서 당면하는 경험을 탈구위치(dislocation)
라는 렌즈를 통해 분석한 바 있다. 필리핀 여성 이주가사노동자의 탈구위치에는 불
완전한 시민권, 가족 별거의 고통, 모순적인 계급이동이라는 경험, 이주민공동체 내
에서 겪는 사회적 배제 혹은 무소속감이 포함된다. 파레냐스는 필리핀 여성 이주가
사노동자들이 일상생활에서 이러한 위치성에 저항하거나 협상하기 위해 활용하는
수단과 구성과정을 분석하면서 탈구위치라는 개념을 사용한다. 라셸 살라자르 파레
냐스 지음, 문현아 옮김, 《세계화의 하인들: 여성, 이주, 가사노동》, 여성문화이론연
구소, 2009 참고. 한편 맥로비는 페미니즘의 제도적 성과가 무너지는 과정을 설명
하기 위해 disarticulation 개념을 사용하는데, 사회적·문화적 공간에서 페미니즘이
남성에 대한 분노와 적대감에서 야기된 것이라는 가치를 만들고 보급하는 과정에
서 disarticulation이 발생한다고 분석한다. 이는 여성의 정치적 참여와 연대의 가능
성을 약화시키고 이 과정에서 성정치에 대한 부인과 새로운 방식의 젠더 권력 양상
이 나타나면서 페미니즘적 실천은 disarticulation된다는 것이다. McRobbie, Angela,
The aftermath of feminism: gender, culture and social change, Los Angeles; London:
SAGE, 2009 참고. 이러한 논의를 참고하여 본 연구에서는 disarticulation을 탈구로
번역하였고, 성폭력 사건 해결을 둘러싼 페미니즘 정치가 사법화, 시장화와 맞물리
는 과정에서 분리되고 탈정치화되는 과정을 설명하는 맥락으로 사용하였다.

19 Lise Gotell, "The discursive disappearance of sexualized violence: feminist law reform,
    judicial resistance and neo-liberal sexual citizenship", Boyd, Susan B. & Lessard,
    Hester edited, *Reaction and resistance: Feminism, Law and Social Change*, Vancouver:
    University of British Columbia Press, 2007 참고.

20 홍태영, 〈푸코의 자유주의적 통치성과 정치〉, 《한국정치학회보》, 2012;46(2):51-70;
    박대민, 〈시장 자유주의 통치성의 계보학: 1980년대 이후 선호하는 인간의 통
    치로서 금융통치성의 대두〉, 《커뮤니케이션 이론》, 2014;10(4):224-262; 박승
    일, 〈신자유주의 통치성과 '환경설계를 통한 범죄예방(CPTED)'〉, 《경제와 사회》,
    2015;107:352-394; 임미원, 〈푸코의 통치성 분석에 대한 기초적 고찰〉, 《법철학연구》,
    2016;19(1):99-136; 이문수, 〈신자유주의적 통치성, 주체, 그리고 공공성의 문제:
    Foucault의 1978, 1979년 강의를 중심으로〉, 《정부학 연구》, 2020;25(2):59-90 등.

21 서동진, 〈혁신, 자율, 민주화 그리고 경영: 신자유주의 비판 기획으로서 푸코의 통치
    성 분석〉, 《경제와 사회》, 2011;(89):72쪽.

#1 성범죄 전담법인이 발명한 감형과 무죄의 기술

1 수전 팔루디 지음, 황성원 옮김,《백래시: 누가 페미니즘을 두려워하는가?》, 아르테, 2017.

2 "'3천만 원에 형량 낮춰주겠다'…유명 변호사 노골적 '거래'", 〈JTBC 뉴스〉, 2021. 2. 22., https://news.jtbc.joins.com/article/article.aspx?news_id=NB11993496 참고. 해당 기사의 기자는 형량을 낮춰주겠다는 변호사들의 홍보를 '거래의 기술', '감형의 기술'이라고 표현했다.

3 양형위원회 홈페이지, 〈성범죄 양형기준〉, "형종 및 형량의 기준", https://sc.scourt.go.kr/sc/krsc/criterion/criterion_03/sex_01.jsp.

4 양형위원회 홈페이지, 〈성범죄 양형기준〉, "집행유예 기준", https://sc.scourt.go.kr/sc/krsc/criterion/criterion_03/sex_02.jsp.

5 지난 2020년 7월, 1심 재판에서 징역 2년에 집행유예 3년을 선고받은 손정우 사건의 경우 판결문 중 피고인의 유리한 정상의 내용에는 "피고인의 나이가 어리고 피고인에게 별다른 범죄 전력이 없다. 피고인이 일정 기간 구금돼 있었고 이 사건 범행을 시인하면서 반성하고 있다. 회원들이 직접 업로드한 음란물이 상당수 포함돼 있다"는 사유가 적시되었고, 2심의 징역 1년 6개월 형의 유리한 정상에는 "피고인이 범죄 사실을 모두 자백하고, 어린 시절 정서적·경제적으로 어려운 시간을 보냈다. 성장 과정에서도 충분한 보호와 양육을 받지 못했다. 달리 형사처벌을 받은 전력이 없다. 이 사건 범행에 이용된 음란물 중에는 회원들이 업로드한 것도 상당수 포함돼 있다. 범죄 수익 대부분이 몰수보전 또는 추징보전 처분을 통해 환수될 것으로 보인다. 2019년 4월 17일 혼인신고서를 접수하여 부양할 가족이 생겼다"고 적시되어 있다. 특히 법무법인 A의 성범죄 전담팀이 그를 변호한 것으로 알려졌다. "재판 도중 결혼하는 손정우, 이틀에 한 번씩 반성문 쓰는 조주빈", 〈오마이뉴스〉, 2020. 7. 9., http://www.ohmynews.com/NWS_Web/View/at_pg.aspx?CNTN_CD=A0002656796, "'손정우 로펌' 어떤 곳? 성범죄 시장 형성된 변호사 업계", 〈오마이뉴스〉, 2020. 7. 10., http://www.ohmynews.com/NWS_Web/View/at_pg.aspx?CNTN_CD=A0002657133 참고.

6 이미경, "일방적인 후원/기부가 감경사유가 된 판례와 피고인 변호 전략의 문제점", 2017. 9. 14., 〈전국성폭력상담소협의회 기자회견 발표문〉

7 이미경은 해당 사건에서 피고인의 기부는 후원금 납부 시기가 검찰의 기소 즈음인데다, 10만 원씩 5회를 납부하고 1심 판결 선고 직후 전화로 후원금 해지 신청을 했는데, 이는 진심 어린 반성이 아니라 감형을 목적으로 한 기부임을 알 수 있다고 말

한 바 있다. "성폭력상담소에 기부하면 감형?", 〈여성신문〉, 2016. 3. 24., http://www. womennews.co.kr/news/articleView.html?idxno=92363 참고.

8 "여성단체에 기부하는 성범죄자들 '재판에서 감형받을 수 있다고…'", 〈경향신문〉, 2019.4.17., http://news.khan.co.kr/kh_news/khan_art_view.html?art_id=201904171528001 참고.

9 해당 의견서는 로앤비와 법원 종합법률정보에 등록된 총 137개의 판결 중 2019년 1월부터 2019년 11월까지 선고된 1심과 2심 판결이 분석 대상이 되었다. 검색한 죄명은 강간, 간음, 강제추행, 공중밀집장소, 위계, 위력, 업무상위력, 13세미만, 심신미약자추행, 음행매개, 음화반포, 음화제조, 공연음란, 성적목적, 통신매체, 통신매체이용음란, 카메라 등 이용한 촬영, 음란물, 아동청소년 이용음란물, 아동청소년 성매매 성매수 성매매 강요다. 한국성폭력상담소, 〈성범죄 양형기준에 대한 의견서〉, 2020. 2. 19. 참고.

10 한국성폭력상담소에 따르면 포털에서 '반성문 대필'을 검색하면 반성문 대필 전문 사이트가 33개에 달한다고 한다. 해당 의견서는 진지한 반성, 사회적 유대관계, 피고인의 평판, 주취, 초범, 친족관계에서의 부양 사실 등의 감경요소가 가해자 중심적으로 적용되고 있다면서 사건의 구체적인 범죄성, 피해자의 상황과 처벌의사 등 피해자의 목소리가 양형 판단 시 반드시 반영되어야 한다고 주장하였다. 한국성폭력상담소, 〈성범죄 양형기준에 대한 의견서〉, 2020. 2. 19. 참고.

#2 성범죄 전담법인의 가해자 온라인 커뮤니티 운영

1 Steve Jones, "Studying the Net: Intricacies and Issues", Jones, Steve (Ed.), *Doing internet research: Critical Issues and Methods for Examining the Net*, Sage, 1999.

2 장채린, 〈병원 시술 후기 텍스트의 담화 분석: 인터넷 카페 게시글을 중심으로〉, 《담화와 인지》, 2019;26(3):181-210.

3 변호사법 제34조(변호사가 아닌 자와의 동업 금지 등) ① 누구든지 법률사건이나 법률사무의 수임에 관하여 다음 각 호의 행위를 하여서는 아니 된다.
1. 사전에 금품·향응 또는 그 밖의 이익을 받거나 받기로 약속하고 당사자 또는 그 밖의 관계인을 특정한 변호사나 그 사무직원에게 소개·알선 또는 유인하는 행위
2. 당사자 또는 그 밖의 관계인을 특정한 변호사나 그 사무직원에게 소개·알선 또는 유인한 후 그 대가로 금품·향응 또는 그 밖의 이익을 받거나 요구하는 행위
② 변호사나 그 사무직원은 법률사건이나 법률사무의 수임에 관하여 소개·알선 또는 유인의 대가로 금품·향응 또는 그 밖의 이익을 제공하거나 제공하기로 약속하여서는 아니 된다.

③ 변호사나 그 사무직원은 제109조 제1호, 제111조 또는 제112조 제1호에 규정된 자로부터 법률사건이나 법률사무의 수임을 알선받거나 이러한 자에게 자기의 명의를 이용하게 하여서는 아니 된다.

④ 변호사가 아닌 자는 변호사를 고용하여 법률사무소를 개설·운영하여서는 아니 된다.

⑤ 변호사가 아닌 자는 변호사가 아니면 할 수 없는 업무를 통하여 보수나 그 밖의 이익을 분배받아서는 아니 된다. [전문개정 2008. 3. 28.]

4 2022년 10월 12일 기준 'A카페'의 회원수는 102,505명이지만, 본문에서 언급한 카페의 구조와 내용은 2020년 11월 1일을 기준으로 작성하였기 때문에 당시의 기준으로 회원수를 표기하였다.

5 2022년 10월 12일 기준 'B카페'의 회원수는 13,249명이지만, 본문에서 언급한 카페의 구조와 내용은 2021년 5월 5일을 기준으로 작성하였기 때문에 당시의 기준으로 회원수를 표기하였다.

6 웬디 브라운 지음, 배충효·방진이 옮김,《민주주의 살해하기: 당연한 말들 뒤에 숨은 보수주의자의 은밀한 공격》, 내인생의책, 2017, 181-184쪽.

7 배승희,《덫에 걸린 남자들: 위험에 빠진 무고한 남자들을 위한 위기관리 솔루션》, 북랩, 2017.

8 박원경,《성범죄 사건, 경찰조사에서 합의, 재판까지 사건별 시간별 대응전략》, 지식공간, 2018.

9 대검찰청 홈페이지. https://spo.go.kr/site/spo/02/10206030400002018100812.jsp.

10 진술분석센터 트루○○ 홈페이지, https://www.trubaum.com/page/case1.html(2020. 9. 11. 검색).

11 "부천 영등포 변호사, 성범죄 변호사 ○○○ 변호사 인터뷰",〈법무법인 거○ 블로그〉, 2018. 1. 19., https://blog.naver.com/gsan2016/221188782250.

12 최근 일부 로스쿨 교수들이 대형 로펌의 의뢰를 받아 민사법정에서 한쪽에 유리한 법률 의견서 20~30쪽을 써주고 수천만 원대의 보수를 받은 정황이 언론에 기사화되기도 하였는데, 특히 현직 대법관 모 씨는 서울대 법학전문대학원 교수 시절 김앤장 법률사무소 등 로펌에 의견서 7건을 써주고 1억 5000여만 원을 받았다고 보도되었다. "로스쿨 교수들의 법률 의견서, 수천만 원 받고 한쪽에 유리한 의견… '학문적 소신 진정성 의문'",〈경향신문〉, 2021. 2. 2., https://n.news.naver.com/article/032/0003057413 참고.

13 웬디 브라운 지음, 배충효·방진이 옮김, 앞의 책, 2017, 42쪽.

14 사토 요시유키 지음, 김상운 옮김, 《신자유주의와 권력: 자기-경영적 주체의 탄생과 소수자-되기》, 후마니타스, 2014, 55쪽.

15 성인지감수성은 2017년 대학에서 제자인 여학생을 성희롱했다는 이유로 해임된 교수가 이에 불복하여 제기한 소송에서, "법원이 성희롱 관련 소송의 심리를 할 때에는 성차별 문제를 이해하고 양성평등을 실현할 수 있도록 '성인지감수성'을 잃지 않아야 하며, 피해자가 성희롱 사실을 알리고 문제를 삼는 과정에서 이른바 '2차 피해'를 입을 수 있다는 점을 유념하여 피해자가 처하여 있는 특별한 사정을 충분히 고려하여 판단하여야 하고, 또한 법원이 어떠한 행위가 성희롱에 해당하는지 여부를 판단할 때에는 우리 사회 전체의 일반적이고 평균적인 사람이 아니라 피해자와 같은 처지에 있는 평균적인 사람의 입장에서 성적 굴욕감이나 혐오감을 느낄 수 있는 정도였는지를 기준으로 심리·판단하여야 한다"는 이유로 성희롱을 인정하지 않은 원심판결을 파기환송한 [대법원 2018. 4. 12. 선고 2017두74702판결]에서 시작하여 많은 성희롱·성폭력 판결에 인용되고 있다.

16 최근 한 부장판사는 대법원이 성폭력 사건의 유죄판결을 남발하고 있고 "상급심에서 하급심 판사에게 성인지감수성이 결여됐다고 판단하는 기준은 도대체 무엇인지 알 수 없다"라며 비판했다. "현직 부장판사 "대법원, 성폭력 사건 '유죄판결' 남발", 〈연합뉴스〉, 2021. 5. 18., https://www.yna.co.kr/view/AKR20210518118600004?input=1195m 참고.

chapter 3 성폭력 피해자, 법정에 서다

#1 권리에서 책임으로 재구성되는 '신피해자론'

1 성폭력특별법 제정은 1992년, UN 여성지위위원회에서 채택된 "모든 형태의 여성에 대한 폭력추방" 결의안이나, 그 전해부터 활동하던 여성운동단체들의 입법운동, 그리고 당시 총선 국면 등을 맞이하면서 가속화되었고 4개월 만에 민자당, 민주당, 국민당, 한국여성단체연합(여연)의 4가지 안이 국회에 제출되었다. 이때 성폭력특별법에서 다룰 성폭력의 개념에 대해 민자당 안은 일반적 정의 없이 성폭력 범죄의 종류만 나열했고, 민주당 안은 "사람의 성적 자유를 침해 또는 위해하는 행위"로 규정했으며, 여연 안은 "성적 자기결정권의 침해"로 명시하였다. 이상덕, 〈성폭력특별법 입법과정에 대한 분석적 연구〉, 중앙대학교 사회복지학과 석사학위 청구논문(미간행), 1997, 42-45쪽.

2 권김현영, 〈'2차 가해'와 '피해자 중심주의' 개념에 대해〉, 《'공동체 내 성폭력을 직면하고 다시 사는 법: 공생의 조건'을 고민하기까지》 토론회 자료집, 한국여성민우회,

2017, 56쪽.

3   장다혜, 〈형법상 성폭력법체계의 개선방향: 성적 자기결정권 의미 구성을 중심으로〉, 《여성학논집》, 2018;35(2):43-44.

4   박수현·조정민, 〈성범죄의 보호법익으로서 성적 자기결정권의 실무상 현황과 과제〉, 《성범죄 재판, 함께 돌아보기: 보호법익, 재판실무, 시민사회의 시선으로》 자료집, 법원 젠더법연구회 재판다시돌아보기팀, 2020.

5   한국성폭력상담소에 따르면, 2020년 전체 성폭력상담 715건 중 피해자의 성별은 여성이 669건(93.6%), 남성은 43건(6.1%)으로 나타나며, 가해자의 성별에서는 남성이 666건(93.1%), 여성이 17건(2.4%)으로 드러난다. 또한 대검찰청의 범죄분석에 따르면, 2020년 성폭력 피해자 30,105명 중 여성은 26,685명(88.6%), 남성은 1,972명(6.5%)이었고, 범죄자 31,952명 중 남성은 30,603명(95.7%), 여성은 1,217명(3.8%)으로 드러났다. 한국성폭력상담소, 〈2020년 한국성폭력상담소 상담통계 분석〉, 한국성폭력상담소, 2021; 대검찰청, 《2020 범죄분석》, 대검찰청, 2021. 이는 성폭력상담소에 상담을 요청하는 사건과 경찰에 고소·고발되는 사건에서 피해자, 가해자의 성별 비율에 큰 차이가 없음을 보여주는데 성폭력은 여전히 특정 성별이 특정 성별에게 가하는 젠더화된 범죄임을 알 수 있다.

6   허라금, 〈혐오 발화, 그 억압의 두 얼굴: 문화제국주의와 폭력〉, 《문화와 융합》, 2018;40(4):83쪽.

7   전해정(2018), 〈사법판단과 정치프레임〉, 《이화젠더법학》, 2018;10(3):191-235.

8   정희진, 〈여성에 대한 폭력과 미투운동〉, 정희진 엮음, 《미투의 정치학》, 교양인, 2019, 23쪽.

9   Karin Van Marle, "The politics of consent, friendship and sovereignty", Hunter, Rosemary & Cowan, Sharon edited, *Choice and Consent: Feminist engagements with law and subjectivity*, London: Routledge-Cavendish, 2007.

10 Sarah Croskery-Hewitt, "Rethingking Sexual Consent: Voluntary Intoxication and Affirmative Consent to Sex", *New Zealand Universities Law Review*, 2015;26(3):614-642.

11 아마르티아 센 지음, 이규원 옮김, 《정의의 아이디어》, 지식의날개, 2019.

12 김혜정, 〈미투운동 이후 담론 전략들의 쟁투와 반성폭력운동의 과제: '안희정 사건'의 재판 과정을 중심으로〉, 《페미니즘연구》, 2019;19(2):129쪽.

13 "안희정을 통해 박원순 사건 읽기 '김지은입니다'", 〈주간조선〉, 2020. 8. 17., http://weekly.chosun.com/client/news/viw.asp?nNewsNumb=002621100025&ctcd=C09.

14 울리히 벡 지음, 박미애·이진우 옮김, 《글로벌 위험사회》, 길, 2010, 22쪽.

15 사카이 다카시 지음, 오하나 옮김, 《통치성과 '자유': 신자유주의 권력의 계보학》, 그 린비, 2011.

16 로베르 카스텔 지음, 심성보 외 옮김, 〈위험함에서 리스크로〉, 콜린 고든 외 엮음, 《푸코 효과: 통치성에 관한 연구》, 난장, 2014.

17 로익 바캉 지음, 류재화 옮김, 《가난을 엄벌하다》, 시사IN북, 2010.

18 Lise Gotell, "Rethinking Affirmative Consent in Canadian Sexual Assault Law: Neoliberal Sexual Subjects and Risky Women", *Akron Law Review*, 2008;41(4):864-898.;Lise Gotell, "Canadian sexual assault law: Neoliberalism and the erosion of feminist-inspired law reforms", Clare McGlynn and Vanessa E. Munro edited, *Rethinking Rape Law International and Comparative Perspectives*, UK; New York: Routledge, 2010.

19 Rebecca Stringer, *Knowing Victims: Feminism, agency and victim politics in neoliberal times*, London; New York: Routledge, 2014.

20 추지현, 〈성폭력을 엄벌하다〉, 《한국여성학》, 2014;30(3):45-84.

#2 피해자로 인정받기 위한 '재피해자화'

1 기존 연구들은 성폭력 피해 이후 법·제도적 해결 방식을 선택한 피해자들이 그 과 정에서 2차 피해를 경험하고 있으며, 담당자들의 편견이 피해자에게 미치는 영향들 을 문제제기해왔다. 그리고 수사·재판 과정에서 피해자들은 피해를 인정받기 위해 서 피해자의 역할(role)을 고민하면서 '전략적 피해자-되기'의 과정을 거치기도 하 는데 그 과정에서 일어나는 분열과 자책감들도 2차 피해의 메커니즘으로 분석되었 다. 허복옥, 〈성폭력 피해 여성의 2차 피해 경험 연구: 형사법 절차 과정을 중심으 로〉, 계명대학교 대학원 여성학과 석사학위 청구논문, 2006; 이미경, 〈성폭력 2차 피해를 통해 본 피해자 권리〉, 이화여자대학교 여성학과 박사학위 청구논문(미간 행), 2012; 장명선·김선욱, 〈성희롱 2차 피해의 법적 쟁점과 과제〉, 《이화젠더법학》, 2016;8(3):187-224; 이주락, 〈피조사자의 신뢰성에 대한 수사관의 편견 연구〉, 《경 찰학연구》, 2008;8(1):111-134; 박지선·김정희, 〈성폭력 피해자에 대한 경찰의 인식 이 가해자 처벌 판단에 미치는 영향〉, 《피해자학연구》, 2011;19(2):77-96; 이명신· 양난미(2012), 〈성폭력 수사에 있어 2차 피해 과정: 남성 경찰관을 중심으로〉, 한국 여성정책연구원(편), 《여성연구》, 2012;83:149-197; 김샛별, 〈성폭력 피해 경험자의 형사사법절차상 2차 피해 메커니즘〉, 서울대학교 여성학 협동과정 석사학위 청구논 문, 2009 등 참고.

2   형법 제33장 명예에 관한 죄 제307조(명예훼손) ①공연히 사실을 적시하여 사람의
     명예를 훼손한 자는 2년 이하의 징역이나 금고 또는 500만 원 이하의 벌금에 처한
     다. 〈개정 1995. 12. 29.〉 ②공연히 허위의 사실을 적시하여 사람의 명예를 훼손한
     자는 5년 이하의 징역, 10년 이하의 자격정지 또는 1천만 원 이하의 벌금에 처한다.
     〈개정 1995. 12. 29.〉, 제310조(위법성의 조각) 제307조 제1항의 행위가 진실한 사실
     로서 오로지 공공의 이익에 관한 때에는 처벌하지 아니한다.

3   일반적으로 합의라고도 불리는 형사합의는 형사처벌을 가볍게 받고자 하는 가해자
     가 피해자와 별도로 합의하는 것을 말한다. 합의의 내용이나 절차, 법적 효과에 대한
     정해진 규정은 없으나, 형사합의는 범죄 피해자가 있는 형사사건의 처리 절차에서
     일정한 법적 효과를 가지고 있다. 장다혜, 〈형사소송절차상 관행으로서 형사합의에
     관한 실증적 연구〉, 《형사정책》, 2012b:24(3):131쪽.

4   법무부 홈페이지, 〈범죄 피해자 보호·지원제도〉, http://www.moj.go.kr; 대한민국법
     원 홈페이지, 〈형사소송절차 안내〉, https://www.scourt.go.kr를 참고하여 재구성.

5   법무부 홈페이지, 〈범죄 피해자 보호·지원제도〉 참고. http://www.moj.go.kr/
     hum_07/2243/subview.do.

6   대한민국법원 홈페이지, 〈형사소송절차 안내〉 참고. https://www.scourt.go.kr/nm/
     min_9/min_9_2/index_08.html.

7   법무부 홈페이지, 〈범죄 피해자 보호·지원제도〉 참고, http://www.moj.go.kr/
     hum_07/2243/subview.do.

8   김지선, 《형사조정사건의 성립률 제고방안 연구》, 한국형사정책연구원, 2011.

9   장다혜, 〈성폭력 '형사합의'에 관한 페미니즘 법학적 경험 연구〉, 서울대학교 법학과
     박사학위 청구논문, 2012a.

10   인터뷰 과정에서 '선아'는 검사의 합의 제안이 형사합의인지 형사조정제도인지 잘
     모르겠다고 말하는데, 검사가 형사합의를 직접 제안하는 경우는 거의 없기 때문에
     이는 형사조정제도인 것으로 생각된다. 이처럼 피해자에게 형사합의와 형사조정은
     크게 구분되지 않기도 하는데 결과적으로는 둘 다 감형의 목적으로 활용되면서도
     '꽃뱀론'에 대한 위험까지 감당해야 할 때 피해자에게 그 차이가 인식되기 어렵고,
     안전한 보상 방법으로 인식되지 않는 것으로 보인다.

11   장다혜, 위의 논문, 2012a, 249-251쪽.

#3   역전되는 피해자의 위치성과 법적 종속화

1   김은실은 그동안 여성 관련 입법과 해석이 피해자 여성을 보호하는 것을 넘어서 남

녀의 권력관계, 공사구분 개념에 대한 정치적 도전을 수반할 때, 많은 저항을 받아왔으며, 페미니스트들이 남성중심적 사회에 문제제기를 할 때 강한 남성연대의 구도 속에서 오히려 고소를 당하거나, 때로는 피해보상을 해야 되는 가해자로 처벌을 받아왔음을 분석한 바 있다. 김은실, 〈여성에게 국가란 무엇인가〉, 《황해문화》, 2006;51:48-69, 김은실, 〈직접 민주주의 장으로서 광장과 민주주의 척도로 등장하는 법 규범: 정치의 지속을 기대하며〉, 《말과 활 13》, 2017;봄호:34-47쪽 참고.

2   전희경, 〈가해자 중심 사회에서 성폭력 사건의 '해결'은 가능한가〉, 한국여성의전화연합 기획, 정희진 엮음, 《성폭력을 다시 쓴다: 객관성, 여성운동, 인권》, 한울, 2003.

3   '정희'가 무고 조사를 받은 것은 2014년의 일로, 과거 성폭력 피해자가 가해자를 고소했을 때, 성폭력에 대한 조사가 끝나기도 전에 가해자가 오히려 피해자를 무고로 고소하거나, 수사관이 피해자를 무고로 인지하여 무고에 대한 조사를 진행하는 일들이 있었다. 이에 대한 여성운동단체들의 문제제기에 법무부는 2018년 5월, 성폭력 고소 사건에 대한 무고 수사 시 성폭력 여부를 명확히 판단할 때까지 수사를 중단하는 것을 내용으로 하는 성폭력 수사매뉴얼을 개정하였다.

4   "국내 첫 성폭력무고상담센터 문 열었다", 〈매일경제〉, 2020. 8. 19., https://mk.co.kr/news/society/view/2020/08/852266/.

5   김수아, 〈남성 중심 온라인 공간의 미투운동에 관한 담론 분석〉, 《여성학논집》, 2018;35(2):3-35.

6   2018년 5월, 성폭력 수사가 끝날 때까지 무고죄 수사를 하지 못하도록 하는 법무부의 수사매뉴얼 개정에 대해 "대검찰청의 불법적인 성폭력 수사매뉴얼 중단을 요청합니다"라는 제목의 국민청원운동에 총 217,143명이 참여하였는데, 이러한 현상 역시 무고와 역차별 담론의 관련성을 보여준다. "대검찰청의 불법적인 성폭력 수사매뉴얼 중단을 요청합니다", 〈대한민국청와대〉, https://www1.president.go.kr/petitions/246489 참고.

7   "[전문] '곰탕집 성추행 사건' 대법원에 상고한 4가지 이유", 〈헤럴드경제〉, 2019. 5. 3., http://news.heraldcorp.com/view.php?ud=20190503000558 참고.

8   남승현, 〈남성 온라인 커뮤니티에서 '성폭력 가해자의 아내' 발화의 효과〉, 《여성학논집》, 2019;36(1):27-58.

9   김보화, 〈성폭력 상담일지를 통해 본 2018년 한국 미투운동의 의미〉, 한국여성연구소(편), 《페미니즘연구》, 2019;19(2):3-43.

10   허민숙, 〈성폭력 피해자를 처벌하다: 피해자 전형성 위반 범죄로서의 성폭력 무고〉, 《한국여성학》, 2018;34(4):69-97.

11 울리히 브뢰클링 지음, 김주호 옮김, 《기업가적 자아: 주체화 형식의 사회학》, 한울, 2014.

12 2018년 초 미투운동이 본격화되면서 성폭력에 반대하는 많은 거리시위가 이어졌는데, 이때 '피해자는 일상으로, 가해자는 감옥으로'라는 구호가 등장했다. 그러나 역고소의 경우 그 위치가 역전되기도 하기 때문에 이를 바꾸어 표현한 것이다.

13 한국성폭력상담소는 2019년 총 5회에 걸쳐 피해 생존자의 관점으로 성폭력의 구조, 맥락, 경험에 대해 얘기를 나누기 위해 〈피해와 생계 사이, 성폭력을 말하다〉라는 집담회를 개최했다. 각 회차별로 1회에서는 일터에서의 성폭력, 2회에서는 교육/훈련 과정에서의 성폭력, 3회에서는 소수자가 경험하는 성폭력, 4회에서는 사건을 해결하는 데 드는 경제적/비경제적 노력, 5회에서는 생존자의 회복에 대해서 다루었다. 한국성폭력상담소, 《피해와 생계 사이》, 한국성폭력상담소, 2019b.

14 서동진, 《자유의 의지 자기계발의 의지: 신자유주의 한국사회에서 자기계발하는 주체의 탄생》, 돌베개, 2009, 118쪽.

15 이문수는 푸코의 통치성 개념을 바탕으로 신자유주의 주체란 정부의 환경적 개입으로 형성된 공간 안에서 경쟁에서 낙오되지 않으면서 자신 몸과 정신 속에 있는 자산 가치를 올리라고 주문하는 호모 에코노미쿠스라는 인식가능성의 격자에 따라 행동하는 존재로 정의한다. 이문수, 〈신자유주의적 통치성, 주체, 그리고 공공성의 문제: Foucault의 1978, 1979년 강의를 중심으로〉, 고려대학교 정부학연구소(편), 《정부학연구》, 2020;25(2):79쪽.

16 이희영, 〈섹슈얼리티와 신자유주의적 주체화: 대중 종합여성지의 담론 분석을 중심으로〉, 《사회와 역사》, 2010;86:204쪽.

17 밀레나 포포바 지음, 함현주 옮김, 《성적 동의: 지금 강조해야 할 것》, 마티, 2020, 96쪽.

18 정희진, 〈여성에 대한 폭력과 미투운동〉, 정희진 엮음, 《미투의 정치학》, 교양인, 2019, 85쪽.

19 정희진, 〈피해자 정체성의 정치와 페미니즘〉, 권김현영 엮음, 《피해와 가해의 페미니즘》, 교양인, 2018, 234쪽.

20 에바 일루즈 지음, 김정아 옮김, 《감정 자본주의: 자본은 감정을 어떻게 활용하는가》, 돌베개, 2010, 89-123쪽.

21 앤서니 기든스 지음, 권기돈 옮김, 《현대성과 자아정체성: 후기 현대의 자아와 사회》, 새물결, 1997, 290-291쪽.

22 프랭크 푸레디 지음, 박형신·박형진 옮김, 《치료요법 문화: 실존적 불안 시대에 취약

한 주체 계발하기》, 한울, 2016, 212-215쪽.

23   Niklas Luhmann(1995), *Social Systems*, Stanford; Calif: Stanford University Press, 1995.

chapter 4 성폭력 사건의 해결이란 무엇인가

#1   법·제도가 관리하는 성폭력

1   한국성폭력상담소, 〈2019년 한국성폭력상담소 상담통계 분석〉, 한국성폭력상담소, 2020.

2   한국성폭력상담소 상담통계에 따르면, 2021년 친족성폭력상담 전체 건수 76건 중 44건(57.9%)이 공소시효가 지난 상담이었고, 법적 진행 중이거나 처벌했거나 고소 전 단계이지만 공소시효가 유효한 것은 32.9%, 알 수 없는 경우는 9.2%였다. 한국성폭력상담소, 〈2021년 한국성폭력상담소 상담통계 분석〉, 한국성폭력상담소, 2022.

3   최근 친족성폭력 피해자들은 공소시효에 대하여 적극적으로 문제제기를 하고 있다. "'피해 말하기까지 20~30년' 친족성폭력 공소시효 10년이어선 안 되는 이유", 〈한겨레〉, 2021. 2. 22., https://www.hani.co.kr/arti/society/women/983969.html#csidx4cf9 8188157171987a016b152c089e5 참고.

4   건강가족기본법 제3조 3항에 따르면, 건강가정이란 가족구성원의 욕구가 충족되고 인간다운 삶이 보장되는 가정을 말하는데, 이 법에 따르면 모든 국민은 혼인과 출산의 사회적 중요성을 인식하여야 하고, 가족해체를 예방하기 위해 노력해야 한다.

5   한국여성의전화, 〈데이트폭력 피해자 지원을 위한 가이드북: 친밀한, 그러나/그래서 치명적인〉, 한국여성의전화, 2015.

6   2021년 3월 24일, 스토킹처벌법이 제정되었다. 한국여성의전화는 이 법이 스토킹을 범죄로 규정했다는 점에서 의미가 있으나, 이 법의 목적이 '피해자를 보호하고 건강한 사회질서의 확립에 이바지'하기 위한 것이라는 점, 스토킹 '행위'와 스토킹 '범죄'를 구분함으로써 피해자를 '스토킹 행위의 상대방'과 '피해자'로 구분 짓고 법이 보호하는 피해자를 한정적으로 규정한다는 점, 의사에 반하여, 불안감 또는 공포심을 불러일으키는 행위 등을 스토킹의 구성요건으로 보고 있다는 점 등에서 친밀한 관계에서 발생하는 여성폭력의 특성을 반영하지 못하고 있다고 비판한 바 있다. "22년 만의 스토킹처벌법 제정, 기꺼이 환영하기 어려운 이유- 우리는 제대로 된 스토킹처벌법을 원한다", 2021. 3. 24., 〈한국여성의전화 성명 및 논평〉, http://hotline.or.kr/board_statement/69956.

7   여성가족부, 《여성·아동권익증진사업 운영지침》, 여성가족부, 2022.

8   여성가족부, 앞의 책, 여성가족부, 2022, 69쪽.

9   성폭력상담소 운영실적은 1995년부터 보건복지부에서 수집했고, 2001년부터 여성
     가족부에서 집계하고 있다. 여성가족부에 운영실적을 보고하는 근거 규정은 "성폭
     력방지 및 피해자보호 등에 관한 법률 제32조(보고 및 검사 등) ① 여성가족부장관
     또는 지방자치단체의 장은 상담소, 보호시설, 통합지원센터 또는 교육훈련시설의 장
     에게 해당 시설에 관하여 필요한 보고를 하게 할 수 있으며, 관계 공무원으로 하여
     금 그 시설의 운영 상황을 조사하게 하거나 장부 또는 그 밖의 서류를 검사하게 할
     수 있다"라며 명시하고 있고, 구체적으로는 여성·아동권익증진사업 운영지침(여성
     가족부)에 시장·군수·구청장은 관내 각 상담소의 운영 및 정산 실적을 지정 서식에
     따라 상반기 실적은 '00년 7월 31일까지, 연간 운영실적은 '00년 1월 31일까지 시·
     도지사를 경유하여 여성가족부 장관에게 제출하여야 한다"고 제시되어 있다.

10   김보화·허민숙·김미순·장주리, 앞의 책, 여성가족부, 2018.

11   김은실은 과거 참여정부에서 여성 의제의 제도화로 인해 피해여성은 잔여적 복지
     서비스의 대상으로 위치되고 활동가들은 그 법을 유지하고 실행하기 위한 실무자이
     자 국가와 협상하는 정책 전문가들로 변해가게 되었음을 지적한 바 있다. 즉 제도화
     과정에서 여성운동은 정부의 통치 질서에 편입되어 여성운동의 정치성과 특수성,
     여성운동 조직들 간의 차이가 간과되거나 무시된 채 국가의 복지 서비스 전달 체계
     의 하부구조가 되는 과정을 경험했다. 즉 여성 정책의 제도화가 젠더 정치학의 변화
     를 위한 것은 아니었음을 깨닫게 되었다는 것이다. 이에 피해자 정치학은 성주류화
     담론 속에서 함께 다뤄져야 하며, 피해를 평등과 차별의 젠더 정치학으로 전환시키
     는 이론적·정치적 노력이 필요함을 주장하였다. 김은실, 〈'여성' 정책의 제도화를 통
     해 본 참여정부의 실험성: 국가 페미니즘의 경험〉, 서울대학교 사회과학연구원 기
     획, 강원택·장덕진 엮음, 《노무현 정부의 실험: 미완의 개혁》, 한울, 2011.

12   미셸 푸코 지음, 오트르망 옮김, 《안전, 영토, 인구: 콜레주드프랑스 강의 1977~78
     년》, 난장, 2011, 미셸 푸코 지음, 오트르망 옮김, 《생명관리정치의 탄생: 콜레주드프
     랑스 강의 1978~79년》, 난장, 2012.

13   《여성·아동권익증진사업 운영지침》에 따르면, 현재 상담소 소장의 자격기준은 사회
     복지사 2급 이상의 자격을 취득한 후 성폭력방지 관련 업무에 3년 이상 근무한 경력
     이 있는 사람, 국가 또는 지방자치단체에서 7급 이상 공무원으로 성폭력방지 관련
     업무에 3년 이상 근무한 경력이 있는 사람, 성폭력 상담원 자격을 취득한 후 성폭력
     방지 사업을 목적으로 설립된 단체·기관 또는 시설에서 3년 이상 근무한 경력이 있
     는 사람으로 제시되어 있다. 여성가족부, 2022, 76쪽.

14   바바라 크룩섕크 지음, 심성보 옮김, 《시민을 발명해야 한다: 민주주의와 통치성》, 갈무리, 2014.

#2   성폭력 사건 해결을 둘러싼 의미의 재구성

1   마사 누스바움 지음, 한상연 옮김, 《역량의 창조》, 돌베개, 2015.

2   아마르티아 센 지음, 이규원 옮김, 《정의의 아이디어》, 지식의날개, 2019.

3   라클라우와 무페는 급진민주주의 기획의 과정에서 기존의 보편적인 계급과 주체들의 자리는 제거되고 환원될 수 없는 각각의 담론적 정체성이 구축된다고 분석한 바 있다. 보편적인 것에 대한 담론, 그리고 한정된 수의 주체들만이 도달할 수 있는 진리에 대한 특권과 그것의 암묵적인 가정을 폐기함으로써 급진적이고 다원적인 민주주의에 도달할 수 있다는 것이다. 이때 사법 제도, 교육, 체계, 주변적 주민들의 저항 담론 등은 환원 불가능한 사회 저항의 형태를 구축하고, 모든 담론적 복잡성과 풍부함에 기여한다고 주장했다. 에르네스토 라클라우·샹탈 무페 지음, 이승원 옮김, 《헤게모니와 사회주의 전략: 급진 민주주의 정치를 향하여》, 후마니타스, 2012, 325쪽.

4   아이리스 M. 영 지음, 허라금·김양희·천수정 옮김, 《정치적 책임에 관하여》, 이후, 2013.

5   레베카 알라히아리 지음, 〈자선단체의 공감정치: '하느님의 대사' 섬기기와 '쇠락하는 계급' 구하기〉, 제프 굿윈 외 엮음, 박형신·이진희 옮김, 《열정적 정치: 감정과 사회운동》, 한울, 2012.

6   Sara Ahmed, *The Cultural Politics of Emotion* (2nd ed.), New York: Routledge, 2014.

7   랑시에르(Rancière)는 정치는 종언을 향해 가지 않고 틈에 존재하며, 이 틈은 현재를 계속해서 발명하는 것이라고 말한 바 있다. 자크 랑시에르 지음, 양창렬 옮김, 《정치적인 것의 가장자리에서》, 길, 2013, 33쪽.

chapter 5 '성폭력 정치'의 재구성을 위한 제안

#1   이론적 제안

1   샹탈 무페 지음, 이보경 옮김, 《정치적인 것의 귀환》, 후마니타스, 2007.

2   자크 랑시에르 지음, 양창렬 옮김, 앞의 책, 2013.

3   Sharon Marcus, "Fighting Bodies, Fighting Words: A Theory and Politics of Rape

Prevention", Judith Butler & Joan, W. Scott edited, *FEMINISTS THEORIZE THE POLITICAL*, London; NY: Routledge, 1992.

4   Kirstie McClure, "The Issue of Foundations: Scientized Politics, Politicized Science, and Feminist Critical Practice", Judith Butler & Joan, W. Scott edited, Ibid, 1992.

5   Clare McGlynn & Vanessa E. Munro, "Rethinking Rape Law: an introduction", Clare McGlynn & Vanessa E. Munro edited, *Rethinking Rape Law: International and Comparative Perspectives*, London: Routledge, 2010.

6   여성주의상담이란 여성주의 정치철학과 분석에 의해 제기된 여성과 젠더에 관한 다문화적 여성주의 학문에 근거를 두고, 일상의 삶과 사회적·정서적·정치적 환경에서 여성주의적 저항과 변화를 증진시키는 전략과 해결을 지향하는 상담실천을 말한다. 로라 브라운 지음, 김민예숙·강문순·손연주 옮김, 《여성주의상담의 전복적 대화: 젠더와 권력의 전복》, 한울, 2012.

7   한국성폭력상담소, 《성폭력 뒤집기: 한국성폭력상담소 20년의 회고와 전망》, 이매진, 2011, 68쪽.

8   제프 굿윈 외 엮음, 박형신 외 옮김, 《열정적 정치: 감정과 사회운동》, 한울, 2012.

9   로버트 달 지음, 김순영 옮김, 《정치적 평등에 관하여》, 후마니타스, 2010.

10 마사 누스바움 지음, 강동혁 옮김, 《분노와 용서: 적개심, 아량, 정의》, 뿌리와이파리, 2018.

11 허라금, 〈원통한 감정에 관한 철학적 탐색〉, 《한국여성철학》, 2017;28:55-86.

12 김보화, 앞의 논문, 2019.

13 팀 스캔론 지음, 강명신 옮김, 《우리가 서로에게 지는 의무: 계약주의적 도덕개념 분석》, 한울, 2008.

14 아이리스 M. 영 지음, 허라금·김양희·천수정 옮김, 앞의 책, 2013, 김애령은 한국의 미투운동을 아이리스 M. 영의 정의와 정치적 책임의 논의를 참조하여 분석한 바 있다. 김애령, 〈책임의 연대, #미투 이후의 과제〉, 《여성학연구》, 2019;29(1):139-165 참고.

15 아이리스 M. 영 지음, 허라금·김양희·천수정 옮김, 앞의 책, 2013.

16 아마르티아 센 지음, 이규원 옮김, 앞의 책, 2019.

17 웬디 브라운 지음, 배충효·방진이 옮김, 《민주주의 살해하기: 당연한 말들 뒤에 숨은, 보수주의자의 은밀한 공격》, 내인생의책, 2017.

18 이문수, 〈신자유주의적 통치성, 주체, 그리고 공공성의 문제: Foucault의 1978, 1979

년 강의를 중심으로〉,《정부학 연구》, 2020;25(2):59-90.

19 임의영, 〈공공성의 유형화〉,《한국행정학보》, 2010;44(2):1-21.

20 사이토 준이치 지음, 윤대석·류수연·윤미란 옮김,《민주적 공공성: 하버마스와 아렌트를 넘어서》, 이음, 2009.

21 Nancy Fraser, "Rethinking the Public Sphere: A Contribution to the Critique of Actually Existing Democracy", Craig Calhoun edited, *Habermas and the Public Sphere*, Cambridge; Massachusetts and London; England: The MIT Press, 1992.

22 Margaret Davies, "Beyond unity", Vanessa E. Munro & Carl F. Stychin edited, *SEXUALITY AND THE LAW: FEMINIST ENGAGEMENTS*, UK: Routledge-Cavendish, 2007.

23 Vanessa E. Munro, & Carl. F. Stychin, "Introduction", Vanessa E. Munro & Carl F. Stychin edited, Ibid, 2007.

24 홍미리는 가정폭력 아내의 자율성이 발휘될 수 있는 공간을 분석하면서 페미니스트 관계적 자율성을 "억압적 규범 권력에 질문하고 응답하는 과정 속에서 자신의 선호와 욕망, 신념과 가치를 발견하고 생성하면서 다른 사람의 안위를 고려하고 자신의 일상을 돌보고 통제하는 기술의 연습"으로 정의한 바 있다. 이 책에서의 자율성도 그 의미를 따른다. 홍미리, 〈가정폭력 피해 여성의 자기탈환(Reclaiming-Self) 여정을 통해 본 사회관계규범의 재구성과 관계적 자율성 실천에 관한 연구〉, 이화여자대학교 여성학과 박사학위 청구논문, 2020, 37쪽.

#2 실천적 제안

1 변호사법 제23조(광고) ① 변호사·법무법인·법무법인(유한) 또는 법무조합(이하 이 조에서 "변호사등"이라 한다)은 자기 또는 그 구성원의 학력, 경력, 주요 취급 업무, 업무 실적, 그 밖에 그 업무의 홍보에 필요한 사항을 신문·잡지·방송·컴퓨터통신 등의 매체를 이용하여 광고할 수 있다.

② 변호사등은 다음 각 호의 어느 하나에 해당하는 광고를 하여서는 아니 된다.

1. 변호사의 업무에 관하여 거짓된 내용을 표시하는 광고

2. 국제변호사를 표방하거나 그 밖에 법적 근거가 없는 자격이나 명칭을 표방하는 내용의 광고

3. 객관적 사실을 과장하거나 사실의 일부를 누락하는 등 소비자를 오도(誤導)하거나 소비자에게 오해를 불러일으킬 우려가 있는 내용의 광고

4. 소비자에게 업무수행 결과에 대하여 부당한 기대를 가지도록 하는 내용의 광고

5. 다른 변호사등을 비방하거나 자신의 입장에서 비교하는 내용의 광고

6. 부정한 방법을 제시하는 등 변호사의 품위를 훼손할 우려가 있는 광고

7. 그 밖에 광고의 방법 또는 내용이 변호사의 공공성이나 공정한 수임(受任) 질서를 해치거나 소비자에게 피해를 줄 우려가 있는 것으로서 대한변호사협회가 정하는 광고

③ 변호사등의 광고에 관한 심사를 위하여 대한변호사협회와 각 지방변호사회에 광고심사위원회를 둔다.

④ 광고심사위원회의 운영과 그 밖에 광고에 관하여 필요한 사항은 대한변호사협회가 정한다. [전문개정 2008. 3. 28.]

2   변호사법 제89조(윤리협의회의 기능 및 권한) ① 윤리협의회는 다음 각 호의 업무를 수행한다.

1. 법조윤리의 확립을 위한 법령·제도 및 정책에 관한 협의

2. 법조윤리 실태의 분석과 법조윤리 위반행위에 대한 대책

3. 법조윤리와 관련된 법령을 위반한 자에 대한 징계개시(懲戒開始)의 신청 또는 수사 의뢰

4. 그 밖에 법조윤리의 확립을 위하여 필요한 사항에 대한 협의

② 윤리협의회는 제1항 제3호에 따른 징계개시의 신청 또는 수사 의뢰 등 업무수행을 위하여 필요하다고 인정하면 관계인 및 관계 기관·단체 등에 대하여 관련 사실을 조회하거나 자료 제출 또는 윤리협의회에 출석하여 진술하거나 설명할 것을 요구할 수 있으며, 관계인 및 관계 기관·단체 등이 정당한 이유 없이 이를 거부할 때에는 소속 직원으로 하여금 법무법인, 법무법인(유한), 법무조합, 법률사무소, 「외국법자문사법」 제2조 제9호에 따른 합작법무법인에 출입하여 현장조사를 실시하게 할 수 있다. 이 경우 요구를 받은 자 및 기관·단체 등은 이에 따라야 한다. 〈개정 2013. 5. 28., 2017. 3. 14.〉

③ 제2항에 따라 출입·현장조사를 하는 사람은 그 권한을 표시하는 증표를 지니고 이를 관계인에게 내보여야 한다. 〈신설 2017. 3. 14.〉

④ 제2항에 따른 사실조회·자료제출·출석요구 및 현장조사에 필요한 사항은 대통령령으로 정한다. 〈신설 2017. 3. 14.〉[전문개정 2008. 3. 28.]

3   홍성수는 변호사의 업무가 기본적 인권을 옹호하고 사회정의 실현과 공공성을 지니기 위한 로펌의 사회적 책임을 주장한다. 주요 내용으로는 첫째, 변호사는 법의 지

배의 확립에 책임을 지기 위하여, ① 로펌 내 이익충돌문제 해결을 위한 내부 통제 절차, ② 위법행위 발견 시 통제절차, ③불공정한 전문가 활용의 문제 (회전문 인사와 전관예우 근절 등) 등의 대책 마련, 둘째, 성별, 인종 등 로펌 내 구성원들에 대한 차별금지와 인적 다원성을 위한 노력, 셋째, 기부, 사회봉사, 공익 활동의 수행, 넷째, 법인인 양성에 대한 책임, 다섯째, 적절한 사건 수임에 관한 책임, 환경에 대한 책임, 정보 공개와 사회적 책임 보고서의 발간을 주장하였다. 홍성수, 〈로펌의 사회적 책임을 위한 시론〉, 《법과 사회》, 2012;43:297-328.

4   손창완, 〈법률서비스시장의 진입규제와 변호사가 전속적으로 제공하는 법률서비스의 범위〉, 《법조》, 2009;58(7):249-277.

5   정준영에 따르면 형사공공변호인 제도는 일종의 국선변호사제도로서 국가별로 상이한 배경과 운영 구조를 가지고 있다. 오랜 역사를 이어온 미국의 공공변호는 사선변호인을 선임할 자력이 없는 빈곤자를 위한 형사변호(Indigent Defense)에서 시작되었다. 여기서 빈곤의 정도는 절대적 기준이 아니라 상대적 기준으로, 의뢰인이 직접 퍼블릭디펜더 사무소에 가서 변호 신청을 하거나 사건의 판사가 공적변호인을 선정해주기도 한다. 미국에서의 전통적인 공적변호인은 한국과 마찬가지로 법원이 선임하는 변호인이었다. 이러한 법원 선임 변호인은 공적변호 사건 이외에도 자신이 수임한 다른 민형사 사건이 있기 때문에 공적변호 사건에 많은 시간과 노력을 들일 수 없고, 공적변호 사건에서 형사피고를 위한 증거수집 및 검찰증거탄핵을 하기 위한 전문 조사관 등을 고용하고 있지 않아 효과적인 변호가 어려웠다. 그래서 강하고 효과적인 공적변호를 수행하기 위해서는 전담변호사와 더불어 정부의 물적·인적 지원이 필요하다는 인식이 싹트기 시작했다. 정부는 범죄 피해자의 피해 회복과 사회질서 회복을 위하여 경찰, 검찰 등 범죄수사 및 소추기관을 설치하고 막대한 물적·인적 자원을 투입하는데, 형사피고를 위해서도 상응하는 물적·인적 자원을 제공해야 비로소 공정한 형사사법이 이루어진다는 것이다. 미국에서는 변호사가 된 후 대형법률회사를 꺼리거나, 인권문제에 각별한 관심을 가진 변호사들이 헌신적으로 지원하기도 한다. 검찰 측의 소추에 대하여 균형 잡힌 변호가 가능한 조직이 되려면 재정 등 물적 기반뿐 아니라 우수한 변호사들의 채용이 절대적으로 필요하다. 이를 위하여 각종 법규를 통해 사건 부담을 적절히 유지하고, 대등한 법조 경력을 가진 검사 간의 급여 균등을 유지하고 있다. 따라서 연방 퍼블릭디펜더 그 직원들은 모두 연방정부의 공무원으로서 사법부 소속이되, 이들은 형사피고를 변호하는데 사선변호와 마찬가지의 인적·물적 자원을 투입하고, 법정에서도 검찰 측과 팽팽한 공방을 벌인다. 공적 변호인과 사적 변호인의 유죄율, 실형률 등은 범죄 유형의 차이를 제외하면 큰 차이가 없다. 정준영, 〈미국의 공적변호제도 및 그 도입가능성(1)〉, 《법조》, 2004a;53(7):65-124, 정준영, 〈미국의 공적변호제도 및 그 도입가능성(2)〉, 《법조》, 2004b;53(8):101-178 참고.

6   "법무부, 법원·구조공단 등 법률지원 사업 통합 추진", 〈법률신문뉴스〉, 2021. 3. 11.,
    https://www.lawtimes.co.kr/Legal-News/Legal-News-View?serial=168498. 그러나
    이에 대해 서울지방변호사회는 반대하고 있다. "[성명서] 서울지방변호사회는 세금
    을 낭비하고, 형평성을 결여한, 허울뿐인 형사공공변호인제도 추진에 반대한다", 〈서
    울지방변호사회 공식블로그: 정의의 붓으로 인권을 쓴다〉, 2021. 4. 27., https://blog.
    naver.com/seoul_bar/222324974247.

7   2020년 11월 7일자 〈경향신문〉 기사에 따르면 박주영 울산지법 판사는 '가출 청소
    년 성매매 강요 사건' 피고인들에게 중형을 선고하면서 다수 논문과 서적을 인용하
    고 반성폭력운동 활동가들이 법원 내 젠더법연구회와 토론한 자료를 참고하여 "순
    수한 자발적 성매매는 없다", "디지털 네이티브 세대에 대한 이해가 필요하다"고 판
    시를 내려 화제가 된 바 있다. 박주영 판사는 "이제는 법원도 여성주의 시각에서 성
    관련 사건을 바라보는 움직임이 있음을 사회에 알릴 때가 됐다고 생각했다. 법원에
    서 누군가는 선제적으로, 소수자의 지위에 머물러 있는 여성의 입장을 전하는 스피
    커가 돼야 한다, 궁극적으로 가해자나 남성중심 사회에 강력하게 경고해야 한다"
    면서 "나쁜 판사가 좋은 재판을 할 수는 없다"고 강조한 바 있다. "나쁜 판사가 좋
    은 재판 할 수 없다'··· '순수한 자발적 성매매 없다' 판결 박주영 판사", 〈경향신문〉,
    2020. 11. 7., https://www.khan.co.kr/national/court-law/article/202011070600025.

8   조순경은 명예훼손 역고소에서 적극적 조치를 주장한 바 있다. 적극적 조치란 과거
    의 차별이 영향을 미치지 않도록 하기 위하여 현재의 정치·사회·경제적 구조를 개
    선하는 조치로, 과거의 차별로 인한 영향이 사라질 때까지의 잠정적 조치이며 성폭
    력 통념에 기반한 역고소는 과거부터 누적된 차별의 결과이기 때문에 성폭력 가해
    자에 의한 역고소를 금지하고 합리적 여성의 기준을 적용하는 등의 적극적 조치가
    필요하다고 주장하였다. 조순경, 〈성폭력 피해 사실 공개의 공익적 의미: 성폭력 관
    련 법 체계와 법 집행에 있어서의 적극적 조치를 제안하며〉,《성폭력 가해자의 명예
    훼손, 무엇이 문제인가?》토론회 자료집, 민변여성위원회·성폭력 가해자 역고소 대
    책회의·성폭력 추방운동에 대한 명예훼손 역고소 공동대책위원회, 2002.

9   IACP는 성폭력 피해자를 무고의 피의자로 인지하기 위한 수사지침을 마련하고 이
    것의 준수를 촉구해왔다. 경찰은 반드시 성폭력 사건에 대한 철저하고도 완벽한 수
    사를 마쳐야 하는데, 수사관의 심증 불신, 짐작으로 사건을 추측하거나 수사를 지
    연시키거나, 자의적 판단에 의해 수사를 종결하는 것을 지양해야 한다. 그리고 무고
    를 주장하기 위해서는 철저한 수사 결과 어떠한 성폭력도 없었고 시도조차 되지 않
    았다는 물리적 증거를 제시해야 하고, 피해자 조사 시 피해자의 반응과 행동에 의
    존해서는 안 된다고 규정하고 있다. IACP National Law Enforcement Policy Center,
    Investigating Sexual Assaults, 2005.

시장으로 간 성폭력

10   박선영, 〈성폭력 사실의 공론화와 명예훼손〉, 《법조》, 2003;52(7):45-90, 박선영, 〈법
      여성학적 관점에서 본 성폭력과 명예훼손〉, 한국성폭력상담소 부설연구소 울림 엮
      음, 《성폭력, 법정에 서다》, 푸른사상, 2007.

11   장임다혜, 〈사실적시 명예훼손의 전말〉, 《의심에서 지지로: 성폭력 역고소를 해체하
      다》 토론회 자료집, 한국성폭력상담소 부설연구소 울림, 2018.

12   2020년 9월 18일, 법원 내 젠더법연구회 재판다시돌아보기팀에서 개최한 〈성범죄
      재판, 함께 돌아보기: 보호법익, 재판실무, 시민사회의 시선으로〉 포럼에서 피해 생
      존자인 연대자 D는 과거 자신의 성폭력 재판을 방청하면서 실명이 거론되는 등 문
      제가 있을 시 바로바로 문제제기를 하고 의견서나 탄원서를 제출했는데, 방청석에
      피해자가 있다는 것을 인식한 판사, 공판검사, 피고인 측 변호인의 태도가 달라지
      는 것을 느끼고 이후부터 직간접 연대자의 위치로서 '방청 연대활동'을 시작하였다
      고 말한다. 비어 있는 방청석을 두고 '판사-검사-피고인 측'이 재판을 진행하는 구
      도에서 피해자는 소외될 수밖에 없다는 것이다. 이에 재판 방청을 통해 공판검사나
      피해자 변호사와 협력하면서 피고인 측의 방어 전략에 대응할 수 있었으며, 2015년
      부터는 직접 연대하지 않는 사건에 대하여도 재판 방청, 재판 모니터링 활동을 진행
      하였고 2016년부터 '방청 연대'를 조직하고, 자발적으로 참여하는 방청인들과 함께
      전국을 돌며 재판 모니터링 교육을 실시하고, 체크리스트를 통해 검사, 판사, 피고인
      측 변호사들의 언행을 체크하고 문제제기 하는 등의 방청 연대활동을 진행하고 있
      다. 연대자 D, 〈성범죄 재판 방청기: '우리'는 지금 법원으로 간다〉, 《성범죄 재판, 함
      께 돌아보기: 보호법익, 재판실무, 시민사회의 시선으로》 자료집, 법원 젠더법연구회
      재판다시돌아보기팀, 2020 참고. 그간 여성운동단체에서도 재판 과정에 대한 활발
      한 모니터링 활동을 해왔지만, 연대자 D는 피해 경험자로서 본인의 경험을 드러내
      고 본인의 경험을 바탕으로 연대활동을 이끌어가고 있다는 점에서 점차 성폭력 피
      해자들이 법적 해결 과정에서 드러나지 않으려 하기보다 적극적으로 참여하는 주체
      의 모습을 보여주고 있다.

13   일본은 2007년 법개정을 통해 재판소가 일정한 사정을 고려하여 상당하고 인정되는
      경우에 범죄 피해자의 참가를 허용하는 피해자참가제도를 신설하였다. 참가를 허가
      받은 피해자참가인은 공판기일에 출석할 수 있고, 검찰관과 밀접한 관계를 유지하
      면서 일정한 요건하에 허가를 받은 경우 증인신문, 피고인에 대한 질문, 사실 또는
      법률의 적용에 관한 의견을 진술할 수 있다. 피해자참가인은 피해자 본인, 피해자의
      유족 및 가족, 피해자의 법정대리인, 상기의 자로부터 위탁을 받은 변호사 등이고,
      피해자참가가 인정되는 죄로는 고의의 범죄행위에 의해 사람을 사상케 한 죄, 강제
      추행죄, 준강제추행죄 및 준강간, 업무상과실치사상, 체포 및 감금, 미성년자 약취·
      유인, 유괴, 인신매매, 국외이송목적 약취·유인 등으로, 이는 개인의 존엄을 근간으
      로 하는 생명, 신체, 자유에 대한 피해를 입은 피해자로 한정하고 있다. 이러한 죄들

은 피해자 측 참가의 필요성이 크기 때문에 피해자참가를 인정할 필요성이 특히 높다고 인정되는 것을 이유로 한다. 그리고 일본은 이러한 제도가 적절히 수행되기 위하여 2008년 피해자참가인을 위한 국선변호제도에 관한 법률을 도입하였다. 피해자참가인의 국선변호제도는 자력이 부족한 피해자참가인에 대하여 재판소가 '법테라스(일본사법지원센터)'에게 피해자의 의견을 듣고 선출한 변호사의 후보자 중 한 명을 선정하게 하여 국가가 변호사의 보수 및 비용을 부담한다. 2010년 기준 피해자참가변호사의 죄명별 내역을 보면 전체 380건 중 강간, 강제추행 죄가 32.9%로 가장 높은 비율을 차지하고, 살인, 상해 등이 그 뒤를 잇고 있는데, 시행 2년 6개월 만에 피해자참가변호사 계약변호사가 49%로 증가하였다. 이러한 피해자참여제도의 가장 큰 의의는 국가의 형벌권 독점에 대항하며 피해자를 소외시키지 않고 수동적 지위에서 벗어나 자신의 심정이나 의견을 법정에서 진술하고 필요에 따라 증인신문, 피고인에 대한 질문의 기회를 갖게 해줌으로써 범죄피해의 억울함을 호소하고 피해를 회복할 수 있는 기회를 보장해주는 것에 있다. 김잔디, 〈범죄피해자진술제도에 대한 개선방안: 일본의 피해자참가제도 및 피해자참가인변호제도를 중심으로〉, 《법학연구》, 2011;22(1):217-245.

14 서울대학교 인권센터 규정(제2273호 2020년 12월 24일 개정) 제21조(심의위원회의 구성) 제2항에는 성희롱, 성폭력 및 인권침해의 조사를 위한 심의위원회 구성에서 상담소장은 반드시 변호사를 포함하도록 되어 있다. 또한 제28조의2(조사종결)는 센터의 조사권한만으로는 사실관계를 명확하게 밝히기 어려운 경우 조사를 종결할 수 있도록 명시하고 있다.

15 한국사회에서는 1990년대 중·후반부터 각 대학 내 여학생 운동을 통해 반성폭력학칙제정운동이나 성정치운동 등이, 2000년대 초에는 100인위(운동사회 내 성폭력 뿌리뽑기 100인위원회) 활동과 같이 급진적인 방식으로 성폭력의 공동체적 해결이 실천되어왔다. 그리고 최근 2015년 메갈리아의 등장, 2016년 강남역 여성살인 사건, 2017년과 2018년 각종 공동체 내 미투운동 등을 거치면서 공동체 내 성폭력 사건들이 다시 공론화되기 시작했고 공동체 내 성폭력 사건 해결의 의미와 주요 개념에 대한 논의들이 활발하게 진행되었다. 이 과정에서 2차 가해에 대한 지목이 지나치게 확산되거나 피해자 중심주의가 기계적으로 적용되면서 해당 개념에 대한 다양한 토론과 논쟁 들이 이루어졌다. 권김현영은 성폭력 피해자를 비난하는 문화를 통칭했던 2차 피해라는 용어가 2차 가해라는 용어로 대체되면서 문화가 아니라 개인을 지목하게 되었고 피해자와 가해자 진술에 대한 해석 투쟁이 불가능하게 되었다고 평가하면서 피해자 중심주의는 판단기준이 아니라 해석 방법으로서 여성주의 인식론에 기반한 상황적 지식으로 이해해야 한다고 주장하였다. 권김현영, 〈성폭력 2차 가해와 피해자 중심주의의 문제〉, 권김현영 엮음, 《피해와 가해의 페미니즘》, 교양인, 2018. 김보화는 피해자 중심주의는 단지 사건처리원칙에서 기술적인 측면의 도구가

아니라, 관계를 약자의 시각에서 보고자 하는 실천이자 그러한 감수성으로 세계를 소수자의 시각으로 보겠다는 철학으로서, 일종의 패러다임 전환으로 보아야 한다고 주장하였다. 김보화, 〈성폭력 사건의 공동체적 해결: 성인지적 객관성은 가능한가〉, 피해자중심주의의 대안을 찾는 모임 담쟁이,《성폭력 사건의 공동체적 해결: 성인지적 객관성은 가능한가?》토론회 자료집. 정희진은 젠더 피해는 그 자체로 진실이 아니라 투쟁으로 획득되는 개념이며, 피해는 인정투쟁, 집단 행동, 사회운동, 여성주의 등등 다양한 이름으로 불리는 실천을 통해 사회적 합의에 도달해가는 과정이기 때문에 피해자 중심주의를 주장하기보다 피해자화와 피해자 중심주의의 관계, 여성을 피해자화하는 권력을 문제삼아야 한다고 분석하기도 하였다. 정희진, 〈여성에 대한 폭력과 미투운동〉, 정희진 외 지음,《미투의 정치학》, 교양인, 2019 참고. 이처럼 '피해자 중심'이라는 의미는 그것을 해석하고자 하는 자들의 정치적 이해와 전략이 담겨 있기 때문에 경합하는 개념이다. 그러나 그 담론 경합의 장이 때로는 '2차 가해'라는 명명으로 공론장에서 논의되지 못하는 것은 아닌지, 완벽한 사건 해결에 대한 기대가 오히려 피해와 가해를 둘러싼 의미를 과잉화하고 그 과정에서 피해와 가해 사이의 경험과 역동을 드러내지 못하는 것은 아닌지 비판적 고찰이 필요하다.

에필로그

1   김은실, 〈4·3 홀어멍의 "말하기"와 몸의 정치〉,《한국문화인류학》, 2016;49(3):313–359.

2   지난 2018년 8월 28일 정의당 추혜선 의원은 피해자를 무조건적으로 꽃뱀으로 몰아붙이는 등 성평등에 저촉되는 변호사들의 광고를 금지하는 내용의 법안을 발의했다. 기사는 "자극적인 문구를 쓰거나 지나치게 피해자의 명예를 훼손하는 변호사들의 광고가 사회적 문제가 돼왔다. "꽃뱀녀 사기 조심", "꽃뱀사기 현명한 대응은 성범죄전담변호사가!" 등 무조건적으로 성범죄 피해자를 꽃뱀으로 몰아붙이는 광고가 대표적"이라고 지적했다. 〈경향신문〉, 2018. 8. 29., "'피해자=꽃뱀' 성평등 저촉되는 변호사 광고 금지 법안 나왔다", https://www.khan.co.kr/national/national-general/article/201808291456001.

3   〈한겨레〉, 2018. 9. 15., "성범죄를 저질렀다고요? 저희가 '구출'해드리겠습니다", https://www.hani.co.kr/arti/society/society_general/862196.html, 〈미디어오늘〉, 2021. 8. 1., "'성범죄 감형 팁' 인기 카페에 1타 강사 … '돈 되는' 가해자 시장을 해부하다", http://www.mediatoday.co.kr/news/articleView.html?idxno=214704, 〈한겨레〉, 2021. 11. 10., "힘드시죠? 감형 컨설팅 해드릴게요 … 성범죄 가해자 지원 '시장'이 섰다", https://www.hani.co.kr/arti/society/women/1018662.html, 〈MBC 생방송 오늘아침〉, 2021. 7. 7., "이슈추적 – 감형 꼼수 공유하는 '성범죄 카페'" 등.

부록

1 〈표 8〉에서 △ 표시는 연구참여자가 어떤 해결 방법을 실천했는지 표기하는 곳에 사
   용되었는데, 이는 인터뷰 과정에서 연구자가 해당 사안을 정확히 파악하지 못했거
   나 연구참여자가 잘 모르겠다고 표현했거나 연구자가 판단할 때 해당 상황이 있었
   다고 보기도 어렵고, 없었다고 보기도 어려운 상황일 때 표기하였다. 이렇게 정확하
   게 표현할 수 없는 해결의 방법들을 굳이 △로 표기한 이유는 피해자들은 자신의 상
   황과 조건에 따라 기존의 해결 방식을 넘나드는 여러 가지 해결 방법을 상상하고 실
   천하고 있음을 드러내기 위해서다.

2 본 연구에서 분석대상 판례는 미투운동이 진행 중인 2018년 8월부터 2020년 7월까
   지 가해자가 무죄판결을 받았거나 감형을 받기 위한 가해자의 행위가 잘 드러나 있
   거나, 피해자의 정신적 어려움이 양형에 반영된 판결문들로 대법원보다 변화의 가
   능성이 있는 1심과 2심 판결문에 한정하였다. 판례의 검색은 대한민국 법원 홈페이
   지의 '판결서 인터넷 열람' 서비스를 주로 활용하였다. 그 외에도 전국성폭력상담소
   협의회에서 진행하고 있는 수사·재판 과정에서의 걸림돌 선정 판결이나 공개할 수
   있거나 피해자의 동의를 얻은 판결문 등을 활용하여 수집, 분석하였다. 분석의 양
   은 많은 양의 자료를 목적으로 하기보다 분석하고자 하는 핵심 키워드를 중심으로
   질적 접근을 통해 특정 논리와 관점이 비교적 잘 드러난 자료들을 대상으로 선정하
   였다.

3 본 연구에서 성폭력처벌법은 성폭력 범죄의 처벌 등에 관한 특례법을, 아청법은 아
   동·청소년의 성보호에 관한 법률을 말한다.

4 추정이라고 표기한 판례는 판결문에 피해자와 가해자의 관계가 드러나지 않은 경우
   에 해당한다.

시장으로 간 성폭력

1판 1쇄 발행일 2023년 2월 6일
1판 2쇄 발행일 2023년 8월 14일

지은이 김보화

발행인 김학원
발행처 (주)휴머니스트출판그룹
출판등록 제313-2007-000007호(2007년 1월 5일)
주소 (03991) 서울시 마포구 동교로23길 76(연남동)
전화 02-335-4422 **팩스** 02-334-3427
저자·독자 서비스 humanist@humanistbooks.com
홈페이지 www.humanistbooks.com
유튜브 youtube.com/user/humanistma **포스트** post.naver.com/hmcv
페이스북 facebook.com/hmcv2001 **인스타그램** @humanist_insta

편집주간 황서현 **기획** 전두현 **편집** 이영란 **디자인** 박인규
조판 홍영사 **용지** 화인페이퍼 **인쇄·제본** 정민문화사

ⓒ 김보화, 2023

ISBN 979-11-6080-963-3 03330